明史研究论丛

Essays in Ming History

2021年秋季号
（总第19辑）

中国社会科学院古代史研究所明史研究室　编

中国社会科学出版社

图书在版编目（CIP）数据

明史研究论丛. 2021年秋季号：总第十九辑 / 中国社会科学院古代史研究所明史研究室编. —北京：中国社会科学出版社，2021.9
ISBN 978-7-5203-9326-3

Ⅰ. ①明… Ⅱ. ①中… Ⅲ. ①中国历史—明代—文集
Ⅳ. ①K248.07-53

中国版本图书馆CIP数据核字(2021)第234627号

出 版 人　赵剑英
责任编辑　林　玲
责任校对　李　硕
责任印制　李寡寡

出　　版　中国社会科学出版社
社　　址　北京鼓楼西大街甲158号
邮　　编　100720
网　　址　http://www.csspw.cn
发 行 部　010-84083685
门 市 部　010-84029450
经　　销　新华书店及其他书店

印　　刷　北京明恒达印务有限公司
装　　订　廊坊市广阳区广增装订厂
版　　次　2021年9月第1版
印　　次　2021年9月第1次印刷

开　　本　710×1000　1/16
印　　张　19
插　　页　2
字　　数　301千字
定　　价　108.00元

凡购买中国社会科学出版社图书，如有质量问题请与本社营销中心联系调换
电话：010-84083683

编 委 会
BIANWEIHUI

目录

MU LU

模式与细节：作为工具性政治话语的明代祖制

解　扬

依托于明太祖、太宗朝创设的制度，随着国家统治的延续，明代逐渐形成了超越于具体制度之上的政治话语——明代祖制。自明初以降，无论后世皇帝如何尊奉祖制，国家的各项制度都不可避免地发生变化。调整立国之初设定的制度，并非明代独有，在士大夫政治理想中的井田制都不可能严格地延续下来，① 更遑论其他制度。但是，即使国家制度本身发生了改变，代表开国君主的权威和治统的祖制，却可以作为政治话语，保持着独特的权威性与神圣性。

明代的祖制与宋代类似，也被称为“祖宗之制”“祖宗之法”，核心是太祖朱元璋时代创设的国家制度与运行规范。后世称之为“二祖之制”，是将明太宗朱棣时代的政治创设也视为祖制的一部分。从字面的意义解释，“祖”包含了祖先崇拜这一血缘基础，对于明太祖的子孙而言，又挟带了服膺明初圣政的帝王情感和王朝家法。“制”则是指明初设定的国家制度。两者结合，不仅包含了血缘和制度的因素，还涉及圣治崇拜、权力运行以及君臣的价值观等多种元素。“法”则是指明代治国的根本方法与准则，并不限于国家的律例系统。

皇帝贵为天子，代天治民。恰如明太宗在《圣学心法序》中所说：“盖为治莫大于敬天……天之主宰谓之帝……君人者，以一心而维持天下。

---

① 关于对明中叶土地流动问题的讨论，参见解扬《顾应祥（1483—1565）的土地自由流动论及其思想史意义》，《求是学刊》2017 年第 5 期。

心之好恶，不可以不慎也。”[①] 明代的祖制也往往与“天”并提，明代人常用的词汇是“敬天法祖”。[②] 凡天下事，皆由君主管辖，因此祖制涉及政治、经济、军事、礼仪等国家治理的所有方面；无论帝王之家，还是普通百姓，都无法逃遁。尤其在国家律法的制订上，明太祖即认为法律的本质就是要体现“天理和人情”，立法要敬畏天命；在司法上，也要符合天道，希望能做到“《律》应人心，法当天理”。也即，在明太祖时代，法就和道德及约束道德的“心”有了紧密的联系。[③] 于是，祖制这一兼有家、国两个维度的政治准则成了明代中国立国的根基，也是后世君主推行各项政策的合法性基础，堪称明代治国的基本大法。

在明太宗时代，太祖朝的史事就被视为祖制。明太宗说：“祖宗立法，所以为后世也。当敬而守之，不可以忽，继世之君，谨守祖法，则世祚延长；衰世之主，败其祖法，则身亡国削。”[④] 到了仁宗朝，明太宗时代也被纳入了祖制的范畴。进入宣宗时代，太祖、太宗和仁宗朝的历史，都被视为祖制固定下来，为后世所尊奉。这种追认除了有制度本身的延续性为基础以外，更重要的是以明初太祖颁布的文本及其内容的实践为基础，主要包括涉及国家律法和制度原则的《皇明祖训》《大明律》《诸司职掌》，其中以约束朱氏子孙的《祖训录》及其修改本《皇明祖训》为核心。依照这一逻辑，下面我们先看《祖训录》和《皇明祖训》作为政治话语的一面，再对祖制作为话语展现功能的场合，择要举例论析。

一　核心文本

明代祖制以记录太祖王言的文本为核心，逐渐包括太祖的王言和记载

① 朱棣：《圣学心法序》，《圣学心法》卷首，《续修四库全书》子部第935册，上海古籍出版社1995年版，第289—290页。

② 例如，景泰二年六月，户部右侍郎兼翰林院学士江渊在奏疏中说：“伏望皇上敬天法祖，保邦致治，君臣同心，务敦实行，则天变可消……”《明英宗实录》景泰二年六月戊辰条，第4383—4385页。

③ 姜永琳：《〈明太祖实录〉对朱元璋法哲学与明代中国文化认同的再构建》，载朱鸿林主编《明太祖的治国理念及其实践》，香港中文大学出版社2010年版，第284—285页。

④ 朱棣：《圣学心法序》，《圣学心法》卷首，第289页。

开国历程的史籍，以及设定国家行政法规的政书。前者以《祖训录》、《皇明祖训》、《大诰》三编、《大明日历》、《皇明宝训》、《洪武圣政记》、《明太祖实录》等书为主，后者是指《诸司职掌》、《大明律》。其中主要针对皇室成员的是《祖训录》及其改本《皇明祖训》。对于这些书所代表的明初治国理念，研究者有清醒的认识。范德（Edward Farmer）认为明初建立统治，形成了一套整体性的世界观。《皇明祖训》、《大明令》、《教民榜文》、《大明律》是明初最重要的四种法律文本。这些法律为国家的上层贵族和普通民众设计了统一的行止规范，同时体现了明太祖对理想社会的构想。在这套体制之下，任何人不仅要在行动上服从，而且在思想意识上也要以祖制为权威，不能超脱其外。①对于明代祖制的构建而言，最核心的文本莫过于《祖训录》及其改本《皇明祖训》。

《祖训录》是太祖朱元璋在洪武二年（1369）为了“定封建诸王国邑及官署之制”诏令中书开始编纂的，② 六年五月编成。明太祖在亲撰的序言中称：“至于开导后人，复为《祖训录》一编，立为家法。”③ 书中包含十三项内容，分别为箴戒、持守、严祭祀、谨出入、慎国政、礼仪、法律、内令、内官、职制、兵卫、营缮、供用，对后世圣子王孙、宫内女眷和内官的行止都做了规范。《祖训录》编成，明太祖命令颁行天下，“凡我子孙钦承朕命，无作聪明，乱我已成之法，一字不可改易”④。可见编纂此书的初衷不仅在于纪录王言，而是要为后世子孙树立典范，因此朱元璋在序言中称：

> 朕著《祖训录》，盖所以垂示子孙。朕更历世故，创业艰难，常忧子孙不知所守，故为此书，日夜以思，具悉周至，细绎六年，始克

---

① Edward Farmer. 1995. *Zhu Yuanzhang and Early Ming Legislation*: *The Reordering of Chinese Society Following the Era of Mongol Rule*, New York: E. J. Brill, p. 79. 转引自吴艳红、姜永琳《明代法律》，南京出版社 2016 年版，第 73—74 页。

② 《明太祖实录》卷四一，洪武二年四月乙亥条，第 818 页。

③ 朱元璋：《皇明祖训序》，《皇祖训录》卷首，《四库全书存目丛书》史部，第 264 册，齐鲁书社 1996 年版，第 165 页。

④ 朱元璋：《皇祖训录》卷首《皇明祖训序》，第 165 页。

成编。后世子孙守之，则永保天禄。苟作聪明，乱旧章，是违祖训矣。[①]

有关此书垂示子孙，使之常守的要求，跟次年刊刻的《御制文集》有所不同。明初文臣陆续搜集编纂朱元璋的系列著作，也有贯彻太祖与文臣“垂法后世”的共识，但太祖《御制文集》在明初一般是作为礼仪赏赐，流传不广，直到成化二十三年（1487）丘濬上《大学衍义补》，才有所改变。[②] 两书相比，《祖训录》虽然是针对宗藩一项，但其成书时示法后世的初衷和书成之后太祖的明示，令它的地位与太祖朝颁布的《大明令》《大明律》《御制大诰》《御制大诰续编》《御制大诰三编》《御制大诰武臣》《诸司职掌》《教民榜文》等律例无异，是明初立国重要的制度基础。

《祖训录》编成之后，间有修订，在洪武二十八年（1395）被朱元璋更名为《皇明祖训》敕令出版。《祖训录》的首篇“箴戒”，在《皇明祖训》中被改为“祖训首章”，篇目数量和其余篇目的名称均保持不变。[③] 此外，还突出了朱元璋强化皇权、加强对宗藩的管理等思路。[④] 在《皇明祖训》中，朱元璋对开国君主责任的自觉，有了更加清醒地认识。他说“朕观自古国家，建立法制，皆在始受命之君”，故而规定“后世敢有言更改祖法者，即以奸臣论，毋赦”[⑤]。在这一设计之下，《皇明祖训》成了“既是政策指导，也是法律文件”的重要祖制文本，对后世帝王形成了强大的引导力和规范力。[⑥]

顺承明太祖的意思，在明成祖时代就有了遵守祖宗之制的概念。明成祖在永乐三年（1405）给周王朱橚（1361—1425）颁赐《皇明祖训》时，

---

① 徐学聚：《国朝典汇》卷二二《朝端大政·编辑诸书·祖训录》，《四库全书存目丛书》史部，第264册，齐鲁书社1995年版，第604页。

② 郭嘉辉：《法祖讲学：明中后期〈高皇帝御制文集〉刊行及其意义》，《清华学报》新49卷第2期，2019年6月，第295—297页。

③ 参见《明太祖实录》卷二四二，洪武二十八年闰九月庚寅条，第3518页。

④ 参看张德信《〈祖训录〉与〈皇明祖训〉的比较研究》，《明史研究丛稿》，社会科学文献出版社2011年版，第223—251页；谭家齐《从〈太祖皇帝钦录〉看明太祖修订〈祖训录〉原因》，《中国文化研究所学报》第44期，2004年，第83—102页。

⑤ 徐学聚：《国朝典汇》卷二二《朝端大政·编辑诸书·祖训录》，第604页。

⑥ 吴智和：《明代祖制释义与功能试论》，《史学集刊》1991年第3期。

在谕旨中说：

> 皇考所以垂训子孙，至要之道，且在此书。朝廷常守之，可以永安宗社；藩王常守之，可以常保富贵。朝廷与藩王本同祖宗所出，但能皆以祖宗之心为心，则自然各尽其道。前代有帝王不能保全宗室者，如宋太宗，亦有宗室不能自保全者，如周三监汉七国，此皆是不能以祖宗之心为心。朕与诸弟各勉之。①

可见祖制是凌驾于在位君主之上，对其言行治法有引导和规范的作用。到了宣宗时，《皇明祖训》仍然是皇帝行止的规范。明宣宗在读过《祖训》之后，便要求身边的侍臣依照此书规诫君德。他说：

> 我太祖皇帝起布衣，与群雄并驱将二十年，乃悉平僭乱，奄有中夏，申明礼义之教，而万几之暇，复制《祖训》一编，示法子孙，盖历六年，始克成书。思虑之周，防范之密，至矣备矣。后世子孙但谨守先训，每事遵用，不敢违越，岂有过举哉。……若一言一行或背《祖训》，卿等须直言之。②

但是在朝臣眼中，《皇明祖训》是太祖本人以及洪武时代的代表，凡是当朝君主之所为与《祖训》不同，都会被提示，引以为戒，甚至被劝谏要恢复祖制。这类朝臣引据《皇明祖训》的谏言，往往能得到皇帝的正面答复。天顺八年（1464）三月辛酉，吏部尚书李贤（1409—1467）等奏道：

> 《皇明祖训》内令明有寺观烧香降香禳告之禁，违者领送之人皆处以死。高皇帝严宫禁之虑，至深至远，万世子孙所当遵守。近传番僧有入内诵经，晚乃出者，又有非上旨而传送银物于寺观者，盖左右

① 《明太宗实录》卷四十七，永乐三年十月戊子条，第726—727页。
② 《明宣宗实录》卷四十四，宣德三年六月戊申条，第1093页。

之人不知宗庙明禁之故。伏望皇上自今谨守《祖训》，以正下人，以肃内庭，庶治体不乖而意外之虞可杜，臣等不胜惓惓。①

这是典型的劝谏型奏疏，以《祖训》为据指出当朝政治中与祖制不合之处，希望皇帝改善。这类奏疏的论述一般都有理有据，皇帝听了也很少再做辩驳。在明中期以前，这类奏疏虽然多数仍然被置之不理，但还有些正面的回应；到了明后期，就很少见到有针对地批答了。在这一例子中，新即位的宪宗成化皇帝答复说：

卿等言是。《祖训》具在，敢不祗率。②

成化皇帝谨慎覆奏，除了有新帝登基，需要稳定朝政的因素之外，更重要的原因是面对《祖训》，不敢有丝毫违碍。

弘治元年（1488）五月，南京刑科给事中周纮因为闰正月南京“雷电交作，大雪连朝”，认为是“此阳失节”而“阴气纵”的征兆，因此据《皇明祖训》向明孝宗进言，说：“《皇明祖训》乃太祖高皇帝贻谋家法，诚国家万世之成规。”希望皇帝将《祖训》一书常放心头。对此，明孝宗首肯而嘉纳之。③

虽然《皇明祖训》涉及皇室生活面广，但中外臣工以此书奏进，重点还是在当朝皇帝身上。首辅杨廷和（1459—1529）在正德十年（1515）正月上《请遵祖训以光圣德疏》，就是围绕视朝之节和宫卫之防的事，向皇帝进言。他说：

礼莫重于视朝，禁莫严于宫卫。自古帝王之治天下，必谨视朝之节，以观示臣民，严宫卫之防，以消弭祸变。我朝列圣尤致谨于斯。伏睹《皇明祖训》所载，有曰：朕以乾清宫为正寝，晚朝毕而入，清

① 《明宪宗实录》卷三，天顺八年三月辛酉条，第78页。

② 《明宪宗实录》卷三，天顺八年三月辛酉条，第78页。

③ 《明孝宗实录》卷一四，弘治元年五月丁卯条，第329—331页。

晨星存而出，除有疾外，平康之时，不敢怠惰。此所以畏天人而国家所由兴。盖言视朝之当谨也。又曰：凡帝王居安，常怀警备，日夜时刻不敢怠慢。虽亲如骨肉，朝夕相见，犹当警备于心。盖言宫卫之当谨也。此皆忧深思远，制治保邦之言。圣子神孙所当时时诵读，守为家法者也。

恭惟皇上聪明天授，政令之施，动遵《祖训》，近年以来，朝会庆贺或至迟暮，其初盖因一时起居违和而然，积习既久，遂以为常。传之外朝，将谓纵耳目之玩，极心志之乐，观听之间不无惶惑。

去岁以来，拣选人马，亲自校阅，其事盖因一时虏寇犯顺而然，意在御侮，实非有他。传之天下，皆谓边兵非宿卫之人，禁御非操练之所，疑似之间，未免惊骇。

臣等职居辅导，出入禁闼，虽随事纳规，时有陈请，缘议论不足以发明事体，诚意不足以孚契圣心，尸素有年，愧悚无地。伏望皇上鉴皇祖之训，典察臣等之愚忠，自今以后，夙兴视朝，躬亲祀事，乘清明之气，以裁决万机，竭享献之诚，以昭格九庙，仍选用方直，以为侍从，信任老成以为腹心，军务操练，必于演武之所，朝夕督励，付之将领之官，推恩左右，体悉勤劳，启处以时，庶不有劳于圣体。关防既谨，亦可尽释于群疑。①

这份奏疏颇长，行文结构紧凑，十分符合当时在奏疏中谏言的惯常模式。目的是就京营操练的事，借祖训劝谏皇帝。奏疏通篇不忘祖制的威慑力，间以祖制为据，引导皇帝意识到政策失当之所在。

同类的例子还见于明世宗朝。历成化、弘治、正德、嘉靖四朝的时任户部尚书孙交（1453—1533），在正德十六年（1521）以《祖训》论事谏言。他说：

臣尝伏读《皇明祖训》，以为圣祖精神、心术尽在此书，深有得于《大学》之道。如论观天知人，则物格致知事也；如论精诚敬畏，

① 事见《明武宗实录》卷一二〇，正德十年正月乙亥条，第2417—2418页。

则诚意正心事也；如论持守出入、起居饮膳，则修身事也；如论内令内官、亲王皇亲，则齐家事也；如论听讼赏功、国政礼仪，则治国事也；如论四方水旱、四方诸夷，则平天下事也。

况圣言明白简直，无深文难字，一读可晓其义，旬月可毕其功。乞于经筵或日讲，令讲官进讲，仍取一本，命内合圈点句读，旁贴字义，寘之便殿，朝夕省览。凡一念之萌，一事之举，必熟思审处，曰：于《祖训》得无有少戾乎。合则决然行之，悖则决然止之。如此，则圣心允合于圣祖之心，而圣治亦可以同符矣。①

孙交上疏奏进，目的是劝皇帝学习《祖训》，体会皇祖治理国家的方法。对此，世宗皇帝答复如下：

《祖训》一书，我皇明家法，万世所当遵守。内阁见有《直解》，陆续进呈。览奏，具见忠爱，朕当一一讲明施行。②

在明朝前期，大臣在陈奏中以《皇明祖训》为据，多是适时劝谏，很少系统梳理具体制度的流变；奏进的内容与皇帝的言行并不一定针锋相对，措辞也不激烈，目的无非是规劝在位君主，将现行政策恢复到明初的状态。弘治元年（1488）六月，养病的户科给事中贺钦（1437—1510）在奏疏中提到“遵祖训”的内容，在当时的朝臣政论中非常有代表性。贺钦因为当年母丧，疏请辞去陕西布政司右参议的新任。奏疏中，贺钦提到了对当时朝政的看法，其中第三条是据《祖训》谈论内官的问题：

遵《祖训》以处内官。言内府诸衙门之设，《皇明祖训》纪其职掌，不过礼义关防诸事而已。在内不许干预朝政，在外亦无镇守监枪等名目。乞悉遵《祖训》，永固邦本。③

① 《明世宗实录》卷九，正德十六年十二月壬辰条，第334页。
② 《明世宗实录》卷九，正德十六年十二月壬辰条，第334页。
③ 《明孝宗实录》卷一五，弘治元年六月乙卯条，第379—380页。

贺钦这份奏疏中的前两条分别是“资真儒以讲圣学”和“荐贤才以辅治道”，谈祖训之后的一条是“兴礼乐以化天下”。贺钦是弘治朝名臣，熟悉政务，行事果断。这份奏疏中是他在丁忧前的依例请辞，并不希望借机批评朝政，虽然提到祖制，但不作评论，只是以此为据，劝谏孝宗管理内官需更加谨慎。贺钦的这份奏疏，恰好表现了《皇明祖训》这一文本作为上疏言事时信手可用的工具性话语角色。

引述祖制作为政治观点的支撑，以至于祖制成了臣僚向皇帝进言时必须引用的理论武器，这种做法在晚明变得十分普遍。万历五年进士王学曾在光禄寺丞任上，曾经奏进《敬陈法祖切要疏》，即“从《皇明祖训》中摘其切要所当法而为今日之急务者，敬为皇上陈之”，内容包括“敬天”“享祀”“保身”“公听”“勤政”“纳言”“知人”“驭下”等八项内容。奏疏的全文非常符合当时朝臣论政的风格，先说《祖训》的价值：“夫《皇明祖训》乃太祖高皇帝贻谋家法，诚国家万世之成规，圣子神孙所当遵承者，舍此不法，更谁法乎？”然后按照祖宗之制与当朝政治对比的思路，分述具体内容。在“敬天”中，先引《祖训》中的话，说这是“我太祖祈天永命之道也”，再对比当朝皇帝，“皇上一切视为常事，不加修省，以回天意，且匹妇含冤，三年不雨，年来闻所选宫人多被杖毙，付之煨烬，此道路传闻之言，未敢尽信。万一有之，或者上干天和，未可知也……”① “享祀”也是按照这一结构。先说祭祀本身需要庄重：“其严祭祀之要有曰：凡礼天地，祭社稷，享宗庙，精诚则感格，怠慢则祸生，故祭祀之时，皆当极其精诚，不可少有怠慢。其风云雷雨师、山川等神，亦必敬慎自祭，勿遣官代祀。此我太祖礼神敬祖之道也。”接下来转而论说当朝皇帝的祭祀之事：“夫风云雷雨诸神且犹不可代祀，况祖宗者，皇上之祖宗也，致其诚心，惟敬与孝，以皇上之祖宗而使臣下得以代祭可乎哉？”② 之后，提出皇帝在祭祀上的不妥之处：“迩来勿论天地社稷诸神，皇上不亲致祭，即太庙一享，自去年孟夏躬祀，迄今一年余矣，届期传旨

① 王学曾：《敬陈法祖切要疏》，张邦翼：《岭南文献》卷九，《四库全书存目丛书补编》第21册，齐鲁书社1996年版，第276页。

② 王学曾：《敬陈法祖切要疏》，张邦翼：《岭南文献》卷九，第276页。

称疾遣官。夫违敬莫大乎废祀，亏孝莫大乎渎神。废祀渎神，岂所以格有庙乎？”① 很显然，祖制是大臣奏进事实之前必须提出遵奉的理论依据，经过将当朝政治与祖训所见的开国政治对比，显现出差异，才能据此批评在位君主处理政务上的不当之处。

除了在奏疏中将祖制作为评论时政的话语工具，还有利用《皇明祖制》来编纂图书以申述己意的例子。国子监祭酒蔡毅中（字弘甫，万历二十九年，1601 年辛丑进士）为了反对宦官魏忠贤，特节略《皇明祖训》中有关矿税者，为之作注，编著了二十二卷的《皇明祖训节略》②。万历三十二年九月戊申，蔡毅中以翰林院检讨的身份呈进此书，期望皇帝正视税使给国家带来的危害。他还曾经率领国子监师生千余人，“请究魏忠贤二十四大罪，以遵《祖训》”③。无论是编书注释《祖训》，还是借助国子监师生的力量为《祖训》的文本释义，均不是蔡毅中的本意，《祖训》也并非他刻意宣传的对象。在他看来，正因为《祖训》可能有劝谏在位君主甚至否定税使的政治效果，这才选来注释。遗憾的是，这部《皇明祖训节略》如今不存，我们无法了解蔡毅中是如何诠释《祖训》来表达对税使的不满，但他重视现实政治而不是《祖训》文本的侧重点是十分明确的。

二　祖制溯源

最早提出要遵奉祖制的，是后世也被视为祖制组成部分的明成祖朱棣。他在亲自撰写的《圣学心法》中表彰太祖，在“君道”之下，辟有“法祖”专节，讨论法祖和为君之道的关系。《圣学心法》是成祖在永乐七年（1409）御制，书中备载“帝王道德之要”④，旨在以先贤嘉言善行教

① 王学曾：《敬陈法祖切要疏》，张邦翼：《岭南文献》卷九，第 276—277 页。

② 《千顷堂书目》记录“蔡毅中《祖训节略注疏》二卷”。参看黄虞稷《千顷堂书目》卷五，文渊阁《四库全书》上海古籍出版社 1987 年版，第 676 册，第 124 页。《明史·蔡毅中传》也记录此书为二卷。

③ 《明神宗实录》卷四〇〇，万历三十二年九月戊申条，第 7501 页。

④ 《明太宗实录》卷八八，永乐七年二月甲戌条，第 1161—1162 页。

育皇太子朱高炽。有关此书的新近研究认为，《圣学心法》除了继承明太祖朱元璋敕修以教授懿文太子朱标（1355—1392）的《储君昭鉴录》传统，还以之前亲自编选成书的《文华宝鉴》为基础，编成了《圣学心法》。“法祖”包括：学问、敬天、法天、祀神、法祖、谨好恶、勤励、戒谨等八项内容。排列的顺序完全是依照敬天法祖、勤政爱民的治国思路。法祖被安排在事关天、神两项之后，目的是突出对立身、为政等内容起到领摄作用。①

永乐皇帝之后，以明太祖的王言和制度为祖制的思想更为清晰。以太祖为勤政爱民的圣君代表，宣扬太祖之治，成了申明祖制的核心话题。景泰元年（1450）六月湖广按察司佥事韩阳男奏进三事，在“敬天命”之后是“法祖宗”。他在奏疏中依照先天后人、敬天法祖的思路提出了效法祖宗的内容，包括：“洪惟本朝太祖、太宗创业垂统，立法定制，百度著明，细大毕举。皇上缵承统绪，当法祖宗之成宪，则尊天命、敬宗祀、安中国、抚四夷，所当法也；谨灾异、恤饥荒、保小民、惠鳏寡，所当法也；崇圣学、重儒术、亲贤臣、远小人，所当法也；明赏罚、杜微渐、撙国用、惜民财，所当法也。与夫嘉言善行，当熟讲而躬行之；神功圣烈，当善承而丕显之。皇上能事事以祖宗为法则，措世道于雍熙，太和之治不难矣。”②

为了烘托明太祖的圣君形象，后世在宣扬太祖勤政爱学时，也会加入一些细节。景泰元年八月，监察御史罗澄上疏谏言“圣学”“法祖”“敬天”三事。在头两件事中，太祖朱元璋都是勤政的榜样。罗澄在“圣学”条中说：“如《大学衍义》一书，自六经子史下暨历代传记嘉言善行，国家兴亡、治乱之迹、人事得失、善恶之鉴，靡不具载。太祖高皇帝尝命侍臣书之两庑间，日常省观。伏愿皇上命儒臣日进讲一二章，则足以裨益圣学。”③ 在“法祖”条中，罗澄说：“古人有言，欲法尧舜，惟法祖宗。太

① 对此书的新近研究显示，虽然明成祖尊崇祖制，但在治国理念上已经与明太祖有所区别，由侧重法治，转向崇儒抑法，尤其是宋儒心法了。参见朱冶《〈圣学心法〉与明成祖治国理念的表达》，《江西社会科学》2018 年第 1 期，第 130 页。

② 《明英宗实录》卷一九三，景泰元年六月戊寅条，第 4031—4032 页。

③ 《明英宗实录》卷一九五，景泰元年八月丁亥条，第 4127 页。

祖高皇帝有曰：‘朕即位有年，未旦即临朝，晡时而后还宫。夜卧不能安席，披衣而起，或仰观天象，见一星失次，即为忧惕。’太宗文皇帝有曰：‘朕每四鼓以兴，衣冠静坐，是时神清气爽，则思四方之事，缓急之宜，必得其当，然后令有司行之。朝退未尝辄入宫中，间取四方奏牍，一一省观。’伏愿皇上遵而行之，以纲纪四方，则足以磐石天下矣。”① 太祖朝的宫中旧事，罗澄自然无法亲眼所见，但他能将太祖的言行引入奏疏，可见所言不虚，而且俨然当时君臣的共识。这与明代祖制是帝王家法，巨细无遗，凡是明初与太祖相关的一切事务，都是后世遵循的典范这一特点暗合。

到了明宣宗朝，祖制的内容又有所扩大，除了明太祖、太宗，明仁宗有时也被纳入祖制的范畴。在宣德三年（1428）二月，明宣宗在为《御制帝训》御撰的序言中称：“我国家自太祖高皇帝肇膺天命，奄有万邦，太宗皇帝再安宗社，仁宗皇帝继志守成，三圣相承，心天之心，道尧舜禹汤文武之道，以绥抚天下。爰暨朕躬，获缵鸿绪，临御以来，夙夜兢兢，惟三圣之心之道，不敢怠宁。荷天地宗庙之佑，四境无虞，百姓安业，几于小康，永惟祖宗开创之孔艰，守成之不易，而欲后之嗣君皆将敬承于无穷也。”②

客观地说，包含仁宗的祖制序列，在晚明并非共识，但是将仁宗纳入到太祖、太宗的序列中，这无疑是在客观上承认了“祖制”是一个比较开放而不再僵化的对象。而且，仁宗的加入更加强化了祖制是一种能代表治统的力量。

三　祖制与祖法

国家制度既定之后，在执行过程中发生变革是历史的必然，但是以祖制在设计上存在不合理之处来解释变更祖制，却失于简单。③ 虽然我们对明代祖制延续与变革的研究还处在对具体制度的就事论事状态，但明代人

① 《明英宗实录》卷一九五，景泰元年八月丁亥条，第4128页。

② 《明宣宗实录》卷三八，宣德三年二月，第927—928页。

③ 郭厚安就认为祖制不能一成不变的理由是存在设计上的不合理。郭厚安：《也谈明代的祖制问题》，《西北师大学报（社会科学版）》1993年第5期。

已经意识到了即使是祖宗朝旧事，也存在既定制度与偶然政策上的区别，以及祖宗之制和祖宗之法的差异。下面从祖制作为话语在制度的延续和调整过程中出现的特殊意义角度，分举例证，择要说明。

（一）官制

明仁宗即位不久，就恢复了太师、太傅、太保的设置。他在上谕中对吏部尚书蹇义说："此皇祖之制也。皇考圣明天纵，可不置此官。予历事未广，不无望于傅保。卿等免之。"随后任命蹇义为少保，加英国公张辅为太师。[①] 仁宗提到皇考，实际上是为了回顾明太祖废除中书省时候的制度创设。当时朱元璋因胡惟庸案的影响，"革去中书省，升六部，仿古六卿之制，俾之各司所事，更置五军都督府，以分领军卫"[②]。对这一制度性调整，监察御史许士廉说："创制立法，天子之事，既出圣裁，实为典要。"[③] 这实际上是以太祖调整之后的制度为上，甚至视之为要典。同时，他以太祖会因此政务繁忙，劳神太过，提议设立三公府，以勋旧大臣担任，"其大政如封建、发兵、铨选、制礼作乐之类，则奏请裁决，其余常事，循制奉行"，如此既可免去政务繁杂，又可减轻皇帝的负担。这一提议，太祖认可。[④] 但是"建文、永乐间，罢公孤官"[⑤]。却在事实上改变了太祖朝的这一制度，于是才有了明仁宗复设的事。从太祖到仁宗，在公孤的设置上已经有数次改变。姑且不论太祖废除中书省已然是对明初祖制的改变，建文、永乐朝罢公孤官是对太祖之制的又一改变，仁宗恢复设置，则是再变，但仁宗的政治口号仍然是回复皇祖之制，即不论太宗时代的旧事，唯独以朱元璋时代的公孤政策为当朝政策的根本参照。

这说明，祖制赋予了当朝君主在制度选择上的高度自由。在祖制的旗号下，对以往出现过的政策和制度，在位君主都有主动选择的权力；对认为合适当下的制度，一旦赋予了与祖制一致的色彩，也就有了合法性。因

① 《明仁宗实录》卷一下，永乐二十二年八月乙未条，第24—25页。
② 《明太宗实录》卷一二九，洪武十三年正月己亥条，第2048—2049页。
③ 《明太宗实录》卷一二九，洪武十三年正月己亥条，第2049页。
④ 《明太宗实录》卷一二九，洪武十三年正月己亥条，第2049页。
⑤ 《明史》卷七二《职官志一》，第1731页。

此，真正能为政策调整提供着力点并保障其合法性的因素，已经不是曾经存在过的制度本身，而是由其构成的祖制话语体系。

（二）律例

明代的律例与现代意义的“法”的概念并不等同。朱元璋在明初构建的法治体系并不等同于现代意义的“法”（law），而是在其中赋予了充分的道德内涵，通过制定律令弘扬天命，以承接君师的统绪与责任。正因为传统中国没有现代政治意义上的宪法，因此缺乏从法理上限制皇权的因素。但至少在明代，道德因素与礼仪规范对皇权带来了强制性的约束力量，明初法制建设的成果也就成了明代祖制的一部分。①

太祖立国，“刑用重典，然特取决一时，非以为则”，至洪武三十年“始申画一之制”，令子孙守之，并且命令“群臣有稍议更改，即坐以变乱祖制之罪”②。但很快，建文朝对律例就有所调整。洪武二十二年，明太祖命翰林院同刑部官共同设定《名例律》，之后皇太孙朱允炆提出更定五条以上，“太祖览而善之”。皇太孙又说“明刑所以弼教，凡与五伦相涉者，宜皆屈法以伸情”，于是又改定七十三条。但在洪武二十五年，刑部提议“律条与条例不同者宜更定”，明太祖以“条例特一时权宜，定律不可改”，否定了这一提议。③ 但建文帝在即位后，却因为与太祖在法、礼孰重上看法有别而调整了国家用律之意。他说：

> 《大明律》，皇祖所亲定，命朕细阅，较前代往往加重。盖刑乱国之典，非百世通行之道也。朕前所改定，皇祖已命施行。然罪可矜疑者，尚不止此。夫律设大法，礼顺人情，齐民以刑，不若以礼。其谕天下有司，务崇礼教，赦疑狱，称朕嘉与万方之意。④

---

① 姜永琳：《〈明太祖实录〉对朱元璋法哲学与明代中国文化认同的再构建》，载朱鸿林主编《明太祖的治国理念及其实践》，第283—284页。

② 《明史》卷九三《刑法志一》，第2279页。

③ 《明史》卷九三《刑法志一》，第2283—2284页。

④ 《明史》卷九三《刑法志一》，第2285—2286页。

又如，永乐朝尚有诬告法的设置，但在成化年间就有“令谳囚者一依正律，尽革所有条例”之举。① 到了弘治年间，更有“去定律时已百年，用法者日弛”的感慨了。② 限于主题，这里无法梳理明代律例在完善过程中对《大明律》的所有细节调整，但太祖颁定的律文，虽然“历代相承，无敢轻改”，仍然有“一时变通，或由诏令，或发于廷臣奏议”之变更。③纵览《明史·刑法志》可见，虽然太祖之后历代都有改变律例的情形，但大体都能以“恪守祖法”④ 为值得表彰，而以出于一时之怒的严刑峻法为过。⑤

作为《大明律》的补充，弘治十三年（1500）首次颁布《问刑条例》之后，嘉靖二十九年（1550）的《重修问刑条例》和万历十三年（1585）的《问刑条例》都对《大明律》内容进行了修订。嘉靖的《重修问刑条例》将条例附在相应的律条之后，比弘治的《问刑条例》更为规整，同时也有具体条款上的调整，表现出礼部和法司对宗室犯罪的干预程度有所加深。例如新增了规定宗室王府如果违例收受籽粒或争讼地土，要听各衙门从公理断一款，说明宗室的法律特权出现了一定的松动。到了万历年间重修《问刑条例》时，有关宗室的政策更趋严格，首次将“亲王”作为限制的对象写入，一旦宗室犯罪也能罪及本人，有司抚按等官的参与程度也进一步扩大。⑥

但是从国家的律令体系看，始终贯彻以明初设立的《大明律》为国家基本大法的精神，虽然到了明中叶逐渐形成了以例辅律的格局，但是在调整律例的过程中，祖制仍然是必须遵循的准则。万历年间，安世凤曾就律文的调整谈到祖制的重要性。他认为“律文亦有亟当斟酌停罢者”，凡是“用律之不善而致律文之当酌者，谓宜通行禁约”，故而他提议，“以后议罪，一以本律为主，即情不可原而律未该载者，不妨量责释放”。如此，

① 《明史》卷九三《刑法志一》，第 2286 页。
② 《明史》卷九三《刑法志一》，第 2286 页。
③ 《明史》卷九三《刑法志一》，第 2287 页。
④ 《明史》卷九四《刑法志二》，第 2322 页。
⑤ 《明史》卷九四《刑法志二》，第 2320 页。
⑥ 梁曼容：《明代宗室法律特权及其上下分野》，《古代文明》2019 年第 2 期。

则“官吏之日习于律，百姓之日著于律，法祖之要，莫切于此”[①]。安氏所说，当是晚明官员的共识。

（三）科举

自明初以科举考试为国家选拔人才的途径以来，这一制度的推行就因牵涉多方因素而显得日益复杂。其中，尤其以地域出身为影响士子来源和录用比例的重要因素。在调整政策的时候，祖制也会出现，例如《皇明大事记》说洪武年间严格科举禁例，为“历朝遵守，祖制之存者，惟此独重”[②]，暗示了科举选官是为了祖宗传下来的江山社稷，同时也表彰了本朝圣政必须遵守祖制。

成化二十二年在对调整科举考试南北卷配额的讨论中，有过涉及祖制的言论。科举制度在明代推行之初，曾经因为所取士子的南北出身比例引发过朝廷杀戮。最初，礼闱取士不分南北，但在洪武三十年（1397）的考试中，朱元璋认为考官刘三吾、白信蹈等所取士偏袒南方，命侍读张信等人复阅，结果所取仍然是南人。太祖大怒，诛杀主持考试的白信蹈、张信等人。之后再次廷试，取中的士子便都来自北方。永乐年间未尝分地取士，到了洪熙元年（1425），才开始以南北地域分配取士额度。宣德、正统分南北中三卷，分别为南取五十五名，北三十五名，中十名。景泰初年下诏“遵永乐间例”，当时大臣对于应该尊崇哪一朝的前例发生了分歧。[③]到了成化二十二年（1486），当时的四川左布政使潘稹认为南北中卷配额未免不均，礼部经过两次讨论，将取额定为南五十三，北三十三，中一十四。[④]这次调整在弘治二年（1489）受到批评。南京礼部尚书黎淳认为，由于潘稹建言而将南北二数各退二名，添与中数，实为不妥，提议应该恢复宣德二年（1427）所定数目。礼部认为黎淳所言允当，皇帝于是从议下旨。

---

① 安世凤：《刑法》，《燕居功课》卷九《政事》，《四库全书存目丛书》子部第110册，齐鲁书社1995年版，第715页。

② 朱国祯辑：《皇明大事记》卷一〇《选举》，《原国立北平图书馆甲库善本丛书》第128册，影印明崇祯年间刻《皇明史概》本，第1778页。

③ 《明史》卷七〇《选举志二》，第1697—1698页。

④ 《明宪宗实录》卷二八四，成化二十二年十一月丙寅条，第4811页。

成化二十二年发生的这次南北中卷取录士人比例的变化，是明代科举考试历史上的重要事件，研究者从梳理科举制度的角度已经有所关注。[①]但是将成化二十二年已经改变的科举取额又做调整，使之恢复宣德之旧的黎淳，却引起了我们的关注。黎淳的上奏，在《孝宗实录》中的记载是："宣德间所定进士南北中之数，行之已久，近成化二十三年会试，以四川左布政使沈稹言，南北各减二名，增入中卷之数，人心不服，士多怨言，乞仍旧便。"[②] 黎淳所说的"旧便"，据黄佐在《南雍志》的记载，是以潘稹所说是对"祖宗成法妄加损益，宜复宣德丁未所定数目"[③]。言下之意是指恢复到宣德年间的制度便合乎祖制。但宣德朝并不是明代人思想观念里的祖宗成法。回顾上文追溯祖制形成的历史阶段，仁宗朝旧事被认为是祖制，已然并不多见，宣德二年确定的科举选额更不会是公认的祖制。此说《实录》不载而仅见于《南雍志》，可见黎淳用祖制批驳潘稹，与事实并不相符，但他确实引据祖制以成说，并且令制度实践返回到了旧制，这一结果再次显示了祖制作为论证政策拟议合理性话语的客观性和权威性。

当然更多的情形是祖制对于后世调整制度所起的约束作用。弘治四年（1491），给事中涂旦以至今累科不选庶吉士，请"循祖制行之"[④]，对于涂旦说的祖制，大学士徐溥解释道："自永乐二年以来，或间科一选，或连科屡选，或数科不选，或合三科同选，初无定限。或内阁自选，或礼部选送，或会礼部同选，或限年岁，或拘地方，或采誉望，或就廷试卷中查取，或别出题考试，亦无定制。自古帝王储才馆阁以教养之。本朝所以储养之者，自及第进士之外，止有庶吉士一途，而或选或否。且有才者未必皆选，所选者未必皆才，若更拘地方、年岁，则是已成之才又多弃而不用也。"[⑤] 从这段回顾来看，关于庶吉士的选录，在明初永乐年间即无定制，无论是举行的时间还是选送的机构，都缺乏制度延续性，因此并不能在事

① 参见汪维真《明代科举配额制度变动中的地域利益之争》，《史学月刊》2019年第4期，第32—33页。

② 《明孝宗实录》卷三〇，弘治二年九月己未条，第668页。

③ 黄佐：《南雍志》卷四《事纪四》，《续修四库全书》第749册，上海古籍出版社1995年版，第161—162页。

④ 《明史》卷七〇《选举志二》，第1701页。

⑤ 《明史》卷七〇《选举志二》，第1701页。

实上提供庶吉士考选的祖制规范。徐溥于是提议："请自今以后，立为定制，一次开科，一次选用。令新进士录平日所作论、策、诗、赋、序、记等文字，限十五篇以上，呈之礼部，送翰林考订。少年有新作五篇，亦许投试翰林院。择其词藻文理可取者，按号行取。礼部以糊名试卷，偕阁臣出题考试于东阁，试卷与所投之文相称，即收预选。每科所选不过二十人，每选所留不过三五辈，将来成就必有足赖者。"① 孝宗听从此请，命内阁同吏、礼二部考选以为常。

（四）藩府

在晚明各地的藩府由于人数众多，给国家带来了巨大的财政负担，成为当时士大夫共同关心的问题。② 明穆宗时代，河南都御史栗永禄、杨家相、礼科都给事中张国彦等人曾经将当时宗藩带来的问题与祖制对比，认为"今天下之至重而难处者，莫如宗藩"。他们认为"圣祖独厚宗亲，世授爵禄"，但祖制厚赉宗室，到了晚明却已成积弊：

> 圣祖当天潢发源之始，故奉以数郡而易供，至于今日，当宗支极茂之时，则竭天下之力而难给。以天下通论之，国初亲郡王将军才四十九位，今则玉牒内见存者共二万八千九百二十四位，岁支禄粮八百七十万石有奇，郡县主君及仪宾不与焉。是较之国初，殆数百倍矣。天下岁供京师者，止四百万石，而宗室禄粮则不啻倍之。是每年竭国课之数，不足以供宗室之半也。③

这仅仅是当时的一般情况，奏进者担心万一遇到水旱灾害，国家更无法负担；若是将来藩府繁衍万世，支出将更为庞大，国家必然无力支付。因此，栗永禄等人基于"今在国家则苦于供给之无措而意外之变可虞，在

---

① 《明史》卷七〇《选举志二》，第 1701 页。

② 对于晚明藩王各项弊政的研究，参见 Roger V. Des Forges, *Cultural Centrality and Political Change in Chinese History: Northeast Henan in the Fall of the Ming*, Stanford: Stanford University Press, 2003。

③ 《明穆宗实录》卷五八，隆庆五年六月丁未条，第 1423—1424 页。

宗室则苦于禄粮之不给而颠连之状可悯。上下公私两受其困”的现实，认为“今日之势有不容不变通者也”。他们认为现实的情况对延续至今的祖制而言，颇具讽刺性：“祖庙之制亲尽则祧，而袭封之典曾不稍变，是待祖宗者薄，而待子孙者厚恩，礼不几于倒施乎？今之论者动曰：祖制不敢轻议，然观洪武初亲王禄米五万石，不数年后以供给难继，减至万石，其后待肃辽庆宁谷诸王，且岁给五百石，是高皇帝制禄已无定矣。”① 奏事者说的实情是祖制已经无以为继，必定要调整藩府的禄米。这个例子说明，在国家面临的现实问题前，祖制作为制度存在的意义并不足以大到压倒财政困境。当国家的经济负担是来自祖制的规定时，必然迅速做出调整，祖制作为制度约束的力量在这时就沦为次要了。这个例子反证了祖制作为制度的约束力，要弱于作为政治话语的约束力。

（五）制度调整下的祖制话语

明代国家政策调整的例子在各个行业都有，有的在延续中成为新的制度体系，有的又被推翻，为新政策提供了基础。实际上，由于国家各项制度的调整是必然的，对于祖制是否应该延续的问题，一直就存在质疑的声音。

早在明宣宗为《御制帝训》撰写的序言中，就提到了改变祖制的问题。宣宗认为，祖制发生改变，有两种情况。其一是佞幸之人进谗言，“盖人君初非有意更改祖法，多由所用轻佻小人导之，盖小人希宠求进，日以谲诈之说浸渍其君，谓行之则功高于前人，其君喜而从之，而卒至于坏乱。如汉武帝、宋神宗听用小人之言，不循祖宗之旧，纷纷多事，卒皆至于毒生民、乱天下，此万世之鉴戒也”。另一种是因应时势，不得不有所变革：“若因时之宜不可不损益者，亦不可不体祖宗之心。宋贤相李沆尝言：‘吾为相，无他善，惟有不改祖法一事耳。’故为君用人常得老成忠厚，如沆之流，岂有坏乱之忧。”② 这是皇帝公开承认无论是正面因素促使，还是负面因素诱使，祖制发生改变的必然性。

---

① 《明穆宗实录》卷五八，隆庆五年六月丁未条，第1424—1425页。

② 《明宣宗实录》卷三八，宣德三年二月条，第934页。

嘉靖年间，户部认为御史潘鹏创立的和平册变换祖制。部议此法“或议增脚价，或议收余银，或议均徭，或议驿传，或议户口盐粮，阳减阴增，朝更暮改，法愈巧而弊愈甚”。请皇帝下令“各该抚按令一应赋役，悉遵祖宗旧制，其正德间如潘鹏等所立新法册籍并已刊成书者尽毁之，仍榜谕禁革。有不遵旧制，妄议立法，即坐以紊乱成法之罪，间有于人情土俗不便者，听抚按官从长议处；事体重大者，奏请定夺。不许任情率意，变法扰人”。此议得到嘉靖皇帝支持。①

也有针对充满弊端的现行政策提出变革意见，却被以遵从祖制为由遭到反对的例子。万历二十五年四月，直隶巡抚聂应科以去年巡视上江兼管漕粮时所见中州大饥、倭寇作乱，提请“革勋总、易副将，以肃漕规”②。这是针对漕运制度上的人事问题，应科发现总兵一职即使“主之得人，操之有法，尚当虑周于意外”，况且是以“纨绔庸品贪婪鄙夫，因循纵恣者当之”，必然“墨黩成风，俾漕规之决裂而不可收检”③。他回顾设官之初的设想十分良好：“指挥等官用军政考选，掌印部运，更番从事；把总则取武科及屡有荐剡者以充厥事，为谋至周也。乃统运官曾用参将一员者何为，其辖于抚按，便于节制，不得以恣睢暴戾任意诛求，其所以堤防而约束之者，何至严而至密。”④ 但“承平日久，纪法日废。今之运军按册呼名，鱼贯而应者，悉市井亡赖之徒焉耳”，更甚者“押运诸臣惟务私囊，罔顾公事，朘削为谋，刀锥是竞，每船分为三项名色，一纲司，一旗甲，一画会”。其中“正米有耗矣，而耗之外又有耗焉，命曰赠米；赠米有耗矣，而赠之外复有赠焉，命曰加赠”。此外，“每米一石，纲司索银未已，画会索银未已，而旗甲每千石少者三四两，多者七八两，且广买土宜，遇境贸易，方经营低昂之不暇，何暇顾黄水之先后、风色之缓急”。如此则漕运一遇风险，自然无力应付，“才一遭飘流，复派编氓，甚之花费侵没，

① 《明世宗实录》卷一四，嘉靖元年五月癸亥条，第482—483页。

② 聂应科：《议革勋总易副将以肃漕规疏》，载朱吾弼《皇明留台奏议》卷一六，《续修四库全书》史部467册，上海古籍出版社1995年版，第689页。

③ 聂应科：《议革勋总易副将以肃漕规疏》，载朱吾弼《皇明留台奏议》卷一六，第689页。

④ 聂应科：《议革勋总易副将以肃漕规疏》，载朱吾弼《皇明留台奏议》卷一六，第689页。

有幸危而利菑者”。他坦言这仅是举例数种，实际上“种种弊端，笔所难罄”①。究其原因，聂应科认为是“世胄漫无拣选，内藉奥援，外靡顾忌，每把总过淮，取银三千有奇，至通州二千有奇”，且“总兵既取之把总，把总等官不得不相率而科之军人，派之百姓，又不得不相率而为商贾之逐什一之息，藉转输以为利薮，敛军庾以充溪壑”，如此“上负宠命，下厉生民”，故而提议“不更副将则节制不便，不便则漕规不振，不振则病国病民，祸益滋甚”。这份奏疏之所以呈进，是不久前万历皇帝曾经下旨“总兵只至通州，不许入京，亦毋得再以交际为名，科扰官军”，故“乞敕下兵部，参酌往例，改用副总兵一员，选其忠谨雄杰素有贤声以充总运，仍听督抚按漕衙门举刺，庶前有欣慕，后有儆惕，纪法严而夙蠹可除，漕规肃而转输无虞”②。对此请，兵部在次月上奏皇帝作为回复，称应科此请“恐违祖制”，主张“厘弊在议人，不在议法，惟严敕提督，秉公洁己，否则听科道论劾”③。对于聂应科的建议和兵部的回复，很难用对政策保守、激进或对政务消极、积极的概念去区分理解，更可靠的思路是从当事人虽然已经对漕政败坏了然于胸，但对改变祖制仍要慎之又慎，不可轻动的惯式心理来体会。面对政策已经积弊重重与秉持祖制不敢轻动的矛盾被激发起来，祖制的权威性自然就昭然若揭了。

政策得以调整并且取得成功的例子也有。万历四十六年（1618）四月，巡盐御史龙遇奇推行盐政改革，实施纲盐法，被明神宗认为是“深于盐政有裨，着该地方官着实遵行，仍立石刊书用垂永久”的良策，④ 成为一朝定制。但是从国家制度创设的角度看，龙遇奇的纲盐法无疑是对祖制的改革。⑤

在政策调整之外，祖制还有将现行制度回归国初设计的功能。这是祖制在明代祖、宗朝之后存在重要意义，也是朝廷借以批评现实政治的理论

① 聂应科：《议革勋总易副将以肃漕规疏》，载朱吾弼《皇明留台奏议》卷一六，第 689 页。

② 聂应科：《议革勋总易副将以肃漕规疏》，载朱吾弼：《皇明留台奏议》卷十六，第 689—690 页。

③ 《明神宗实录》卷二七三，万历二十五年五月甲午条，第 5065—5066 页。

④ 《明神宗实录》卷五六八，万历四十六年四月乙巳条，第 10687—10688 页。

⑤ 参见朱宗宙《明清时期盐业政策的演变与扬州盐商的兴衰》，《扬州大学学报（人文社会科学版）》1997 年第 5 期。

基础。将嘉靖年间户部尚书王杲改折漕粮的政策回归祖制就是突出的例子。王杲以“国储告匮，诸边请增饷无虚月，四方多水旱”而上制财用十事。“旧制，岁漕四百万石。杲以粟有余而用不足，遇灾伤率改折以便民。”结果，“帝见改折者过半，大惊，以诘户部，杲等引罪。敕自今务遵祖制，毋轻变”①。

皇帝一般认为祖制是应该遵循的治国原则，但也有例外。明代历史上荒唐怠政的武宗正德皇帝，曾经借科举考试的机会提问祖制中何者应该取法，实质是公开质疑祖制的神圣性。正德三年（1508），明武宗御奉天殿策士，发布制文，纠缠于法祖和守成问题，刻意设问。他肯定人君应该取法者“惟天，惟祖宗”，还提到法祖的说法可能有多种，“曰代天，曰宪天，曰格天，有曰率祖，曰视祖，曰念祖”，但认为要处理好法祖、守成和为治三者之间的关系，却是不易解决的理论难题。他接下来说：“抑所谓法祖为守成而言也，彼创业垂统者，又将何所法乎？汉唐宋以降，法天之道，殆有未易言者，何以能成其治乎？抑亦有自法其祖者矣。”在用天道动摇了祖宗之法的神圣性之后，正德皇帝接下来提问：“我太祖高皇帝之创业，太宗文皇帝之垂统，列圣之所当法以为治者，布在典册，播之天下，不可悉举。不知今日所当法，何者为先且急。”② 虽然他在文末还是遵守了策士时颁布制文的一贯格式，但显然已经有动摇祖制的权威之意了。正德皇帝怠政乱法为后世诟病，虽然不能将这篇制文的性质放大为他的政治宣言，但至少文中透露的信息与他后来的政治思路不无吻合之处。明武宗的疑问其实不无道理，太祖创立圣治却无法可守、无祖制可尊，然而本朝历代君主所奉行的祖制却创设于明初，如此守成，如何能够成就理想中的帝王之治！读者从这一逻辑，已经能做出判断，无论是尊崇祖制还是试图挣脱祖制的藩篱，祖制自身的权威性、神圣性都是不可回避的。

纵观明代，君臣围绕祖制产生激烈对立的突出例子是明世宗议定大礼。明世宗为了推尊本生父亲兴献王，使入祔太庙，不惜改革礼制，推行天地分祀，更利用“法祖”畅行其说，同时世宗下令重修包括《大明太祖

① 《明史》卷二〇二《王杲传》，第5329页。
② 《明武宗实录》卷三六，正德三年三月壬子条，第862—863页。

皇帝御制集》在内的洪武时代的官修政书，以至载有《大明令》《洪武礼制》《稽古定制》《孝慈录》《教民榜文》《礼仪定式》和《大诰》等洪武祖制的《皇明制书》刊刻，促成了祖训、祖制召回寰宇的局面。这一潮流影响到嘉靖年间成书的吴朴《龙飞纪略》和陈建《皇明启运录》《皇明通纪》等私修开国史甚至本朝史的风潮。[①] 而且在支持议礼和反对议礼的大臣的对立中，祖宗朝存在的故事是否能成为"制"的问题，都有争辩。其中，御史刘濂在嘉靖五年对于祖制是否该做改变的上疏，颇具辩证的意味。他承认"我朝法制，出列圣经画甚备，但法行既久，不能无弊"，因此谏言：

> 臣愿申明变乱成法之条，及奸党乱政之律，布告中外。凡敕论时政者，必先考某事旧规如何，今日流弊如何，如何可以祛宿弊、复旧规。敢有变乱纷更，妄为建白，及援引国初不可行之法，与夫祖宗偶为之事，非纯懿之典者，许该衙门参驳，科道论劾，明正其罪，以为不忠者戒。[②]

刘濂之意是要明确国家的常行之制与偶行之法，确认何为"旧规"，何为"纯懿之典"。他的看法实质上与上面提到的沈一贯等人区分权宜之制与祖宗之法的主张一致。

明代人谈及祖制，可能在措辞上对制度和治法并不做严格区分，而是笼统地将两者称为祖宗之制或祖宗之法，但对两者之间的分别却能清晰地把握。万历年间出身武将世家的王祖嫡（1531—1592）就曾经申论御兵之策，说："有祖宗之制，有祖宗之法。法者，制之所托以行也。"[③] 对两者的区别，祖嫡以兵制为例，说："虎贲七萃宿屯京师，左偏右承，中权后劲，祖宗之制也。敦陈整旅，三令五申，赏不遗贱，罚不阿贵，祖宗之法

① 郭嘉辉：《法祖讲学：明中后期〈高皇帝御制文集〉刊行及其意义》，《清华学报》新49卷第2期，2019年6月，第301页。

② 《明世宗实录》卷六六，嘉靖五年七月甲午条，第1515—1516页。

③ 王祖嫡：《策·筹之（己丑武举程策）》，《师竹堂集》卷二八，《四库未收书辑刊》第5辑，第23册，北京出版社2000年版，第304页。

也。故国不虚重，兵不虚胜，民不虚用，令不虚行，以有法在也。法在而制托以行。若不能用祖宗之法则法坏，不能用祖宗之制则制坏。以不能用祖宗法而因以议祖宗之制，则法与制两坏。”[①] 王祖嫡显然意识到了依托于制度之上的祖制话语与制度本身两者间的区别。

同样，万历元年河道侍郎万恭曾经说“事莫善于法祖，法莫病于因循”，[②] 对事与“法”的不同处理看似矛盾，但了解了祖制与祖法既模糊又清晰的关系，也就不觉得奇怪了。总的来说，治法依托于制度，但祖宗之制在形成之后，又独立于制度，形成了一套自成体系的政治话语，只是它仍然依托于制度，不可能与之截然两分。

四　模式与场合

当祖制超脱于制度，作为政治话语出现时，它涵盖的领域要比制度本身更广。在与皇室事务和国家治统相关的场合，祖制通常起到正面的维护作用；当皇帝的言行与太祖、太宗朝的治理理念不相吻合时，祖制往往成了朝廷内外品评时政的依据。明代中叶以后，后者逐渐普遍起来。

（一）新君即位

祖制兼有朱氏家法传承和表现国家治统的含义，作为一种政治话语，出现频度最高的场合是国家的重要典礼和与皇室有关的事务，其中，最为隆重的是皇位继承，这时祖制作为皇位交替在名义上的护航手段必须出现。在新君即位之前，储君往往会接到大臣劝说即位的进笺，祖制即重要的劝进说辞。明宣宗即位前，文武百官及军民耆老等上笺，例行的措辞就有“我太祖高皇帝创业垂统”“太宗文皇帝继志述事”“大行皇帝至仁厚泽被遐迩”“皇太子陛下孝友英明刚健中正”“皇祖之心主器有归”这一套叙事逻辑。[③] 郑王、越王、襄王、荆王、淮王、滕王、梁王、卫王等人

① 王祖嫡：《策·筹之（己丑武举程策）》，《师竹堂集》卷二八，第304页上。
② 《明神宗实录》卷一二，万历元年四月辛未条，第401页。
③ 《明宣宗实录》卷一，洪熙元年六月甲辰条，第15页。

随之上笺劝进，也是依循这一套敬天法祖的思路。[①]

新君即位之后更会借机利用祖制加强皇位的正统性，宣示自己继承家法是对治统的延续。明英宗的即位诏说：“仰惟祖宗肇造之功，守成之道，规摹弘远，光昭万世。”[②] 明宪宗在即位诏中说：“洪惟我祖宗诞膺天命，肇开帝业，为生民主几百年矣。圣圣相承，志勤于治，武功文德，绍休前闻。暨我皇考皇帝恢宏政治，二纪于兹，厚泽深仁，存以衍皇明万世无疆之祚。”[③] 明孝宗即位时，在诏书中说：“惟我祖宗圣圣相承，膺天明命，为华夷主。其创业守成，神功圣德，诚度越往古矣。暨我皇考大行皇帝，嗣统深仁，厚泽覆冒海隅。”[④] 明穆宗的即位诏称：“惟我祖宗圣圣相承，至治鸿功，超越千古。暨我皇考大行皇帝，以经文纬武之德，建安内攘外之勋，增光先朝，垂庥后世，方幸永赖。”[⑤] 不必一一罗列历朝皇帝的即位诏书，读者就已经能够从明代中叶到晚期的这四份诏书中发现，新君即位时表达顺承祖制的意思，其实彼此高度相似。

但这套政治话语却并不是可有可无的虚语，正如明宣宗在御撰《帝训》序言中所称：“夫君位者，天之所命，祖宗之所传也。惟天、惟祖宗是崇、是敬，体其心而不遗，循其道而不倍，君德之大也。故行之。”[⑥] 这套语义隆重但措辞简单的话语，保证了皇位延续的合法性，即位新君也借机宣示新朝的执政精髓必定会在祖制的框架之内。明武宗去世后，颁遗诏，让孝宗的弟弟兴献王之子即位，也是依据祖制论证其合法性：“遵奉祖训兄终弟及之文，告于宗庙，请于慈寿皇太后与内外文武群臣合谋同词，即日遣官，迎取来京，嗣皇帝位”[⑦]。明世宗即位，也说：“朕承皇天之眷命，赖列圣之洪休，奉慈寿皇太后之懿旨，皇兄大行皇帝之遗诏，属以伦序，入奉宗祧，内外文武群臣及耆老军民合词劝进，至于再三，辞拒

① 《明宣宗实录》卷一，洪熙元年六月己巳条，第18页。
② 《明英宗实录》卷一，宣德十年正月壬午条，第9页。
③ 《明宪宗实录》卷一，天顺八年正月乙亥条，第11页。
④ 《明孝宗实录》卷二，成化二十三年九月壬寅条，第11页。
⑤ 《明穆宗实录》卷一，嘉靖四十五年十二月壬子条，第10—11页。
⑥ 《明宣宗实录》卷三八，宣德三年二月，第928页。
⑦ 《明孝宗实录》卷一，正德十六年四月癸卯条，第3页。

弗获，谨于四月二十二日祗告天地宗庙社稷，即皇帝位。”① 借助于祖制这一话语体系，保证了即位新君与前任皇帝之间的皇位继承是在太祖、太宗延续的治统之下完成的。

虽然祖制有保证新君即位正统性的作用，但不能完全杜绝即位新君在制度上进行调整。下面这个例子恰好说明了祖制可以作为政治话语，却不可能杜绝制度在现实中出现变化。成化元年（1465）二月，新登基的明宪宗以祖制说遣使北虏之事，便是借机调整现行政策的例子：

> 我太祖高皇帝受天明命，承中国帝王大统，主宰天下，世世相传，人民仰戴。朕嗣祖宗大统，视天下万国为一家，凡百政事，悉遵太祖高皇帝成宪。今尔欲中国遣使往来，洪武年间旧无事例，正统中虽尝遣使，反失和好。天顺初非不遣使，扰边如故。英宗皇帝深自悔悟，遂不复遣。朕遵祖宗之意，不敢有违。②

祖制在这份诏书中显然是实际的政策依据。对于朝廷是否应该与蒙古互相遣使一事，明宪宗借鉴洪武、正统、天顺、正统年间旧事，认为还是明初的状态最佳，于是借祖制表明了本朝的政治态度是力主恢复其旧。当然，更普遍的情形是将祖制作为治国的理念和方法，一般不提具体的规制。宣德元年（1426）正月，皇帝宣谕群臣，开篇就强调“朕惟君国莫大于奉天，守成莫重于法祖。为臣之道，莫切于忠君而爱人”③，便是这种一般性的表述。

对于新君的即位诏，内外大臣乐于上疏应和，祖制也是其中必不可少的内容。在洪熙元年（1425）发生过这样一个有趣的例子，从中可以了解君臣之间在祖制话语体系之下谈论政事的不同态度。当时皇帝即位不久，有兴州左屯卫军士范济赴朝堂言事，提到“申明楮币”“屯兵要地”“训练精锐”“勾军扰害”“劝课农桑”“兴举学校”“息偃兵戈”“沙汰冗员”

---

① 《明世宗实录》卷一，正德十六年四月二十二日条，第10页。

② 《明宪宗实录》卷一四，成化元年二月辛巳条，第310页。

③ 《明宣宗实录》卷一三，宣德元年正月戊戌条，第345页。

八款。每款谏言之下，祖制都是必不可少的要素，例如在讲论货币部分，范济就举太祖朝的例子说“太祖皇帝命大臣权天下财物之轻重，造大明通行宝钞，以钞一贯准银一两”，“迄今五十余年，其法少弊，亦由物重钞轻所致”。因此提议“重造宝钞，一准洪武宝钞若干，务使新者不冗，旧者兼行”①。在劝课农桑部分，范济也是以洪武朝旧制为参照：“洪武间，每卫七分屯田，三分守城，且耕且守，军无阻饥。近年调度颇繁，营造日久，虚有屯种之名，而田多荒芜，军仰仓粟而兼养马，采草、伐薪、烧炭诸役，兵之力疲、农之业废矣。”② 对这份长篇进言，礼部议尚书吕震认为“词语浩烦，况事皆已行”，暗示皇帝不用过于在意范济所说。但洪熙皇帝对范济其人及其所言十分重视，说：“朕观其言皆有理，皆合朕意，学识可取。尔更询察其实。”第二天，吕震代表礼部回奏，说：“其人故元进士，洪武中以文学举为广信知府，因事谪戍兴州，今年已八十有四。”言下之意，颇以范济年老，所说无用。但明宣宗执意认为“国家用人，正在取老成者，但不可处以烦剧耳”。命吏部以范济为儒学训导。③ 对于范济的八项提议，礼部吕震从政务角度评价不高，有其客观性，但对新登基的洪熙皇帝来说，呈现在面前的就不仅仅是政策了，而是祖制系统延续而下的军政农桑大事，当然能引起明宣宗的重视。由此可见，相比现实政治，祖制话语与治统延续性的关联要更为紧密。

当新君即位之际，类似洪熙皇帝与礼部尚书之间的分歧并不常见，更多的情形是君臣双方各执己见时都强调不离祖制。明世宗即位后，朝臣意欲革新时局，也根据《祖训》，希望皇帝敬天法祖、正始修身。当时大臣们围绕遵守祖制问题的奏疏，多达三十余篇。④ 明穆宗即位不久，掌詹事府事吏部左侍郎陈以勤上谨始十事，其中第四条“法祖”：“盖祖宗立业，其更事详则其防患也深，其谋虑远则其立法也密。故子孙承之，自可以世

---

① 《明宣宗实录》卷五，洪熙元年闰七月癸丑条，第 151 页。

② 《明宣宗实录》卷五，洪熙元年闰七月癸丑条，第 156—157 页。

③ 《明宣宗实录》卷五，洪熙元年闰七月癸丑条，第 161—162 页。

④ 郭嘉辉：《法祖讲学：明中后期〈高皇帝御制文集〉刊行及其意义》，《清华学报》第 49 卷第 2 期，2019 年 6 月，第 300 页。

守而无弊，苟非至于大坏，未可轻变也。”[1] 在析述法祖内容之前，陈以勤先说了祖制神圣性的来源：“前代人主或自作聪明，狭小制度，或庸昧寡识，蔑弃典章，往往乱其国家，可为永戒。洪惟我太祖肇造鸿图，成祖嗣承大烈，其劳心焦思，垂训立法，以为子孙万世计至宏远矣！”[2] 之后，才说法祖的具体内容：

> 天下者，祖宗之经营，必法其所以治。人民者，祖宗之蕃息，必法其所以养。官爵者，祖宗之建置，不可授之非其人。府库者，祖宗之蓄藏，不可用之非其道。至于听治之暇，尤望恭取《祖训》，置之座右，细加省览，守而勿失。仍申饬中外诸臣，凡有关祖制者，一切遵率如故。则曩时平治之略，自足为今日守成之具。《书》曰：“监于先王成宪，其永无愆。”此之谓也。[3]

同理，当设立皇太子礼成，诏告天下，通常也会以“远稽古昔，近法祖宗”之类的惯用语表现皇太子是皇祖治统的继承人。[4] 给大行皇帝上谥号以表彰其治下英明，祖制也是必不可少的元素。成化二十三年九月戊午，给明宪宗上谥号，《实录》中就有称赞其治下“法祖敬天，尊亲致养，恩谊笃于宗室，惠泽溥于黎元……”的记载。[5]

（二）劝进帝学

除了皇位继承的过渡阶段，祖制作为工具性的政治话语更普遍地出现在涉及提升帝学或培养帝德的场合。论谏者有时将法祖与其他君德并列，有时则细述应该取法祖宗的内容。其中明孝宗时代的一个例子，尤其能表明祖制作为政治话语存在的意义。弘治十六年（1503）十一月，监察御史顾潜就新撰的《稽古治要》进言，称书中选辑自唐虞三代至宋代“奉天法

① 《明穆宗实录》卷二，隆庆元年正月癸亥条，第35页。
② 《明穆宗实录》卷二，隆庆元年正月癸亥条，第35页。
③ 《明穆宗实录》卷二，隆庆元年正月癸亥条，第35—36页。
④ 《明宪宗实录》卷一四七，成化十一年十一月癸丑条，第2694页。
⑤ 《明孝宗实录》卷三，成化二十三年九月戊午条，第47页。

祖、教太子、处宗室、辨人材、恤民困、纳谏诤、节财用、接臣下、斥佛老、重爵赏、慎刑辟”等关乎政体之大者著书进呈。明孝宗称，“所进书已留备观览矣”①。很显然，顾潜选辑的三代至宋的例子无非是关于教育宗室、选择人才等与国家政治、经济等领域相关的历史故事，但一定要首列“敬天法祖”，说明祖制在国家政治生活中不可或缺，政治思维也要在这一概念下梳理才有合理性。

明中叶的例子如正德十六年（1521）翰林院编修孙承恩向皇帝奏进端本十一事，其中之一就是法祖：“正始、修身、敬天、法祖、勤政、讲学、慎微、持志、谨好尚、简近习、溥仁恩。”② 晚明的例子则有万历三十九年（1611），礼部左侍郎翁正春在万寿节上献议“清君心，遵祖制，振国纪，信臣僚，宝贤才，谨财用，恤民命，重边防”③。兵科给事中魏应嘉在泰昌元年（1620）疏论法祖四事，提到修身、勤政、亲贤、纳谏等四项内容。④这几个例子中，“天”和“祖”的概念有时并不位居首端，但持敬的思路则毫无二致。

上文提到过的鲍应鳌劝谏明神宗重开经筵的奏疏，不仅清晰地体现了祖制的话语色彩，也能呼应上文提到的祖宗之制与权益之法的矛盾。应鳌在天启年间上《奏为体元御极图治宜勤疏》说：“我祖宗于讲学一事最为谆惓，有经筵，有日讲……昨岁之冬，皇上于日讲亦未寒而辍，殊非祖宗旧宪。……皇上复引皇祖成例以为解，不知国家所当遵守者，成宪也，非事例也；即其可援以为例者，必尽伦尽制之芳规而非不轨不物之忒礼也。皇上但见皇祖晚岁之倦勤，而不知其初年之宵旰也；但见其后来静摄之遣代靡文，而不知其蚤岁步祷之勤渠也。……”⑤ 接着，便罗列了明初列祖列宗勤于讲筵的故事，应鳌回顾说“自太祖开基，即日召二人进讲经史，敷陈治道。每讲必反复讨论，以求通义理之极。讲毕，议及政事以为常，何其备也”。到了明成祖时代，“勤于讲义，即退朝默坐，未尝不思管束此

① 《明孝宗实录》卷二〇五，弘治十六年十一月癸酉条，第3811页。
② 《明世宗实录》卷二，正德十六年五月庚申条，第88页。
③ 《明史》卷二一六《翁正春传》，第5708页。
④ 《明光宗实录》卷三，泰昌元年八月戊申条，第79—80页。
⑤ 鲍应鳌：《奏为体元御极图治宜勤疏》，《瑞芝山房集》卷四，第102—103页。

心，何其纯也”。明宣宗则“讲《舜典》而追都俞吁咈之风，讲《春秋》而凛乱臣贼子之戒，何其核也”。明孝宗则“最称嗜学，每日讲《尚书》至午后，讲《大学衍义》而驳刘机、陈善陈字之误，何其洽也”。他因此说“列圣相承，咸以日讲为第一义。祖宗家法，从来远矣。以故重熙累洽之治，超轶古今”。又说世宗、神宗朝之事：“至若世宗登极之年，正与皇上茂龄同岁。而皇祖十龄践祚，尤为幼冲，然莫不汲汲日讲。世宗折讲官刘龙、桂萼之谀词，嘉廖道南之谠论，既称千古卓识。皇祖日勤讲读，亲近儒臣，屡洒宸翰，美誉流闻。此皆前事昭然，皇上何不于前之勤者是法，而以后之怠者为戒也。”① 应鳌这篇奏疏对于呈现祖制的话语意义具有独特的价值，它不仅判定了祖宗之制也即成宪所当取法，一时权宜之策也即事例不足法，更重要的是指明了所当取法之“法”的核心内涵，即符合帝王励精图治的标准，才是应该取法的内容。这即是奏疏中说的“且皇上但见皇祖晚岁之倦勤，而不知其初年之宵旰也；但见其后来静摄之遣代靡文，而不知其蚤岁步祷之勤渠也”②。应鳌显然并不认可将不合祖法精神的内容作为效法的对象。

客观地说，这类奏疏在敦促皇帝修德尽职上，并不可能产生任何实际效果，最佳的状态莫过于奏进之后，皇帝能回应示意，更多的情形则是奏疏呈进却得不到任何批答。但群臣当对朝政不满时却乐此不疲。呈进这类在预期中就不可能马上奏效的奏疏，过程本身展现的便是祖制作为政治话语工具被承认和利用的特点。当祖制成为政治思想中必不可少的元素时，说者不一定有心，听者更可能无意，但劝谏皇帝尊崇祖制的举动却不可或缺；没有祖制的出现，恐怕谏言中涉及的其他内容也无法呈进。

（三）论谏政事

对于国家而言，祖制作为工具性话语的价值并不仅仅是维护治统或者保护制度的延续性，它在赞誉本朝圣政之外，对于做法不合乎治统规范的皇帝，也能成为批评的工具，成为舆论上改善前朝甚至本朝弊政的护身

① 鲍应鳌：《奏为体元御极图治宜勤疏》，《瑞芝山房集》卷四，第103页。
② 鲍应鳌：《奏为体元御极图治宜勤疏》，《瑞芝山房集》卷四，第103页。

符。改善的方向，必然是回归明初祖制。在成化朝被称为“纸糊三阁老，泥塑六尚书”之一的大学士刘吉（1427—1493），因为对政事无所匡正而受到时论讥讽。进入孝宗朝，刘吉常常携同僚进正论，以窃取美名。弘治三年（1490），他与同官进言，称“皇上圣体禀赋与先帝不同。先帝壮盛充实，凡有云为，殊无困倦；皇上圣质清纯，近因元宵及中宫、千秋二节奉侍圣祖母太皇太后、圣母皇太后，宴乐未免时刻过多，有损精神”，故而谏言“左右或有请先帝故事游乐者，皇上必以太祖、太宗典故斥退之。盖祖宗令节，宴游自有时，皇上取法于祖宗可也”①。这是以太祖、成祖时代的祖制为应当遵行的原则，实际上是批评前朝宪宗所为不足取法。当然，这个例子也仅仅是依托于弘治初年君臣对成化朝政不尽如人意的共识这一特定历史背景，比较极端地表现了祖制否定前朝政治的功能。

此外，在自然灾害、天灾示警等突发事件上，大臣针对皇帝本人或后宫事务劝谏，也往往征引祖训。例如弘治十一年宫殿火灾，户科左给事中卢亨以清宁宫灾，提出法祖修政四事：“一杜乞升之官，一省工作之费，一敏听断而无留滞，一恤困穷以重邦本。”② 紧接着，卢亨还提到了内府太监坏政的具体例子。他说：“清宁宫修造宜检故太监李广遗财以充其用。又南京太监梁芳、韦兴、陈喜、江直蠹政檀权，罪不容逭，近者夤缘李广，复得取回，是又将以坏先帝者坏陛下矣，宜赐屏斥，以快人心，此实弭灾之尤者也。”③ 借着宫殿火灾，朝臣往往能对当朝政治提出比较明确的批评性意见，希望皇帝能改善弊政。卢亨的看法非常有代表性。宫殿是祖宗所建，以祖制向宫中被火施加压力，对于在位君主而言最有效力。然而卢亨接着提出的仕途升迁、工作之费和审理案件、抚恤穷民等事情，显然不是依据祖制梳理具体制度，因此祖制在这份奏疏中起到的作用，也仅仅是给皇帝施加政治话语意义上的压力，借助这一手段，卢亨才有奏进谏言的空间。

内官监李广在孝宗时代以“丹术符水见宠任”，以致“权倾中外”。④

---

① 《明孝宗实录》卷三六，弘治三年三月庚申条，第779—781页。
② 《明孝宗实录》卷一四二，弘治十一年十月辛卯条，第2462—2463页。
③ 《明孝宗实录》卷一四二，弘治十一年十月辛卯条，第2462—2463页。
④ 《明孝宗实录》卷一〇三，弘治八年八月甲戌条，第1891页。

清修《明史》记载他曾经“矫旨授传奉官，如成化间故事，四方争纳贿赂。又擅夺畿内民田，专盐利巨万”①。李广不仅以私权左右朝政，还让家人购买私盐贩卖，甚至不惜罗织大臣罪名，从中渔利。② 李广的秽行自然为朝廷内外所厌恶，他贻误孝宗，甚至成了宸濠起兵的借口。③ 他在孝宗朝的所为令反对他的士大夫想起祖制的内容甚多。以他侵占田土为例，据《明史》记载，灵寿奸民献地于中官李广。吏部左侍郎周经提议九卿联合上疏论斥，结果献地李广者服罪。周经向皇帝进言说：“外戚家无功求迁，无劳乞赏，兼斋醮游宴，滥费无纪，致帑藏殚虚，宜大为撙节。近例，预备仓积粟多者，守令赐诰敕，不次迁官，遂致剥下干进。请如洪武间例，悉出官帑平籴，毋夺民财，考绩毋专以积粟为能。”④这说明，面对皇帝身边的佞幸，大臣惟有用祖制作为反击的武器才有说服力，在君臣关系不太融洽的时代也才能自保。工部尚书徐贯以李广奏请在钦安殿等处设斋醮，所用“旛竿非祖宗旧制”，且“宫禁之内不宜用此”。得旨“尔等言是，其勿造”⑤。朝臣竟然能够以祖制阻止了李广的胡作非为，这个例子更为难得。

从时代的共性来看，明代中叶大臣们利用祖制在奏疏中提出对当朝政治的不同意见，口吻并不激烈，也并非意在表现绝对的对立立场。但由于抬出祖制便有可能对现行政策进行合理合法地批评甚至提出调整的方案，对在位君主有所匡正，因此当君臣各执一词时，朝臣往往据祖制争辩。因此法祖在这种情形下通常被作为首要项目提出。弘治十年（1497）六月，南京吏部尚书倪岳等就皇帝修省，提出二十项建议。其中以“法祖宗”为首，内容是“乞将累朝宝训置诸左右，凡所施为，取以为法”。之后是具体事务，包括“谨好尚”“恤军民”“罢工作”“选武将”“严操江”“防要害”“减添设”“积边储”“整边备”“均吏役”“处军粮”“禁奸弊”“定输纳”“省淹禁”“宽贫囚”“清军丁”“审营缮”“广言路”等，都是

① 《明史》卷三〇四《李广传》，第7784页。
② 《明世》卷二二三《盛应期传》，第5863页。
③ 《明世》卷二八九《孙燧传》，第7428页。
④ 《明史》卷一八三《周经传》，第4858页。
⑤ 《明孝宗实录》卷一三九，弘治十一年七月壬子条，第2410页。

在遵守祖制这一前提下的具体做法。①

正德十六年（1521）给事中裴绍宗上《请法祖定志以图治安疏》，提到“祖贻谋，每事尽善”，故请昧爽视朝、亲历田野、洗衣种菜等事，并请读《大学衍义》之类的帝学用书，得到皇帝嘉纳。② 大学士杨廷和同年也就法祖之事上疏，提到“太祖高皇帝《祖训》尤为切要，宜时常省阅，凡事遵行，自无过举”③。因此都是具有时代共性的据祖制温词劝谏。

到了晚明，朝臣在国本之争、阁部之争等朝廷大事上与万历皇帝意见相左，忧世情怀随之增长，敢于谏言者日多。在奏疏中，围绕国计民生的大问题，谏言者引据祖制，批评的色彩逐渐明显，措辞态度也不如明代中叶那么和缓。在万历年间，叶向高（1559—1627）就曾经以近乎斥责的口吻说：

> 夫所谓祖制者，《祖训》也，《会典》也，累朝之功令也。今亲王四万顷之庄田，《祖训》有之乎？《会典》有之乎？累朝之功令有之乎？臣不知王之所引祖制，何所指也！④

这份奏疏是比较特别的例子，却恰如其分地暗示了祖制在朝臣眼中是能够用来反驳当朝皇帝，批评其所行为非法非制的理论武器。祭出祖制大旗，能令所论有力，谏言者的安全也大体能够得到保证。这对于朝臣而言，无疑是拓展了反击皇帝的发言空间。

更晚些的例子是李邦华关于选举人才的《请法祖制用人疏》。李邦华说：“尝稽祖宗之旧制，以印今日之时政，而后乃知法之弊也久矣。谨摘其所当亟为厘正者，为陛下陈之……”⑤ 这是典型的借用祖制说话的进奏，针对“阁臣专用词林，非制”的问题，李邦华举例说“祖宗朝如黄淮、杨

① 《明孝宗实录》卷一二六，弘治十年六月辛未条，第2237—2240页。

② 《明世宗实录》卷六，正德十六年九月壬戌条，第249页。

③ 《明世宗实录》卷九，正德十六年十二月辛卯条，第330页。

④ 叶向高：《请减福藩庄田疏》，载陈子龙《明经世文编》卷四六二，第5072—5073页。

⑤ 李邦华：《请法祖制用人疏》，《文水李忠肃先生集》卷一，《四库全书禁毁书丛刊》集部第81册，北京出版社2000年版，第20页。

士奇、金幼孜、胡俨、薛瑄、李贤、杨一清、张孚敬等，未尝由词林也”，于是提议“当仿祖制五品入阁议事之制，特拔海内一二名流，以克其选”[①]。

通过分析这些例子，我们发现了一些堪为共性的特点。祖制作为君臣对话中可以据以评论时政的历史知识，毋庸再做系统性、理论性地陈述，当事人便能明白所指的内容。正因为如此，祖制在奏疏中出现，或是作为祖宗朝皇帝励精图治精神的精髓，或是指代现行制度的原貌，旨在作为引出话题的理据而已。提及“祖制”之后论说的具体内容，才是相关主题的核心内容。虽然祖制的内容是时人共识而无须提及时多谈，但对其权威性的由来，也即话语工具性的基础，却还需要进一步明确，否则我们仍然无法理解这一以朱氏家法为核心的行为规范体系，何以成为国家政治生活的大经大法。

五　祖制作为“工具性政治话语”的思想基础

明代的祖制作为工具性话语存在，但并不表示对现实政治不产生实质性影响。[②] 祖制的文本基础是《皇明祖制》，但这部书中却只规定了在位者适宜的言行，并没有对违反者设计惩罚，而且这一传统影响到了嘉靖四十四年朝廷颁布的《宗藩条例》[③]。在国家政策层面，祖制作为一种威慑力，是一种类似情感的自我感觉（sense），对朱元璋的子孙而言，它除了是父、祖制定的规则，更是明代开国之后的历代皇帝追求“仁”政的榜样，它甚至与晚明政坛上逐渐将“皇帝”和“国体”两个概念区分对待的观念变化都有很深的关系。

---

① 李邦华：《请法祖制用人疏》，《文水李忠肃先生集》卷一，第 21 页。

② 对宋代的祖制，就有学者认为是存在于话语体系之中而对现实政治生活的影响有限。参见李立《宋代政治制度史研究方法论之反思》，包伟民主编《宋代制度史研究百年：1900—2000》，商务印书馆 2004 年版，第 20—39 页；邓小南《祖宗之法——北宋前期政治述略（修订版）》，第 538 页。

③ 《宗藩条例》以规定性的内容为主，全书 67 条条例中，没有附带惩处措施的条例 27 条。参见梁曼容《明代宗室法律特权及其上下分野》，《古代文明》2019 年第 2 期，第 114 页。

（一）“仁”与“报”

“仁”是传统中国政治统治的核心理念。自上古三代以下，历代帝王期望的就是行仁政，臣工子民想得到的理想状态就是得仁主。但吊诡的是，在尧舜禹汤文武周公之后，这一期望却从未在现实中出现过。历代涉及政论时评的公私文字往往对三代之仁政心存感念，使之成为一种兼有政治伦理和生活教化双重性的隐喻。①

明代祖制的形成、内涵与功能与“仁”十分类似。首先，祖制的本色与核心内涵是帝王之家的家规，因此明太祖颁布《皇明祖训》是以后世子孙为主要规范的对象，其中尤以在位君主为训导的重点。对“仁”的追求与帝王之家的治家理念本是一体两面，明代的祖制因此与“仁”就有了重叠。其次，君主治国，言行所及会走出宫廷，关乎天下大政，这又迁延了祖制的范畴，使其涵盖了国祚延续所必需的制度设计、行政规范、治理风格和实践文化。以至于朝廷内外大小臣工无论担负的行政职责如何不同，如何复杂，都能在祖制中找到期望皇帝遵循的原则甚至具体做法。对于国家而言，前者侧重血亲道德，后者侧重制度规范，两者彼此交涉。但在明代历史的演进历程中，祖制中的制度成分不时调整，道德色彩在后世追念中也不断积累而渐趋理想化，以至于明初祖制在历史演进中被不断重塑，便有了类似“仁”的诫勉功能。

从三纲五伦的角度，祖制的这一特点更好理解。三纲中的父为子纲、夫为妻纲、君为臣纲，在祖制中都能轻易地找到投射的部分。从五伦来看，除了“仁”的普遍性和核心定位之外，杜维明的解释对我们深入观察祖制的政治功能有一定借鉴。杜维明说：“五伦潜在的价值不是依赖而是‘报’（reciprocity）。”具体而言，子侄辈的“孝”是对父辈慈爱和怜悯之心的报，臣子的忠诚是对君王的正义和公平之心的报，等等。② 正因为五

① 参见 Tu Wei-ming（杜维明），“Jen as a Living Metaphor in the Confucian Analects,” *Philosophy East and West*, 1（1981）：45－54.

② 参见达尔迈耶《儒学与公共空间：五伦外出现一种新关系?》，载曾亦、唐文明主编《中国之为中国：正统与异端之辩》，《思想史研究》第九辑，上海人民出版社 2012 年版，第 222 页。该文引用的杜维明研究原出处，见 Tu Wei-ming, *Confucian Thought: Selfhood as Creative Transformation*, Albany, NY: State University of New York Press, 1985, p. 138.

伦是基于正向的施与，那么当这种正向的关系被打破时，“报”便会反向发力，冲击五伦的既有关系，质疑甚至批判权威。

祖制的功能与此类似，这是基于它包含的律例诰敕等国家大法、明初既定的行政规章，以及国家运行机制自身的规范性和惩戒性。这点与作为社会普遍美德的“仁”在着力方向上完全不同。[①] 祖制和“仁”虽然都具有公共性色彩，目的并非一己之私，但祖制除了具有伦理、道德和教化等功能以外，正因为包含了刚性的制度暗示明确的行事准则，因此更具权威。一旦祖制的权威受到挑战，无论是其中包含的制度元素，还是伦理、道德或教化等元素与既有的模式产生了偏离，它就可能形成自下而上的冲击，形成类似“报”的反作用力。这便是当皇帝所为不合祖制时，朝臣可以借助祖制批评政治、劝谏在位君主的文化根源。

（二）政体与皇帝

祖制的工具性在晚明被特殊重视的另一个思想基础，是当时的政治家们逐渐有了将作为“国主”的皇帝与“政体”区分的观念，以至于在政体的重要性提升的同时，皇帝的权威性有所下降。只是明代人并没有“政体”一词，反而用现代政治上指代国家性质或阶级本质的“国体”一词代替“政体”，表示国家的制度设计与治理方法。

古人使用“国体”一词，并没有给出详细的定义，我们只能通过文献中的描述来理解它的内涵。比较有代表性的例子是《后汉书》对荆州牧刘表（142—208）举止僭越的记载，说他“郊祀天地，拟斥乘舆”。孔融（153—208）就此上疏，认为刘表“虽昏僭恶极，罪不容诛，至于国体，宜且讳之”[②]。对于“体”的含义，李贤等注释为“国家之大体也”[③]。当时的国“体”与唐代以后“体用”观念成熟之后以“体”为“用”的对立概念不同，并不表示国家这一实体，而是指国家的典章制度和治国方法，所指即政体。这一概念在明代的用法与孔融的时代相比，并没有发生

① Wing-tsit Chan, "Chinese and Western Interpretations of Jen (Humanity)," *Journal of Chinese Philosophy*, 2 (1975): 109.

② 《后汉书》卷七〇《孔融传》，中华书局1965年版，第2269页。

③ 《后汉书》卷七〇《孔融传》，第2270页。

根本性变化。庄昶（1437—1499）给朋友新任佥宪赠序，谈到为官称职时说："苟称矣，其于国家之大体何如，朝廷之元气何如？"① 国家"大体"便是指国体。这从他接下来说为官者处理政务，"发一论也，必于国体果无所损、元气果无所亏"，以及"重国体、养元气，寿我国家之命脉"，都可以得到印证。② 可以看出，明代人意识中的国体可以与国家的元气并列；元气有形而上的意味，国体则偏重于形而下。

以上的简单勾勒说明，在现代政治出现以前，传统中国对政体的理解，大体一致。我们可以用晚清政坛上的相关讨论来反观这一线索，以便于从一个比较长的时段上把握"国体"的内涵。《清朝续文献通考》记载晚清考察宪政大臣达寿（1870—1939）在考察日本宪政之后呈进奏折，说："大抵君主、国体未经改革或改革未成之国家，其宪法仍由钦定"；"已经改革或经小变乱而未变其君主、国体之国家，其宪法多由协议"；"既经改革而又尽变其君主、国体或脱离羁绊宣告独立之国家，其宪法多由民定"③。很显然，奏折中所说的"国体"是能够与"君主"相并列的概念，说明两者之间显然存在差别。上文提到《后汉书》的例子，因为没有明确提及在位君主，我们无法判断从孔融到李贤这一历史阶段中，对君主与国体关系的理解是何种状态，但孔融以刘表之举为僭越，已然危及皇权及在位君主，至于政体则有所不同。由此可以确定，在传统认识上政体即与皇帝有别，而且两者的差别关系到国家的运作机制。

视皇帝与国体有别的看法，在晚明尤其突出，论及其中区别的政治言论多集中在反对矿税上，而且这些论断表现出系统性。上文在谈到朝臣反对矿税时，曾经提过沈一贯在申救包见捷的奏疏里就有"人心益失而国体愈伤"④ 的话。万历二十八年工科左给事中张问达在奏疏中也提到"明参劾之权以正国体"⑤。但《明神宗实录》仅摘录了问达奏疏的大旨而未记录

① 庄昶：《赠张君良弼佥宪福建序》，《庄定山集》卷七，《丛书集成续编》第139册，新文丰出版公司1989年版，第734页。

② 庄昶：《赠张君良弼佥宪福建序》，《庄定山集》卷七，第734—735页。

③ 刘锦藻：《清朝续文献通考》卷三九三，"宪政一"，商务印书馆1955年版，第11430页。

④ 沈一贯：《救包见捷揭帖》，《敬事草》卷四，第240页。

⑤ 《明神宗实录》卷三四八，万历二十八年六月辛巳条，第6496—6497页。

细节，其实他在开篇就说了他所说的国体所指为何，从中我们可以获知当时朝臣在这一概念上的共识。张问达说："夫皇上所恃以约束臣民、肃清中外者在纪纲，故在内设都察院十三道与六科台省之臣，以主纠弹、司封驳，此国体也。自台省而外别衙门即以公事论列，犹为越职，况于中使宵人乎！"① 但各地矿使税监参论按臣、抚臣，甚至口放狂言："各省直之官员无大小，尽由我参劾；各省直之利权无远近，尽由我播弄。自此而变乱鼓煽，自此而威劫淫刑，则复何顾忌，而亦复何事不为。利器假之匪人，太阿因而倒置。一假百纵，长此安穷。纪纲陵夷殆尽如是而犹可以言国体乎！"② 由此可见，国家机构的具体运行机制，尤其是各机构的职能是当时指论国体的主要内容。

与政体、皇帝并列的是百姓，赵世卿在万历三十六年五月提到地方大员一旦不能阻止矿税害民，势必失信于百姓。他在奏疏中说：

> 今矿税之害日甚于加派，而停罢之旨久等于虚文，再有他变，人又谁肯信抚按之言？即抚按亦何以再辞于百姓？况其所执者已颁之明旨，而其所不足信者，乃抚按之空谈乎？人人怀愤，在在皆然。乃欲于解散之后执一二孱弱无能之人，号为首恶而置之法，以了目前故事，其于国体、民情，所伤不既多哉！③

他在当年六月的奏疏中，提到"为申明职掌以崇国体事。臣惟国家设官分职，各有攸司，事关所司，则不得不严核其虚实，详辩其始终"④。重心看似是讲政要崇实，思路其实与五月的奏疏完全一致，是从国家设官分

① 王圻：《征榷考》，《续文献通考》卷三〇，《四库全书存目丛书》子部第185册，齐鲁书社1995年版，第455页。

② 王圻：《征榷考》，《续文献通考》卷三〇，第455页。

③ 赵世卿：《九卿请停矿税疏》，《司农奏议》卷九，《续修四库全书》史部第480册，上海古籍出版社1995年版，第306—307页。按，这份奏疏呈进于万历三十年五月十六日。《万历疏钞》将此疏记为"九卿公疏"，题为《民变踵至万分可虞圣政改图时刻难缓疏》，见吴亮《万历疏钞》卷二九，第388页。

④ 赵世卿：《参河南税监疏》，《司农奏议》卷九，《续修四库全书》史部第480册，上海古籍出版社1995年版，第308页。

职，必然要尽对政体的责任角度申述。如果借用“国家—社会”这一解释框架，政体与社会、百姓也有区别。

类似的看法还见于朱吾弼在万历二十八年弹劾山西税使以救巡抚魏允贞的奏疏。他认为税使颠倒是非，弹劾重臣，皇帝对允贞不仅不加慰留，反而切责，是“中使尽无所惮以播恶，人民尽无所赖以为生。敛怨于闾阎者日深，酿祸于国家者日戚。纵不为国体惜，而于世道可无虑乎!”[①] 这里的世道即指代民情与百姓，希望万历皇帝能“发明旨，重惩孙朝之欺妄，温谕魏允贞安心供职。使天下知朝廷有重臣，非群小所得间，庶国体崇、人心协，治平在是矣”[②]。政体、皇帝和百姓三者中，国体既不包括皇帝，也不是指百姓，而是指代国家机构正常运作机制的独立概念。

从“祖制”出现的形式、功能和在明代晚期政治思想中表现的意义，我们试作如下的总结。首先，明代的祖制并不是“制度”的代名词，它包含制度，但并不是确指固定下来的某项制度，而是指基于明初祖宗朝的政治实践、依托于当时实行的制度所形成的治国方法。它以《皇明祖训》为核心，设立的初衷是为朱氏子孙立家法，明确身为皇帝的规范。但在后世，《祖训》中的各种治国理念，包括勤政、好学、约束后宫等思想意识层面的内容逐渐突出。从制度层面来看，上文分析过的嘉靖朝御史刘濂对一时之法与祖宗旧制的区分，以及万历年间王祖嫡谈到的祖宗之制和祖宗之法的分别，最能切中问题的关键。只是在表述上，明代人还是泛用祖宗之制、祖宗之法来谈问题。或许可以这样理解，明代人提到的“祖制”，在意识中还是想保存制度色彩，但实际上祖制已然成了祖法的代名词。

虽然国家制度不时调整在所难免，但祖宗之法与权宜之制之间却有根本性差异。前者既是治统延续的一部分，又是指明初的制度实践和治国理念；后者则是应对一时的权宜之法。两者的冲突是必然的，而且晚明是最突出的历史阶段。上文分析的矿监税使问题是冲突中最为集中的一点。朝臣以祖宗之法为辞，批评权宜之政不合理，进而批评推动权宜之政的皇帝

① 爱新觉罗・弘历:《御选明臣奏议》卷三三，文渊阁《四库全书》史部第445册，上海古籍出版社1987年版，第553页。

② 《御选明臣奏议》卷三三，第553页。

甚至其背后的利益集团。这反映出与之相关的第二个问题。

由于国家的概念在晚明逐渐与在位君主分离，在士大夫的思想中，国家的重要性甚至大于皇帝；与国家政体相关的制度设计、政治实践和黎民百姓，要比皇帝个人的利益更为重要。从晚明社会来看，皇帝为求一时之利而有损国家政体的事情屡有发生，以致群臣警惕，引发了他们对权宜之职危害的关注。从明代政治形成演进的历程来看，能与在位君主追求一时之利相抗衡的力量，惟有祖宗之制。对此，晚明的士大夫有清醒而理性的认识。“祖宗之制”之所以能左右在位君主的现行政策，是因为它有形成于明初的政治伦理和家族伦理两个强大的根基，伴随着朱氏家法的神圣性和国家既定制度的权威性，对太祖、太宗朝以降的政治生活，产生了非常具体的影响。虽然制度上的调整不可避免，依托于明初制度、律法的祖制却并没有随之丧失其权威性，祖制由于对于治统延续具有纠偏补弊的价值，反而成为明代政治生活的必需。因此，祖制作为政治话语的色彩，逐渐成为它在晚明社会的主要形象。

（作者单位：中国社会科学院古代史研究所）

郑和下西洋后时距单位“更”在明代海洋文献中的普及*

陈晓珊

“更”是中国古代航海中的一种专用计量单位，通常是将一昼夜平分为十更，即2.4小时为一更，每更表示海船在2.4小时内航行的距离。如清代郁永河在《采硫日记》中所说，“海洋无道里可稽，惟计以更，分一昼夜为十更”①。这种计量方式见于郑和下西洋之后的许多航海文献中，今日可见的各种南海《更路簿》也是以此为名。这种计量更路的航行法是海船依照罗盘所指的方向，向某方航行若干“更”，即若干个2.4小时航程所代表的距离，由此连起一段段航路，就可以到达目的地。如明代航海指南《顺风相送》中记载：

> 赤坎开洋，用坤未十五更取崑崙山外过……丙午十更取长腰屿，用丁未三更取龙雅大山。单午三更平馒头屿。单丁三更取七屿②。

更数与罗盘方位一起构成了明清时期航线描述的基本形态，但关于更究竟是计时还是计程单位，或是兼具两种性质，历来存在不同看法。在20

---

* 本文为中国科学院自然科学史研究所“明清国家政策下的航运与造船技术”项目的阶段成果。

① 郁永河：《采硫日记》卷上，丛书集成初编，(上海）商务印书馆1936年版，第7页。

② 向达校注：《两种海道针经》之《顺风相送·赤坎往旧港顺塔》，中华书局2000年版，第64页。

世纪中后期的相关社会调查中，南海渔民们将传统计时单位“刻”与更对比，认为刻只指时间，而渔民使用的更，既表示时间又表示里程①。

从本质来看，航海中的更实际是一种“时距”（Time Distance）单位，在行进于两地之间时，因交通工具和速度的不同，所需的时间也不同②，所以用一段时间来表示在某种行进速度下，这段时间中经过的总距离。这是在计程测速技术尚未有效发展时，一种用较短的时间段表示航程的粗略方法。在此前的相关研究中，已有许多论著探讨明代以后的定更数航行法③，但这种计量方式究竟怎样起源与传播，并未有确切解释，本文将分析其中的一些具体问题。

一　兼具计时与计程意义的短时段计量单位

在测量技术还不发达的时代，用天数表示距离是早期世界各地人们的普遍习惯，如托勒密在《地理志》中的记录方式，就是“赫伯尼（Hibernie）岛的宽度从东到西有二十日的行程”④一类。在古代两河文明中，还出现了使用短时段计程的现象，如19世纪中期，学者在泥板文字中释读出一种名为卡扎布（kazab）的时间计量单位，由此得知亚述人将一昼夜分为12个卡扎布⑤，并用它表示2小时行程的距离，比如从陆地到波斯湾的

① 韩振华主编：《我国南海诸岛史料汇编》，东方出版社1988年版，第430页。

② 沙学浚主编，王云五名誉总编辑：《云五社会科学大辞典·第11册·地理学》，台湾商务印书馆1970年版，第172页。

③ 关于更的研究较多，如朱鉴秋《我国古代海上计程单位“更”的长度考证》（《中华文史论丛》1980年第3辑），范中义、王振华《对我国古代航海史料中“更”的几点认识》（《海交史研究》1984年第6期），章巽《时间与空间统一的记程单位——“更”》（章巽主编：《中国航海科技史》，海洋出版社1991年版，第222—227页），逄文昱《试说〈更路簿〉的“更”》［《海南大学学报（人文社会科学版）》2016年第6期］，何国卫《试析〈更路簿〉上的“更”》，（《行舟致远 扬帆丝路——何国卫船史研究文选》，南京大学出版社2017年版，第330—340页），刘义杰《“更”解》（刘义杰：《〈顺风相送〉研究》第9章第3节，大连海事大学，2017年，第317—331页）等。

④ ［法］戈岱司编，耿升译：《希腊拉丁作家远东古文献辑录》，中华书局1987年版，第22页。

⑤ Edward Hincks, *On a Babylonian Tablet in the British Museum*, *Proceedings of the Royal Irish Academy*, Vol. 6, 1853 - 1857: 270 - 271.

某个岛，据载就有 30 个卡扎布的航程[①]。古巴比伦有相似的单位贝鲁(beru)[②]，同样代表着 2 小时时长，以及 2 小时内可行进的平均长度[③]。在巴比伦国王尼布甲尼撒的铭文中，曾提到长 5 贝鲁的巨大堤坝、宽 20 贝鲁的水面[④]，每个贝鲁约 4 英里（约 6.4 千米）。

公元 9—10 世纪的阿拉伯航海文献中也有类似的短时段计程单位，用来记录印度洋、西太平洋，直至中国近海的航程。如 10 世纪阿拉伯航海文献《印度珍异记》中有一种代表着 3 小时航程的计量单位扎姆（zam）[⑤]，一直到 16 世纪阿拉伯航海书《海洋》中还在使用[⑥]。以 3 小时为计量单位是一种典型的古代印度计时方法，他们将一昼夜分为八个时段，唐代前往印度求法的僧人玄奘和义净都曾有所记载[⑦]，《真腊风土记》中提到古代柬埔寨也有这种“一夜只分四更”的习惯[⑧]。由此推测，这种计量单位最初很可能是由印度附近的航海者们使用的，在当地的语言中，zam 一词也可能与表示每个时段的 yam 相关。明代民间航海指南《顺风相送》与《海洋》成书时间相近，两书中记录航线的方式也非常相似，都是向某一方向航行若干时间，到达下一地点后再根据罗盘转向。而 2.4 小时的更与 2 小时的贝鲁、3 小时的扎姆一样，也都是兼具时间与距离意义的计量单位，只是各自代表的数值不同。

---

① Edward Hincks, *On the Assyrio-Babylonian Measures of Time*, *The Transactions of the Royal Irish Academy*, Vol. 24, 1867: 13 - 24.

② 陈遵妫著，曾振华校订：《中国天文学史》，上海人民出版社 1984 年版，第 1528—1530 页。

③ Sidney Smith, *Babylonian Time Reckoning*, Iraq, Published by British Institute for the Study of Iraq. Vol. 31, No. 1, 1969: 74 - 81.

④ ［英］查尔斯·辛格、［英］E. J. 霍姆亚德、［英］A. R. 霍尔主编；王前、孙希忠主译：《技术史·第 1 卷·远古至古代帝国衰落·史前至公元前 500 年左右》，上海科技教育出版社 2004 年版，第 371 页。

⑤ ［法］费琅著，冯承钧译：《苏门答剌古国考》，中华书局 2002 年版，第 117 页。

⑥ ［法］费琅编，耿昇、穆根来译：《阿拉伯波斯突厥人东方文献辑注》（下），中华书局 2001 年版，第 548—550 页。

⑦ 玄奘、辩机原著，季羡林等校注，《大唐西域记校注》卷二《印度总述·岁时》，中华书局 1985 年版，第 168 页；（唐）义净原著，王邦维校注：《南海寄归内法传校注》卷三《旋右观时》，中华书局 1995 年版，第 169 页。

⑧ 伯希和注称“按一夜分为五更，其名曰 yam，即梵文之 yama 是也”。夏鼐认为“如非真腊古制不同，则或由于打更五次，实则只分为四等分，只有四更”。（元）周达观原著，夏鼐校注：《真腊风土记校注》之十三《正朔时序》，中华书局 1981 年版，第 121、126 页。

在古代印度洋上还有一种类似的计量单位，即表示一小时行程的法尔萨赫（farsakh），或译为法尔桑[①]，即古代波斯的帕勒桑（parasang）。这种计量单位是受到古代波斯道路边计量距离的石块影响而形成[②]，9—10世纪阿拉伯地理书《道里邦国志》中通篇用法尔萨赫记录陆路与海路行程[③]，14世纪摩洛哥旅行者伊本·白图泰所作游记中，也有“我们和陆地相距两法尔萨赫”[④]一类记载。法尔萨赫的长度一般在6千米左右[⑤]，需要根据实际情况随时调整数值大小。比如山区里不便行走，相同时间内行进的距离比平原上要少，所以山区里的1个法尔萨赫较短，而平原上的1个法尔萨赫较长。又如一段约15英里的路程，对于徒步的人来说是6个法尔萨赫，而对于骑马的人来说只有4个法尔萨赫[⑥]。

这种用时间估算路程的方法显然不如确切的计里精确，中国内地文献里也没有类似的短时段计量方式，这大概是因为自从秦代统一国土与度量衡之后，中国的道路和驿站建设较为完善，两千年间可以在广袤的土地上测量并记录各地之间的距离，人们在实际生活中也早已习惯用明确的里数度量远近，并不需要特意用时间估算路程，因此没有形成以固定的短时间段表示距离的计量单位。其实中国早期也曾出现过以天计程的里数，这与驿站制度密切相关，如《逸周书》中称“辟开修道，五里有郊，十里有井，二十里有舍”[⑦]。汉文帝时皇帝的行程是“鸾旗在前，属车在后，吉行日五十里，师行三十里”[⑧]，这说明当时军队一天的行程通常是二十或三十

① 岑仲勉：《中外史地考证：外一种》之《唐代大商港Al-Wakin》，中华书局2004年版，第382—383页。

② ［德］夏德著，朱杰勤译：《大秦国全录》，大象出版社2009年版，第60页。

③ ［阿拉伯］伊本·胡尔达兹比赫著，宋岘译注：《道里邦国志》，中华书局1991年版，第71页。

④ ［摩洛哥］伊本·白图泰口述，［摩洛哥］伊本·朱甾笔录，李光斌翻译：《异境奇观：伊本·白图泰游记（全译本）》，海洋出版社2008年版，第516页。

⑤ 韩中义：《民间文献〈中阿双解字典〉研究》，周伟洲主编：《西北民族论丛》第12辑，社会科学文献出版社2015年版，第282页。

⑥ A. Houtum-Schindler, *On the Length of the Persian Farsakh*, Proceedings of the Royal Geographical Society and Monthly Record of Geography, Vol. 10 (No. 9), 1888: p. 586.

⑦ 周宝宏：《〈逸周书〉考释》之三十九《大聚》，社会科学文献出版社2001年版，第116页。

⑧ 《汉书》卷六四下《贾捐之传》，中华书局1999年版，第2137页。

里。这也与《孙子兵法》中的阐述相符，“日夜不处，倍道兼行，百里而争利，则擒三将军，劲者先，疲者后，其法十一而至；五十里而争利，则蹶上将军，其法半至；三十里而争利，则三分之二至”，说明当时军队的普遍行进能力，大约只有一天三十里[①]。

古代印度也有相似的计量单位，即代表着一日40里的“由旬”或称“由延”（yojana）[②]，中国古代佛教典籍中对其屡有介绍。按贺昌群根据法显在印度行程的考证，“由延，佛书中又译作由旬、踰阇那、喻缮那，梵语Yojana的音译，印度古代计里程的名称，大约一日行军之里程。旧传一喻缮那四十里，印度国俗乃三十里，可见由延的长短，因时代、地方、险易而有不同。法显到那竭国后，开始用由延记载里程，以前都是用中国里程记载的”[③]。由旬和法尔萨赫一样并非固定值，而是需要根据地理环境不同而变化。陈桥驿注释《水经注》时，认为“由旬乃是印度古代的一日行军里程，因为是行军里程，其速度由于地形、气候、部队素质等的不同，所以并不是一个固定的数字，以致有四十里、三十里、十六里之别”[④]。古代印度文献中也记载称“素质最低的军队可以行军1由旬，素质中等的军队行军1.5由旬，素质最好的军队可以行军2由旬”[⑤]。古希腊的色诺芬在《长征记》中记载了当时每天的行程，随着地形变化，每天经过的驿站和帕勒桑（一小时行程）数量也有所不同，与此是同样的情况[⑥]。

人们的日常行动能力决定了驿站的设置间距，前秦时从长安到诸州，“二十里一亭，四十里一驿”[⑦]。《唐六典》中记载了各种以日计程的交通距离：

① 中国人民解放军军事科学院战争理论研究部《孙子》注释小组：《孙子兵法新注》之《军争篇》，中华书局1977年版，第64—66页。

② J. F. Fleet, Imaginative Yojanas, *The Journal of the Royal Asiatic Society of Great Britain and Ireland*, 1912: 229 - 239.

③ 贺昌群：《古代西域交通与法显印度巡礼》，湖北人民出版社1956年版，第50—51页。

④ 陈桥驿：《郦学札记》之《“据”和“由旬”》，上海书店出版社2000年版，第227页。

⑤ J. F. Fleet, Imaginative Yojanas, p. 230.

⑥ Tim Rood, Xenophon's Parasangs, *Journal of Hellenic Studies*, Vol. 130, 2010: 51 - 66.

⑦ 《晋书》卷一一三《苻坚载记上》，中华书局2000年版，第1939页。

凡陆行之程，马日七十里，步及驴五十里，车三十里。水行之程，舟之重者，泝河日三十里，江四十里，余水四十五里。空舟泝河四十里，江五十里，余水六十里。沿流之舟则轻重同制，河日一百五十里，江百里，余水七十里①。

但在偏远地区，由于复杂地形测量不易，或与内地交流较晚，驿路建设不充分，所以依然存在着用日数简单估算路程，而不能直接换算成里数的现象。《宋会要辑稿》记载西南牂牁诸蛮距离宜州“陆行四十五程，程无里堠，但晨发至夜谓之一程”②。北宋许亢宗出使金国，记录东北地理时称“彼中行程，并无里堠，但以行彻一日，即记为里数”③，这种道路状况到元代也没有发生改变，周伯琦记载从上京返回的路上，就是“驿程无里数，洼阜峻还低”④。到了风涛不定的海洋上，更是无法计算距离，如《东西洋考》中记载“海门以出，洄末粘天，奔涛接汉，无复崖埃可寻，村落可志，驿程可计也”⑤。

从实用效果来说，用时间表示路程明显不如实际测量土地得出的数据精确，但在崎岖难行的山岭和无法丈量距离的大海中，使用时间计程反而成了唯一可行的方法。元代陶宗仪《南村辍耕录》中称“江浙行省建治所于杭，陆路赴都三千九百二十四里，若水程则四千四百四十里，东至大海四百九里，顺风海洋七日七夜可到日本国”⑥，陆路与海路的精确程度形成

① 李隆基撰，（唐）李林甫注，［日］广池千九郎校注，［日］内田智雄补订：《大唐六典》卷三《尚书户部·度支郎中员外郎》，三秦出版社1996年版，第72页。

② 徐松辑、刘琳、刁忠民，舒大刚等校点：《宋会要辑稿》蕃夷五之一二，上海古籍出版社2014年版，第16册第9845页。在关于《诸蕃志》的研究中出现了“一日（一昼夜）计行三程”（赵汝适著；杨博文校释：《诸蕃志校释》卷上之《渤泥国》，中华书局2000年版，第138页）的说法，但未注明文献来源，不知其依据为何。从《宋会要辑稿》的这段记载来看，当时“日”与“程”意义相同，都是表示一日行程，且无专门对应的固定距离。而《诸蕃志》中有时用“日”，有时用“程”，有时也将“日程”作为一个整体词汇使用，并未体现出一昼夜合三程的换算关系。

③ 贾敬颜：《五代宋金元人边疆行记十三种疏证稿》之《〈许亢宗行程录〉疏证稿》，中华书局2004年版，第235页。

④ 周伯琦《近光集》卷一《九月一日还自上京途中纪事十首》之二，文渊阁《四库全书》，台湾商务印书馆1986年版，第1214册，第515页。

⑤ 张燮著，谢方点校：《东西洋考》卷九《舟师考》，中华书局1981年版，第170页。

⑥ 陶宗仪：《南村辍耕录》卷一七《江浙省地分》，中华书局1959年版，第213页。

了鲜明对比。由于海船通常处于茫无边际的海水中，既无法计量长度，也没有标志物可用以判断距离，所以中国早期文献如《汉书·地理志》等记载海外各地位置时，一般都是采用航行若干日月的方式。

虽然海上计程困难，但中国古人经常试图将航行时间换算成具体里数，这可能是受到内地驿路的计程方式影响。如东晋葛洪在《太清金液神丹经》中提到用投入水中的物体速度估算海船每天航行的里数，并以千里马作为速度标准，得出四帆海船每日行千里的结论，由此计算出中南半岛上的“典逊去日南二万里，扶南去林邑似不过三千七八百里”①。古代文献中常记载海外某地距中国数千或数万里，应当就是用类似方法换算而出。在内陆边远地区，人们同样会采用这种换算法，例如许亢宗在无法测量路程的情况下，按照“日行无虑百余里”② 的标准，将东北地区的路程直接换算成里数，结果导致其数据与后世的测量结果相去甚远，清代阎若璩在《释地余论》中认为这种误差是因用日数换算的方式造成的③。而海洋又与山地不同，航船常受风浪、海流等因素影响，按照一日千里的估算方式，换算出的航程与实际距离只会相差更远。当早期航海技术尚不发达时，人们航行的区域离岸不远，即欧洲航海者所说的“hugged the shore”④，因此可根据岸上两地间的里程推测海中距离。然而在远离了海岸和陆地标识后，人们便很难在缺乏参照物的情况下测定远洋航行里数，如北宋《武经总要》中按照每天航行五十里的标准，可以估算距海岸较近的山岛，但对于远处的大食、佛、师子、天竺等国则认为无法计程⑤。

对比《太清金液神丹经》和《武经总要》，海船每日所能航行的估算

---

① 《太清金液神丹经》卷下，《道藏》第 18 册，文物出版社、上海书店、天津古籍出版社 1988 年版，第 759 页。

② 贾敬颜：《五代宋金元人边疆行记十三种疏证稿》之《〈许亢宗行程录〉疏证稿》，第 235 页。

③ 阎若璩：《潜邱劄记》卷二《释地余论》，文渊阁《四库全书》，台湾商务印书馆 1986 年版，第 859 册第 425 页。

④ E. G. R. Taylor, *The haven-finding art*: *A history of navigation from Odysseus to Captain Cook*, London: Hollis and Carter, 1956, p. 4.

⑤ 曾公亮、丁度等：《武经总要》前集卷二一《广南东路》，明万历二十七年金陵富春堂刻本，第 16 页。

距离从一千里降到了五十里，而元代《岛夷志略》中称“以一日一夜行百里计”[①]，元明之际的《大元海运记》中称“得西南顺风，一昼夜约行一千余里”[②]，明代《日本考》又称“顺风一日约五百里”[③]，差异极大。可见人们确实需要一种更精确的海上计程方法，像印度洋上广泛使用的代表3小时航程的扎姆、1小时航程的法尔萨赫等短时段计程方法，会比以天数计程的单位更加准确，同时也更加安全。因为在使用昼夜记录路程时，如果一天之内经过若干岛礁，这种粗略的记录方式无法描述各岛礁的具体位置，也不能在航行中及时做出预警。而如果采用了代表短时间段的计量方式，就可以更细致地描述航路上的岛礁位置，规避航行风险。在中国古代海洋文献中，可以看到这种短时段计程技术最早出现在郑和下西洋时期，其表现就是时距单位“更”的使用。

二　郑和下西洋后计量单位“更”的出现

中国使用天数计量海程的传统一直沿袭到明朝早期，从历代地理志和宋代《诸蕃志》、元代《岛夷志略》中都可以看到，当时的中国一直使用日夜计程。直至记录元代到明初从江南向北方长途海运的《海道经》中，当时的航行方法依然是“好风一日一夜、或两日夜，便见北洋绿水。好风一日一夜，依针正北望，便是显神山。好风半日，便见成山”[④]一类。甚至在随郑和下西洋的马欢、费信所作的《瀛涯胜览》和《星槎胜览》中，依然在使用日或昼夜计程。直到参与第七次下西洋的巩珍，才在《西洋番国志·自序》中提到：“要在更数起止，计算无差，必达其所。”[⑤]这篇序言作于宣德九年（1434），是有确切纪年可查的最早提

① 汪大渊原著，苏继庼校释：《岛夷志略校释》之《万里石塘》，中华书局1981年版，第318页。

② 佚名：《大元海运记》卷之下《漕运水程》，台北广文书局1972年版，第97页。

③ 李言恭、郝杰：《日本考》卷一，《续修四库全书》，上海古籍出版社1996年版，第744册第719页。

④ 佚名：《海道经》之《海道》，《四库全书存目丛书》，齐鲁书社1996年版，史部第221册，第189页。

⑤ 巩珍注，向达校注：《西洋番国志》之《自序》，中华书局2000年版，第5—6页。

到更的航海文献[①]。而被认为作于第六次下西洋后的《郑和航海图》全部使用更计程，取代了传统的日或者昼夜，此后《西洋朝贡典录》《东西洋考》《顺风相送》等学者著述或民间航海指南中，部分或全部用更取代了宋元以前的日夜计程，这是郑和下西洋之后的航海文献与此前同类著作的最明显区别。而在《顺风相送》序言中，也提到了郑和船队中使用“更筹”的情形[②]，另有几种民间航海指南也在开篇提到，书中的航海经验来自郑和船队[③]。

郑和船队确定更数的方式，在《顺风相送》中记载较为简略，是“将片柴从船头丢下与人齐到船尾，可准更数”[④]。这实际是一种测定航速的简易方法[⑤]，与此相似的记载出现在1850年，一位英国调查者在印度科罗曼德尔海岸看到了土著民的一种传统航海测速技术[⑥]。这种测速法实际是将人在内陆行走的经验直接移植到海洋中，这需要对各级速度具备感知经验的水手，还需要船体无障碍，能留出充分的行走空间。古代欧洲水手也曾使用类似方法测速，但会受到船上环境限制，如《哥伦布传》中分析：

> 据推测，哥伦布使用的那种所谓“荷兰人的测程仪”是从船头丢下或抛下一块木块到水里，人随木块的漂流速度从船头走到船尾，然

① 作于清代早期的琉球航海书《指南广义》中，载有关于洪武三十六姓移民后人所传的内容，其中有用更计程的航路出现，但因其最终成书年代较晚，无法确定每段文字的具体形成与收录时间，也不能确认文中关于“更”的记载形成于永乐以前。见程顺则《指南广义》，琉球大学图书馆藏仲原善忠文库本。

② 向达校注：《两种海道针经》之《顺风相送·序》，第22页。

③ 有几种航海指南把郑和出使的时间写为“永乐元年”，与明代文献中记载的郑和从永乐三年开始下西洋不符。陈佳荣通过对相关人物与事件的考证，认为“永乐元年”实际是“永乐十九年”竖写后，在抄写流传过程中出现的笔误，而永乐十九年正是第六次下西洋出发时间。详见陈佳荣《〈顺风相送〉作者及完成年代新考》，陈佳荣、朱鉴秋编著《渡海方程辑注》，中西书局2013年版，第307—335页。

④ 向达校注：《两种海道针经》之《顺风相送·行船更数法》，第25页。

⑤ 更的具体测定和使用方法见陈晓珊《长风破浪：郑和下西洋航海技术研究》第三章第二节，山东教育出版社2020年版，第100—110页。

⑥ Captain H. Congreve (Madras Artillery), A brief notice of some contrivances practiced by the native mariners of the coromandel coast, in navigating, sailing and repairing their vessels, *The Madras Journal of Literature and Science*, 1850, Vol. 16, pp. 101 – 104.

后算出人走路的速度即可。但是用这种办法测船速只有当船甲板长平而且无障碍时才能办到；哥伦布的船只上船楼高耸，他根本不可能从船头顺利走到船尾①。

在使用《顺风相送》中的行船更数法时，其关键之处是需与已有的航海指南对照，因为前人已经测算出在平均航速下，海船通过每段航程所需要的时间，也就是“更数”，所以就需要估算在即时的风力和海流状况下，航行的海船速度是高于或低于平均航速，从而判断海船通过这段航程时，需要的时间比航海指南的记载更短或是更长。根据自身的航海经验，领航员们可以判断不同海况下，每段航程需要的更数大约为多少。成书于明隆庆二年（1568）的《江南经略》中记述了这种方法，并提到它的流传并不广泛②，考虑到行船更数法在郑和下西洋时期才在中国出现，此时大概正处于它推广普及的过程中。

明正德年间的《松江府志》中记载了一位名为陈常的医士，他从永乐十五年开始三次随同郑和船队下西洋，他对船队中航行技术的描述是：

（陈）常言：“海中行以六十里为一更，往返一千六百更，为九万余里。行皆候风占星，以针取路，以干支取某山某屿，进某澳，转某门，以至开洋，避礁避浅，皆以针定。”③

从陈常的叙述语境中可以看到，他所介绍的郑和船队航海方法，在当时应属于一种较为新奇，或与时人认知有一定差异的技术。松江是濒海之地，也是自元代到明初南北长途海运的主要启航地，当地人对航海技术应

---

① ［美］塞·埃·莫里森著，陈太先、陈礼仁译：《哥伦布传》（上），商务印书馆2014年版，第263页。

② 郑若曾：《江南经略》卷八上《海程论》，文渊阁《四库全书》，台湾商务印书馆1986年版，第728册，第444页。

③ 陈威、顾清纂修：（正德）《松江府志》卷三〇，《天一阁藏明代方志选刊续编》影印明正德刻本，《四库全书存目丛书》，齐鲁书社1996年版，史部第181册第813—814页。后屡有录此段文字并作“六十里为二更”者（如陈梦雷等编《古今图书集成医部全录》（点校本）第12册《总论及其他》卷五一一，人民卫生出版社1991年版，第266页），应是后人误刻所致。

有一定了解，但文中这段记载格外细致，如果不是与当时常用方法有异，似不须专门强调“六十里为一更”，以及“以干支取某山某屿”“避礁避浅，皆以针定”这些在后世航海书中司空见惯，甚至是构成明清时期航海指南基本书写方式的内容。

在郑和下西洋之前，中国航海指南中确实无法做到每次都能“以干支取某山某屿”，也无法做到“避礁避浅，皆以针定”。比如《海道经》记录了元代到明初，从江南到大都途径黄海、渤海的海运路线，其中这样记述沿途岛礁浅沙：

> 早靠桃花班水边，北有长滩沙、响沙、半洋沙、阴沙、冥沙，切可避之……
>
> 到沙门岛，东南有浅，可挨深行使。南门可入，东边有门，有暗礁二块，日间可行①。

在这段记述中，相距很近的长滩沙、响沙、半洋沙、阴沙、冥沙这一系列浅沙的具体位置，以及沙门岛东南浅滩、暗礁的位置，都无法精确描述，这样就为航行预警带来了一定麻烦。而在使用更作为航行计量单位后，中国航海技术精确度明显提高，如《西南沙更路簿》中记载南沙各岛之间的更数，“自三角去双门用癸字二更，自双门去断节用乙卯二更，自断节去牛车英用乙字二更，自牛车英去脚坡用癸字二更，自脚坡去石龙用乙字二更”②。如果依然采用昼夜计程法，这一系列相距较近的海岛位置就无法描述清楚，而在采用更数航行法之后，许多距离较近的岛礁也可以明确记录位置，有助于海船及时避开风险，这也是明代之后中国海域许多岛礁区得到进一步开发的技术背景。

从世界航海科技史整体发展的角度来看，2.4 小时的更、3 小时的扎姆、1 小时的法尔萨赫，在本质上都是用短时段表示路程的计量单位。印度洋上使用这类单位的时间较早，应当是由当地人在内陆使用此类计程单

① 佚名：《海道经》之《海道》，第 189—190 页。

② 韩振华主编：《我国南海诸岛史料汇编》，第 396 页。

位的方法衍生而来，而中国内陆没有类似的短时段计程单位，在海洋上也是到郑和下西洋之后才开始全面使用更[①]。从这类计量单位的传播与普及范围来推测，郑和船队很可能是在下西洋的航路上借鉴了这种短时段计程技术，并利用其勘定下西洋航线上的各段航程，使之成为后来航海者们定更数航行的依据。后代文献中常记载有航海者称计更方法起源自郑和船队[②]，还有记载称这种方法为“洋更”[③]，并传说是与郑和一起下西洋的王三保（即王景弘）传下等。在1977年对海南渔民所做的社会调查中，“在文昌县铺前公社访问了九十三岁的老渔民蒙全洲时，他说，根据他的了解，海南渔民的《更路簿》是明代三宝公郑和下西洋后传下来的”[④]。

虽然这些只是民间传说，但也可以从中看到一些中国计更法早期的遗迹。从宋元时期中外航海者广泛交流的背景来看，既然阿拉伯、印度航海者可以依据短时段计程法来到中国，则中国海员在郑和下西洋之前也应当早已接触到类似计程方法，只是影响有限，未能广泛流传。《顺风相送》序言中提到郑和下西洋时，“务要取选能谙针深浅更筹，能观牵星山屿，探打水色浅深之人在船”[⑤]，这指的可能是如《西洋番国志》中所说，从“福建、广、浙，选取驾船民梢中有经惯下海者称为火长，用作船师”[⑥]，也可能包括《明实录》提及的郑和船队中的番火长[⑦]，即外国

① 李约瑟《中国科学技术史》中曾引用刘仁恕《宋代海上通商史杂考》，称12世纪初之后，中国航海记载中就明确提到或者暗示了航海单位“更”，但查证后可见刘仁恕原文中只说“无所说明”或者“亦未及此”，并没有提到“更”的存在。详见李约瑟《中国科学技术史》第4卷第3分册《物理学及相关技术·土木工程与航海技术》，科学出版社、上海古籍出版社2008年版，第619、821页；刘铭恕：《宋代海上通商史杂考》，宋史座谈会编辑：《宋史研究集》第十二辑，“国立”编译馆中华丛书编审委员会1980年版，第363页。

② 林树梅撰，陈国强校注：《啸云诗文抄》卷一〇《海道说》，厦门大学出版社2013年版，第138页。

③ 黄叔璥：《台海使槎录》卷一《赤嵌笔谈·水程》，《丛书集成初编》中华书局1985年版，第13页。

④ 韩振华主编：《我国南海诸岛史料汇编》，第368页。

⑤ 向达校注：《两种海道针经》之《顺风相送·序》，第22页。

⑥ 巩珍注，向达校注：《西洋番国志》之《自序》，第6页。

⑦ 《明太宗实录》卷七一，永乐五年九月己卯；卷一一八，永乐九年八月甲寅；卷一九〇，永乐十五年六月己亥，黄彰健等校勘，南港：中研院历史语言研究所，1962年，第998—999、第1499—1501页。

领航员。

郑和下西洋的航行过程是一次中外航海技术的大融合，在交流和改造之后，中国航海者最终采用2.4小时的更作为主要计程方式，明显区别于1小时的法尔萨赫和3小时的扎姆，形成了一种带有典型中国文化特征的短时段计程法。明代谢杰记载，“针舱内燃长明灯，不分昼夜，夜五更，昼五更，故船行十二时辰为十更”①。中国内地计时所用的更来自先秦时期使用的一昼夜10时制，即昼、夜各分为5更，由于一年四季昼夜长短有所变化，所以更的时间也不同②。这与两河流域的计时方法相似，只是在具体的时段划分上，存在着10时制和12时制的差别。亚述人将一昼夜分为12个卡扎布，随着各季节昼夜长度的变化而改变时长，这被称为一种“季节性小时”（Seasonal Hours）③。在春分、秋分日，昼夜时长相同时，就可以分为12个相等的卡扎布，即两小时。然而两河流域的早期计量单位兼有计时和计程的功能，而明代以前的更并没有用来计程的记载。考虑到航行的实际情况，当季节性小时被用来计程时，所取的时间只能昼夜均分，不可能出现长短不一的情况，否则便失去了计程的参考意义。因此明代海船上的更也是一种十更均分制，即每更2.4小时。

定更数计程法明显受到了海外技术的影响，而中国地理书中采用域外计程单位，也是早已出现的情况。东晋法显从天竺航海归国时，记录路程所用的单位就有代表一天行程的印度由旬（由延）：

> 载商人大舶，泛海西南行，得冬初信风，昼夜十四日，到师子国。彼国人云，相去可七百由延。
>
> 其国本在洲上，东西五十由延，南北三十由延。左右小洲乃有百数，其间相去或十里、二十里，或二百里，皆统属大洲④。

---

① 谢杰：《虔台倭纂》上卷《倭针》，《北京图书馆古籍珍本丛刊》，书目文献出版社1990年版，第10册，第240页上。

② 杜升云、陈久金主编：《天文历数》，山东科学技术出版社1992年版，第162—164页。

③ Pingree, David; Reiner, Erica: Mesopotamia: A Neo-Babylonian Report on Seasonal Hours, *Transactions of the American Philosophical Society*, Vol. 104 (No. 3), 2014: 67–72.

④ 章巽校注：《法显传校注》之《师子国记游·师子国概述》，上海古籍出版社1985年版，第148页

从14天的航程折合700个由延来看，海上的由延不能作为一天的航程使用，当帆船顺风行驶时，一天甚至可以航行50由延，即使计算有误差，也远远超出了陆地上一个由延的范围。可见海上的计量单位与陆上相比，有一种效率提高的趋势，由于海船航行速度比人行路更快，所以内陆一天的行程，在海上几小时便可完成。中国古人一天行程数十里，驿站间距也由此设置，但在海上使用时，这些间距却从一天的行程变成了两小时左右。

世界各地的短时段计程方式常与道路驿站间距或设施相关，而中国古代驿站制度发达，不仅有陆站和水站，元代在东北地区还设有以犬拉雪橇的“狗站”，并在东南大海中设有“海站”。至元二十六年（1289）二月，“自泉州至杭州立海站十五，站置船五艘、水军二百，专运番夷贡物及商贩奇物，且防御海道”①。元朝在辽阔的陆地和海洋国土上广设驿站的做法，影响力很可能一直延续到明初，而明朝设置驿站的制度和方式，很可能也成为早期制定更数计量法时，所谓“每一更二点半约有一站，每站者计六十里”② 的理论与现实依据。在中国20世纪中后期所做的南海社会调查中，渔民们所用的更是2小时③。2.4小时和2小时的更分别体现了中国传统的更点制和时辰制，带有非常典型的本土文化特征，这很可能是根据民众需求自发演化的结果。可以推测，在古代西太平洋和印度洋航海者的交流中，同时存在着不同数值的短时段计程单位，也相应流传着不同系统的航海指南。由于每更所代表的时间不同，相应时段中的航行路程也不同，人们在交流航路信息时，很可能要先对计量单位的具体数值加以辨析。

三 “更”在明代航海文献中的普及

在不同航行条件下，航船通过相同距离的时间可能会有很大差异，不

① 《元史》卷一五《世祖十二》，中华书局2000年版，第216页。
② 向达校注：《两种海道针经》之《顺风相送·行船更数法》，第25页。
③ 韩振华主编：《我国南海诸岛史料汇编》，第405页。

同的航海书中对同一段航程时间也会有不同记载，如向达提到厦门至澎湖旧为七更[①]，清人却有记称“海程无里，厦门至澎湖为九更；或云百里、或云五十里，未知孰是”[②]。由于易受海洋环境的影响，海员们只能尽量维持更数的计量，也需要船上测深、瞭望等其他部门的协作。从各种记载来看，直至15世纪末，全世界范围内都没有出现过高度精确的计程方式，只能尽量依靠前人的记录和海员自身的航行经验。哥伦布的船上因建筑所限，甚至不能有效施行流木测速法，主要依靠目测，如《哥伦布传》记载：

> 在“圣玛利亚”号船上，不管是他或是值班的职员都只能凭肉眼观察从船旁流过的海水中的水泡或果囊马尾藻，用每小时罗马里为单位，估出该船的航行速度。
>
> 任何判断准确、经验丰富的海员都可用这个原始的方法来估算船的航速，误差不会有1节，而常用此法的人甚至能做到不超过半节[③]。

尽管如此，哥伦布船队在航程估算上还是经常出现很大偏差，早期新航路开拓者面临的类似困难也可想而知。明代的中国人虽然没有像欧洲航海者那样，在海外远距离大规模开拓中获得成就，但在明朝中期之后，随着更的普及，航海文献中记述航路的方式更加精确，使许多此前无法描述的海洋国土和知识得以记载。将《诸蕃志》《岛夷志略》等与明清航海文献对比，会发现郑和下西洋之前对海外诸国记载较多，而明中期之后，距离中国较近的琉球航路诸岛礁，以及南海诸岛礁名称在文献中大批出现。这实际是在海禁政策实施后，中国远洋航海业受限，转而开发近海岛屿，而适合用来记载近距岛礁的更，正适应了这种时代需求，促成了东海、南海中的诸多岛礁开发和海洋国土命名。

---

① 向达校注：《两种海道针经》之《序言》，第6页。

② 吴振臣：《闽游偶记》，《台湾文献史料丛刊》第216种《台湾舆地汇钞》，台湾大通书局1984年版，第13页。

③ ［美］塞·埃·莫里森著，陈太先、袁大中、陈礼仁译：《哥伦布传》（上），商务印书馆2014年版，第262—263页。

明中期之后，用更计量路程的方法逐渐与传统的水程记录融为一体。正德年间黄省曾的《西洋朝贡典录》借鉴了许多海洋文献，据其在序言中说，此书“摭拾译人之言，若《星槎》、《瀛涯》、《针位》诸编，一约之典要，文之法言，徵之父老，稽之宝训”①。这里提到的《针位》后来被习惯称为“针位编”，不过从叙述方式来看，这并非原名，实际应是书名中带有“针位”两字的航海指南。针位就是罗盘方位，它与更数一起构成了明清时期航线描述的基本形态。既然以此为书名，《西洋朝贡典录》本应是一部记载了许多针位的著作，然而与《顺风相送》等实用航海指南相比，《西洋朝贡典录》恰是特意删去了针位信息，只保留了更数所代表的路程，其记载内容经常是“针位：取官塘之山。又五更取东沙之山，过东甲之屿。又五更平南澳”② 一类。由此来看，黄省曾似乎并不明白针位的真正含义是方向，书中留下大量对正文毫无意义的“针位”两字，唯一的作用大概就是提示后人，这是一部由航海针经删改而成的作品。

黄省曾为什么要删去各种针位内容？究其原因，他可能是在努力使《西洋朝贡典录》向传统的水程体例靠近。因为传统的水程不记录具体方位，只记录两地之间的行进时间。如《大元海运记》中的《漕运水程》记载，“再得东南风，一日夜可至成山。一日夜至刘岛。又一日夜至芝罘岛。再一日夜至沙门岛。守得东南便风，可放莱州大洋，三日三夜方到界河口”③，就是这种只有日程而没有航向的记载。

虽然《西洋朝贡典录》里删去了针位信息，却保留了计程用的更数。之所以这样处理，最大的可能是如果不用更计程，许多相距较近的地点就无法描述具体位置。如上一段所引的文字中，东沙山、东甲屿与南澳之间的五更路程，是用日月计程时无法达到的精确效果。由此推测，《西洋朝贡典录》的数据应该是有不同的来源，一部分来自民间海道针经中以更数计程的文献，另一部分来自传统的《诸蕃志》等以天计程的文献。这些以天计程的内容通常出现在每一篇的开头，形成了与《诸蕃志》《岛夷志略》

① 黄省曾著，谢方校注：《西洋朝贡典录校注》之《自序》，中华书局2000年版，第8页。
② 黄省曾著，谢方校注：《西洋朝贡典录校注》卷上《占城国第一》，第1页。
③ 佚名：《大元海运记》卷之下《漕运水程》，第97页。

等许多传统海外风土志相似的框架。如《占城国第一》中提到：

> 其国在广州之南可二千里。南际真腊，西接交趾，东北临大海。（福州长乐五虎门张十二帆大舶，西南善风十昼夜程。）[①]

占城是与中国联系紧密的地区，许多文献都提到过此地。《诸蕃志》里的占城是“自泉州至本国顺风舟行二十余程”[②]，《瀛涯胜览》里是“自福建福州府长乐县五虎门开船，往西南行，好风十日可到”占城国[③]。《西洋朝贡典录》里记载的二千里应该是一种将日程换算成里数的做法，每昼夜行二百里，一昼或一夜行一百里。《西洋朝贡典录》可以算作一种开端，从此之后，更为细致的航海知识正式进入了明代学者们的视野，并出现在他们的著述中，从而改变了海外风土志中的计程单位。此前的航海针经是海员们的专用操作手册，郑和航海图是呈送朝廷的档案，更路信息并没有扩展到更广泛的人群中。而黄省曾的几位先祖曾经参与明朝初年的长途海运，这种家族历史的影响带来了对航海知识的兴趣[④]，所以黄省曾注意收集航海资料，在正德年间完成了这种开创式的工作。但作为一种早期著述，其拼接而成的特征过于明显，加上体例尚未成熟，明显能看出书中有的部分来自传统风土志，有的部分则是缺少了针位的航海针经。《西洋朝贡典录》可以看作航海知识走向学者著述的一种过渡形态，到万历年间的《东西洋考》时，书中的记载方式已经很成熟，将包括针位在内的针路信息尽数收入其中。

明中期之后，为满足军事需要，以更为计量单位的海路资料也大量出现在《郑开阳杂著》《筹海图编》等海防类兵书中。尤其是《筹海图编》中的《太仓使往日本针路》（使倭针经图说），除了记录以更为单位的针路

① 黄省曾著，谢方校注：《西洋朝贡典录校注》卷上《占城国第一》，第1页。

② 赵汝适原著，杨博文校释：《诸蕃志校释》卷上《占城国》，第8页。

③ ［明］马欢原著，冯承钧校注：《瀛涯胜览校注》之《占城国》条，中华书局1955年版，第1页。

④ 陈晓珊：《明朝初年的海运军卫与海军世家——以黄省曾家族为例》，《明史研究论丛》第11辑，故宫出版社2013年版，第48—65页。

之外，还留下了每座山岛的图像，尤为珍贵①，而《筹海重编》②《海防纂要》③ 等也记载了这种更路数据，可看出相关知识的进一步流传。

明朝与琉球之间的更路早已有记载，如《指南广义》中已经收入成化年间的信息，即“成化二十一年九月二十四日午时，古米山开洋，用庚酉针四更，又乾亥针三更，又单乾针四更，又辛戌针三更，又单戌针四更，又辛酉针十九更，见台山”④。按照书中记载，这段原文来自“三十六姓所传针本抄”⑤，书中记载的航海者“闽人三十六姓”应是常年来往于琉球和福建之间，所以积累了很多航海知识，但其精确程度可能还需提升，因为在按照他们的针路导航时，出使琉球的封舟经常飘到过于靠北的地方⑥。《指南广义》里来自闽人三十六姓的十条更路记载，很可能代表了海道针经在不同时代的发展变化过程，比如在最末的两条里，只有一系列针位而没有更数：

> 又东涌山开船，北风甲卯针取彭家山，若南风用甲卯并乙卯针取钓鱼台，北风用甲卯并乙辰针取太平山即官古岛。
>
> 又钓鱼台开船，北风辰巽针取北木山尾小琉球头，又用乙辰针取沙洲门，又用乙卯针取太平山。太平山开船用艮寅针直取那霸港口大吉。

而最开头的几条里，只有很少的一两个更数，与整条的字数不成比例，如：

---

① 胡宗宪：《筹海图编》卷二，天启四年（1624年）刻本，第6b—9a页。

② 郑若曾撰，邓钟重辑：《筹海重编》卷二《往日本针路》，《四库全书存目丛书》，齐鲁书社1996年版，史部第227册第58—59页。

③ 王在晋：《海防纂要》卷二《太仓使往日本针路》，《四库禁毁书丛刊》，北京出版社2000年版，史部第17册第503—504页。

④ 程顺则：《指南广义》之《针路条记》。

⑤ 关于《指南广义》中的针路信息，可参考万明《明代历史叙事中的中琉关系与钓鱼岛》，《历史研究》2016年第3期。

⑥ 徐葆光：《中山传信录》，黄润华、薛英编：《国家图书馆藏琉球资料汇编（中）》，北京图书馆出版社2000年版，第46页。

琉球往福州，二月古米山开洋，用辛戌并辛酉针四十五更，取东涌山为妙。

在这条记载中，古米山与东涌山之间的距离甚远，长达四十五更，其中缺乏更具体的分段记载，这与成化年间针经的两地之间距离通常三、四更相比，明显不够精确。即使与紧邻的《封舟针簿抄》中摘录而来的另一条记载相比，细致程度也明显有很大差别：

又用艮寅五更东涌山，用单辰针，如西南风用乙辰针，东南风用辰巽针八九更小琉球、鸡笼屿外平彭家山。如南风用单卯针，东南风用乙卯针十更钓鱼台，北过南风单卯四更黄麻屿、赤礁，北过南风单卯并甲寅针又用艮寅，东南风用甲卯针十五更古米山。

在第二条里，甚至出现了关于水色与生物导航信息的详细记录，

又三月古米山开洋，用辛酉针二十七八更，看墨鱼骨成阵流，系是洋心。用单酉针一日就见山，如不见山，海水变绿色，又见白色，夜间可防近山，使开针。候至天明，观是什么山，真无差也。”①。

这里记载的古米山与洋心之间的距离也很远，长达二十八更，且有一些关于航海环境的描写，这与后来体例成熟的、以更路数据为主体的针经中不太常见，更类似自宋代《梦粱录》② 和元明之际《海道经》③ 中关于海洋的记载，这很可能是保留了早期航海针经的一些遗迹。而中间的几条记载则以数字为主，频繁更换针位并记录更数，明确记载了钓鱼台、黄麻屿、赤礁等位置。明嘉靖年间，陈侃所著的《使琉球录》中尚未收入更路信息，但到明朝后期，出使琉球的使臣们已经普遍记载以更计程的航路。

① 程顺则：《指南广义》之《针路条记》。
② 吴自牧：《梦粱录》，浙江人民出版社1984年版，第112页。
③ 佚名：《海道经》之《海道》，第190—191页。

如万历年间萧崇业、谢杰《使琉球录》中的《琉球过海图》，使用类似郑和航海图的方法，将用文字记载的更路直接绘入海图中①，夏子阳、王士祯的《使琉球录》中的《琉球过海图》也是相同情况②。明清时期的一些航海文献甚至会把更数换算成里数，如明嘉靖、万历年间慎懋赏《四夷广记》中记载的《本朝天津到朝鲜水路程》，其中岛屿之间的距离应该就是用更数换算而成：

> 它矶岛陆拾里至钦岛，钦岛叁拾里至羊角岛，羊角岛叁拾里至皇城岛，皇城岛叁佰里至旅顺口③。

但从目前的情况来看，这种换算成里数的做法只存在于近海海域，一旦进入离海岸较远的海域，又会转成用更数计量。这大概是对于古代航海者而言，近岸处的海况宜于估算航速和反复验算，而深海海域则很难估算确切航速。这种计量单位混杂，针位时隐时现的情况，似乎说明针经的收集者们在写作时，是努力向传统的内陆水程格式靠拢。水程和针经可以看作两个不同的系统，前者不带方位，只有日数，便于作为档案留存；而后者有针位和行程或更数，是海员们的实用手册。但由于后者是前者的知识来源，所以民间航海书的写法经常会对学者著述和官方档案产生影响。随着时间的推移，更多民间航海书中的知识进入明代学者著述，如慎懋赏《四夷广记》中记录了许多历代水陆交通线路，命名为“路程”“水程”“旱程”“更数”“针位”“贡道”“地里”“针路”等，称谓各异，大概是作者收录历代文献时按原书摘抄的结果。由此可以看到民间针经和官方档案对此类知识的不同定义，如“针路”“更数”“针位”“更路”可以看作民间航海针经的称谓，它们都同时带有更和针位信息，可作为实用操作手

① 萧崇业、谢杰：《使琉球录》卷首《琉球过海图》，《续修四库全书》，上海古籍出版社1996年版，第742册，第539—540页。

② ［明］夏子阳、王士祯：《使琉球录》卷首《琉球过海图》，《续修四库全书》，上海古籍出版社1996年版，第742册，第630—632页。

③ 慎懋赏：《四夷广记》（上），玄览堂丛书续集，台北“国立”中央图书馆1985年版，第20册，第90页。

册，如《太仓往日本针路更数》《漳州往琉球并日本针位》《琉球国船往暹罗针路》都是如此[①]。而早期的“路程”“水程”“旱程”等只记载行进天数或里数，更多是作为历史或地理记录的文献依据，一般不记载方向，如南宋时期的《后宋由明州至高丽水程》、明代《本朝至鸭绿江至高丽旱程》、《本朝天津到朝鲜水路程》即是如此[②]。而在明朝中期之后，记载海上航线的水程与更路出现了合流的现象，如《宁波至日本路程》“由乌沙门开洋，七日即到日本。若由陈钱山，用艮寅针，海程四十八更船至日本”[③] 是日、更兼用，并且出现了针位方向，说明新普及的更路知识和数据，已经对传统的路程写法形成了富有冲击力的影响。到清代康熙年间，郁永河记载“厦门至台湾水程十一更半，自大旦七更至澎湖，自澎湖四更半至鹿耳门”[④]，已经是完全用更记载水程了。

在通讯、交通技术尚不发达的时期，航海知识流传需要一定时间，其速度较为缓慢。如《日本一鉴》之《桴海图经》中说：

> 近考前代日本之役，魏晋隋唐各亦遣使，皆缘朝鲜往焉。今国家前所遣使，皆由宁波郡。往来之役虽劳，俱未见其方程也……自嘉靖初给事中陈侃出使琉球，取道福建以往。其从人有识日本路程者，故闽海人因知取道于大小琉球，沿诸海山一路而去。又广海人郭朝卿贩稻，航海市漳泉，因风漂流至其国，故广海人自后亦知其道矣。若浙海人，则因彼来朝，向馆宁波，虽闻彼岛之名，未闻方向之的……[⑤]

从一系列文献的演化中，可以看到更的流传过程。而在它普遍使用后，中国计量航海的精确度实际提高了一个数量级，这种航海技术精确度的进步与海洋国土的开发相互促进。明代出使琉球的使臣记录了钓鱼屿等航线，清代航海书中出现的西沙、南沙诸地名，为海洋国土的记录留下了

① 慎懋赏：《四夷广记》（中），玄览堂丛书续集，第21册，第4、14、311页。
② 慎懋赏：《四夷广记》（上），玄览堂丛书续集，第20册，第84、85、90页。
③ 慎懋赏：《四夷广记》（中），玄览堂丛书续集，第21册，第6—7页。
④ 郁永河：《采硫日记》卷上，丛书集成初编（上海）商务印书馆1936年版，第7页。
⑤ 郑舜功：《日本一鉴》第1册《桴海图经》，民国二十八年据旧抄本影印本，第1页a—b。

大量珍贵文献。海南琼海老渔民苏德柳在其13岁时（1921年）抄写了一本《更路簿》，他说这是其父当年从文昌老渔民的抄本转抄来的[①]。在书中可以看到，西沙群岛各地之间的航行更路全用针位与更数表示，如：

自猫注去二圈，用丁未，三更半收。对南。
自二圈下下峙，用辰戌，一更收。对西北。
自石塘上二圈，用乙辛辰戌，二更收。对东南[②]。

像文中记载的猫注、二圈、下峙、石塘四处，相距仅有三更半或一更、二更的短距离，如果不用更计程，势必无法用文字说明各岛礁之间的相对关系，也无法有效命名。古代航海图的流传不如文字记载的针经广泛，因此用精确计量单位记录的岛礁位置信息，实具有珍贵价值。正是在更这一计量单位普及之后，才留下了大量岛屿、礁石的名称，对海洋国土的开发和命名、认定具有重大意义。从计量单位和书写方式的演变中，可以看到中外航海者交流的历史，各地区技术与文化传统的差异，也可以看到郑和下西洋为中国航海安全带来的显著进步。

（作者单位：中国科学院自然科学史研究所、中国科学院大学）

① 韩振华主编：《我国南海诸岛史料汇编》，第369页。
② 韩振华主编：《我国南海诸岛史料汇编》，第370页。

明代北边军镇的军饷供应制度演变研究*

苏新红

明代北边军饷自始至终都由屯田、民运、盐法和京运构成。永乐时期，屯田粮以1133万石的平均实际岁入额高居北边军饷榜首，其后迅速衰落。成化年间，民运粮以800万石岁额成为北边军镇军饷供应的首要来源。其后，随着屯田、民运、盐法的逐步衰减，北边军饷普遍折银，万历九年，北边军饷折银率在80%以上，总额合银883万两。万历后期，太仓库京运银以400万两岁额成为北边军饷首要来源。其后，虽然京运预算岁额一再攀升并于崇祯末年达到2000余万两白银，但高额逋欠使得北边军饷的实际供应不足其预算岁额的15%。从明初到明末，北边军饷共有三大发展趋势：一是实际岁额逐步减少，二是由供应实物为主逐步向供应白银为主进行演变，三是明代末期白银供应预算岁额即北边军镇实际需求岁额的逐步攀升与实际供应岁额逐步减少。屯田、民运、盐法和京运在北边军饷供应体系中财政地位的演变，都与这几大趋势的发展密切相关，其根本原因在于明中央政府的租税缴收能力逐步减弱。

明代北边军镇的军饷供应一直是学术界比较关注的问题之一。[①] 不过，截至目前，尚未有人对从明初到明末北边军饷中诸如屯田、民运、盐法和

* 本文系国家社科基金重大项目“中国职役通史”（19ZDA190）阶段性研究成果之一。

① 专著方面，主要有王尊旺《明代九边军费考论》，天津古籍出版社2015年版；赖建诚《边镇粮饷：明代中后期的边防经费与国家财政危机，1531—1602》，台北“中研院”、联经出版事业股份有限公司2008年版；张松梅《明代军饷研究》，博士学位论文，南开大学2008年版；王毓铨《明代的军屯》，中华书局1965年版。论文方面，主要有梁淼泰《明代“九边”的饷数并估银》，《中国社会经济史研究》1994年第4期；杨艳秋《明代边粮制度与沿革初探》，《文史》2002年2期；杨顺波《明代军制与军饷》，硕士学位论文，云南师范大学2005年。篇幅所限，不再一一列举。

京运这四大供应体系的相互关系、各自在北边军饷总额中的占比、以及北边军饷中实物和白银的比例等长期演变脉络进行细致梳理，而这些问题对于深入了解明代财政和税收的演变具有重要意义。因此，本文特对这些问题进行考察。

一　洪武到正德时期

（一）洪武时期：屯田、民运、盐法、京运并存

明朝初年的边镇军饷供应，一开始就包括民运、盐法、屯田等军队自我供给及京师赏赐等方式。

民运方面，比如洪武四年，为解决山西大同镇军饷，“廷议于山东所积粮储，量拨一十万石运至平定州，山西行省转致大和岭，大同接运至本府；及以附近太原、保定诸州县税粮，拨付大同，以为储偫之备”①。到洪武十三年，“陕西、北平、四川、山东、山西五布政司”都有供给军需的税粮定额，且要“两月一报”②，其中“山东东给辽阳、北给北平，河南北供山西、西入关中”③。此皆属地方政府供应北边军饷的情况，即后来所称的“民运”。

盐法方面，比如洪武四年，大同卫奏准“以山东、山西盐课，折收绵布、白金，赴大同易米，以备军饷”④。洪武七年，户部奏定北边盐引开中则例，大同府朔州“一石二斗”中盐一引，且洪武前期，“大同中纳盐粮，交易者多”，以至“税课益增”⑤。洪武二十四年全国盐引共计115.56万引、⑥ 洪武二十六年为131.8余万引。⑦ 此皆属盐法。

屯田方面，洪武八年，“山西大同都卫屯田二千六百四十九顷，岁收

---

① 《明太祖实录》卷六一，洪武四年二月丙辰。
② 《明太祖实录》卷一三〇，洪武十三年二月丁亥。
③ 《明太祖实录》卷一四四，洪武十五年夏四月壬辰。
④ 《明太祖实录》卷六二，洪武四年三月癸卯。
⑤ 《明太祖实录》卷一七九，洪武十九年十一月癸丑。
⑥ 《明太祖实录》卷二一四，洪武二十四年十二月壬午
⑦ 《明太祖实录》卷二三〇，武二十六年十二月庚子。

粟豆九万九千二百四十余石”[①]。不仅如此，洪武二十七年，为减省民运转输，朱元璋命山西大同蔚朔、雁门诸卫“止留军士千人戍守，余悉令屯田”[②]。此皆属军队屯田，自我供给。

京运方面，比如洪武十七年，“给山西大同诸卫军士御冬皮袄”[③]。洪武十八年，朱元璋命赐纸钞给“山海古北大同诸卫守边军士”[④]。此皆属京师赏赐，即后来所称的“京运”。

洪武中后期，随着人口的繁衍、土地的垦辟，全国税粮实际岁入迅速提高。《明太祖实录》显示，此阶段税粮征收一般都达到3000余万石以上，税粮岁入最低的洪武十八年，也达到2088余万石。[⑤] 即使实物税供给如此充足，为保证京师之外100.5878万官军、4.0329万匹马[⑥]的军饷，仍需民运、屯田、盐法、京师赏赐等供应体系相互补充。

（二）永乐时期：屯田一枝独秀

永乐时期，屯田在北边军镇的军饷供应中一枝独秀，占据了最核心的地位。据《明太宗实录》，永乐时期全国屯田籽粒产量最高的年份达2300余万石，最低的年份也有500余万石，平均每年屯田粮岁入额为1133万石。[⑦]

虽然盐引平均每年岁入额132万大引（400斤），[⑧] 但按照每小引

① 《明太祖实录》卷九六，洪武八年春正月丁丑。

② 《明太祖实录》卷二三一，洪武二十七年春正月戊辰。

③ 《明太祖实录》卷一六一，洪武十七年夏四月乙酉。

④ 《明太祖实录》，卷一七一，洪武十八年二月戊午。

⑤ 《明太祖实录》卷一七六，洪武十八年十二月丁巳。

⑥ 《明太祖实录》卷二二三，洪武二十五年闰十二月丙午。

⑦ 《明太宗实录》卷二六，永乐元年十二月壬寅；卷一五九，永乐十二年十二月己亥；卷三七，永乐二年十二月丁酉；卷一七一，永乐十三年十二月癸巳；卷四九，永乐三年十二月辛卯；卷一八三，永乐十四年十二月丁亥；卷六二，永乐四年十二月乙卯；卷一九五，永乐十五年十二月辛亥；卷七四，永乐五年十二月己酉；卷二〇七，永乐十六年十二月乙丑；卷八六，永乐六年十二月癸卯；卷二一九，永乐十七年十二月己亥；卷九九，永乐七年十二月丁卯；卷二三二，永乐十八年十二月癸亥；卷一一一，永乐八年十二月辛酉；卷二四四，永乐十九年冬十二月戊午；卷一二二，永乐九年十二月乙酉；卷二五四，永乐二十年闰十二月壬午；卷一三五，永乐十年十二月庚辰；卷二六六，永乐二十一年十二月丁丑；卷一四六，永乐十一年十二月乙亥。

⑧ 按：每年具体数字出处与下表屯粮数据出处相同。

（200斤）0.5石的平均时值,[①] 相当于132万石粮食的岁入。[②]

民运方面，仍以运送实物粮为基本形式，但是运输成本巨大，许多地区都改为就近运送,[③] 是北边军饷的重要补充形式。[④] 丰厚的屯粮岁入，加上充足的民运税粮支撑，永乐时期的北边军粮的储量是明后期完全不可想象的。永乐九年，仅陕西布政司都司所属粮仓存粮就高达1098万余石，“以官军俸粮计之，足支十年”[⑤]。

（三）正统时期：屯田骤衰，民运、京运地位渐隆

正统时期，屯田在北边军镇军饷供应中的作用大为降低。从英宗即位到正统十四年，屯田实际岁入基本都为280万石左右,[⑥] 相对于永乐时期岁入平均额减少75%。虽然明政府仍旧宣称“沿边军士（仍）全仰余丁屯种养赡”[⑦]，但其他几种军饷供应形式日渐重要。

民运方面，税粮的运输数额开始不断加大。山西布政司每年“起运宣府粮料四十五万八千石”[⑧]、“运大同、宣府、偏头关三边税粮共一百五十五万二千七百石有奇”[⑨]，“延安、绥德二府税粮既远馈宁夏，又分拨本处边堡”[⑩]。

京运方面，早在永乐年间，京仓粮食馈运边镇补充军饷的事例就已经出现，到“宣德六年至十年，亦于京仓通州儧运粮料三十八万石赴宣府”，且其后时常“出京库绢运彼，准作官军月粮”，正统四年，户部又议准

① 《明太宗实录》卷三一，永乐二年五月甲辰；卷五八，永乐四年八月辛亥。

② 《明太宗实录》卷一一，洪武三十五年八月丁巳。

③ 《明太宗实录》卷二五，永乐元年十一月戊子；卷二六，永乐元年十二月戊寅。

④ 《明太宗实录》卷一三九，永乐十一年夏四月乙丑；卷一六四，永乐十三年夏五月辛亥。

⑤ 《明太宗实录》卷一一七，永乐九年七月丁亥。

⑥ 《明英宗实录》，卷一二，宣德十年十二月丙寅；卷二五，正统元年十二月庚寅；卷三七，正统二年十二月乙酉；卷四九，正统三年十二月己卯；卷六二，正统四年十二月甲辰；卷七四，正统五年十二月丁酉；卷八七，正统六年十二月壬戌；卷九九，正统七年十二月丙辰；卷一一一，正统八年十二月庚戌；卷一二四，正统九年十二月甲戌；卷一三六，正统十年十二月戊辰；卷一四八，正统十一年十二月癸亥；卷一六一，正统十二年十二月丁亥；卷一七三，正统十三年十二月辛巳；卷一八六，正统十四年十二月丙子。

⑦ 《明英宗实录》卷五三，正统四年三月壬申。

⑧ 《明英宗实录》卷四〇，正统三年三月甲戌。

⑨ 《明英宗实录》卷五五，正统四年五月丁巳。

⑩ 《明英宗实录》卷四二，正统三年五月丁酉。

"于浙江折粮银内拨十万两、京库拨绢五万匹、布十万匹，运赴宣府籴粮收支"①。正统后期，输往边镇的京运银数额开始明显增多，现将正统十年到正统十四年京运银情况列表如下，据该表可以看出，每年京运银不但岁额较低，且每年岁额不同，运达的边镇也不相同，未形成制度化的常态。这一时期的京运银主要是购买粮料，存储起来以待不时之需，军队的常规财政开支并不依赖于京运银。

表 1　　正统十年到十四年间京运银额

时间	京运银数额	运送边镇名称	作用
正统十年	浙江等处折粮银 11 万两	甘肃、宁夏、延绥	籴补边粮②
正统十二年	户部银 1 万两	密云、遵化	籴粮上仓以备军饷③
	户部每岁运银 10 万两	辽东	籴买粮料④
	户部银 15 万两	宣府	籴粮⑤
正统十三年	户部折粮银 5 万两	大同	收籴粮料、支放官军俸粮⑥
正统十四年	户部银 5 万两	宣府	收籴粮料⑦
	户部银 10 万两	辽东	收贮备用⑧
	折粮银 2 万两	大同、宣府	收籴粮料⑨

由于这几种供应系统相互补充，正统初年，边镇粮储仍旧丰足，宁夏"所积仓粮亦足宁夏军马三年之用"⑩，直隶山海卫"现有盐粮及屯种子粒

① 《明英宗实录》卷五五，正统四年五月丁巳。
② 《明英宗实录》卷一三三，正统十年九月辛卯。
③ 《明英宗实录》卷一五二，正统十二年夏四月辛丑。
④ 《明英宗实录》卷一五四，正统十二年五月庚戌。
⑤ 《明英宗实录》卷一五四，正统十二年五月戊午。
⑥ 《明英宗实录》卷一六五，正统十三年夏四月壬申。
⑦ 《明英宗实录》卷一七七，正统十四年夏四月庚戌。
⑧ 《明英宗实录》卷一七九，正统十四年六月丙寅。
⑨ 《明英宗实录》卷一八〇，正统十四年秋七月辛巳。
⑩ 《明英宗实录》卷三三，正统二年八月乙亥。

米豆一十二万余石"[①]，"大同蓄积粮料一百万石"[②]。不过，正统八年，陕西、甘肃、宁夏等处边仓粮料总计仅567万余石，[③] 与永乐时期陕西一处即有上千万石仓粮已不可同日而语。

（四）成化、弘治、正德时期：京运岁额的制度化及额外需索的日增

1. 民运

成化时期，各地解纳北边的岁额已形成常规化制度，总计"河淮以南以四百万（石）供京师，河淮以北八百万（石）供边境"。[④] 这一数额在诸多史籍中都见记载，当为民运岁额。显然这是明朝廷面对屯田产量的巨幅衰退而不得不采取的应对措施。

然而，到弘治时，800万石民运岁额骤减。据正德《明会典》，弘治十五年，山东、河南及北直隶每岁民运边镇粮仅158万石、草420.448万束、户口食盐钞228.8521万锭、布0.33万匹。[⑤] 相对于成化时期的800万石民运粮，减少了80.25%。

2. 京运银

弘治末、正德初，"宣府年例五万两、大同五万两、辽东一十五万两、延绥三万两、甘肃、宁夏共六万两"，总计预算岁额仅40万两白银。但是，实际岁额则远不止此数，因"额办银两或灾伤减免，或小民拖欠，或诏旨蠲免，岁入既亏于原额，而岁用乃过于常数，姑以近日言之，宣府年例外运送过六十一万余两，大同年例外运送过七十七万余两，陕西各边年例外运送过四十万余两，辽东预送过三十二万四千余两"[⑥]，总计额外给边镇银210万两，是年例银岁额的5倍多。

① 《明英宗实录》卷六一，正统四年十一月乙巳。

② 《明英宗实录》卷六七，正统五年五月癸亥。

③ 《明英宗实录》卷一一〇，正统八年十一月丁丑。

④ （明）何乔远：《名山藏》卷五〇漕运记，《续修四库全书》，第426册，第447页。

⑤ （明）徐溥、李东阳等修：《明会典》卷二四，户部9，会计，文渊阁《四库全书》，第617册。按：空间所限，各布政司起运具体物品及数额从略。

⑥ 黄训 编：《名臣经济录》卷31，《裁革冗食节冗费奏》，文渊阁《四库全书》，第698页。

二　嘉靖时期

（一）嘉靖九年：屯田、民运粮的进一步衰减

表 2　　嘉靖九年北边军镇军饷供应岁额①

延绥、甘肃、宁夏、宣府、大同、辽东、固原总计：	屯田： 粮 111.2997 万石、 草 1538.4038 万束	民运： 粮 247.2052 万石、 草 438.6675 万束、 银 13.244 万两	盐法： 9.1645 万两	京运： 45 万两
	按供应物品种类计：粮 358.5049 万石，草 1977.0713 万束，银 66.244 万两			

上表是据《嘉靖事例》而整理的嘉靖九年边镇军饷供应岁额，从中可以看出：

第一，嘉靖初年边镇军饷主要由屯田、民运和京运三大部分组成，盐引在边镇军饷供应总额中份额已非常低。

第二，屯田方面，从永乐到正统再到嘉靖九年，屯粮岁入一直大幅下降，嘉靖九年屯粮岁额只有 111 万石、草 1538 万束，相对于永乐时期 1133 万石岁入平均额，减少 90%。

第三，民运方面，嘉靖九年，民运粮岁额 247.2052 万石、草 438.6675 万束、银 13.244 万两，民运实物中有一小部分开始折银，即使按照正统时银 1 两折粮 4 石的比价，总计也只有 300.1812 万石，虽然相对成化时期 800 万石岁额减少了 62.5%，但比弘治十五年增长很多。

第四，从弘治末、正德初到嘉靖九年，京运年例银只有小幅提升。虽然正德元年时京运年例银预算岁额已经严重不敷支用，以至于实际京运银岁额已经达到 250 万两，但嘉靖九年时边镇京运年例银的预算岁额并没有明显提高，可以想见，嘉靖初年时边饷的收支就已很难达到财政平衡。

第五，京运和盐法都不再运送粮食到北边，而是白银。屯粮仍以实物

① 范钦：《嘉靖事例·禁革边储积弊》，北京图书馆古籍珍本丛刊，第 51 册，第 158 页。

为基本形态，但民运粮已经开始有一小部分折银运送。

（二）嘉靖十八、九年：屯田、民运、盐法的大规模折银和京运岁额的小幅提升

到嘉靖十八、九年左右，北边军镇有辽东、宣府、大同、延绥、宁夏、甘肃、蓟州、三关、固原，简称“九边”。[①] 其各镇军饷岁额，都详细记录在《皇明九边考》中。现据该书各镇数据总计制表如下：

表3　　嘉靖十八（十九）年北边军镇军饷岁额[②]

辽东[③]蓟州[④]宣府[⑤]大同[⑥]三关镇[⑦]榆林镇[⑧]宁夏[⑨]甘肃[⑩]固原[⑪]	民运 银228.6385万两 粮11.9186万石[⑫] 布22.6705万匹[⑬] 棉花8.15万斤[⑭]	盐引 银60.5838万两	屯田 银55.3298万两 粮55.1793万石[⑮] 夏税秋粮本色绢1104.92万石[⑯]	京运 年例银44万两

① 魏焕：《皇明九边考》，《四库全书存目丛书》，史部第226册，第10、47页。

② 魏焕：《皇明九边考》，《四库全书存目丛书》，史部第226册，第2、4页。按本书第2页有嘉靖二十年序，第4页有“军马登耗数目取诸嘉靖十八、十九年各边开报手册”之语；本表实物与白银的折价均为《皇明九边考》的原文。

③ 魏焕：《皇明九边考》卷二辽东，第32—35页。

④ 魏焕：《皇明九边考》卷三蓟州镇，第47页。

⑤ 魏焕：《皇明九边考》卷四宣府，第55—58页。

⑥ 魏焕：《皇明九边考》卷五大同，第64—65页。

⑦ 魏焕：《皇明九边考》卷六三关，第71—73页。即山西镇，见魏焕《皇明九边考》，史部第226册，《四库全书存目丛书》，第10页。

⑧ 魏焕：《皇明九边考》卷7榆林，第78—79页。按榆林即延绥，《明史·职官志》言：“巡抚延绥等处赞理军务一员。宣德十年遣都御史出镇。景泰元年专设巡抚加参赞军务。成化九年徙镇榆林”，见《明史》卷73，志第四九，职官二，第1777页。

⑨ 魏焕：《皇明九边考》卷8宁夏，第86—88页。

⑩ 魏焕：《皇明九边考》卷9甘肃，第94—96页。

⑪ 魏焕：《皇明九边考》卷10固原，第108—110页。

⑫ 按据本表民运部分，粮折银1两/石、粟米折银0.8两/石、小麦折银0.4两/石，平均税粮0.73两/石。

⑬ 按取本表民运布折银0.3两/匹的比价。

⑭ 按取本表民运棉花绒0.08两/斤的比价。

⑮ 按取本书屯粮折银0.8两/石的比价。

⑯ 按疑原文数据有误。

续表

官军 45.1849 万人 马匹 9.6252 万匹[①]	绢 0.25 万匹[②] 草 16.124 万束[③]	例盐 7 万斤[④]	草 1126.5337 万束[⑤]	漕粮 24 万石（本色 10 万折色 14 万）[⑥]
粮、银、棉、布、草等供应岁额：[⑦]	银 402.5521 万两 粮 77.0979 万石 布 22.6705 万匹 棉花 8.15 万斤 绢 0.25 万匹[⑧] 草 1142.6577 万束 盐 7 万斤			
总计合银 489.5734 万两	民运小计合银：246.1748 万两 盐引小计合银：60.5947 万两 屯田小计合银：122.0039 万两 京运小计合银：60.8 万两			

首先，据此书和此表可以看出，相对于明初，嘉靖十八九年边镇军饷供应中的屯田、民运、盐引都大幅减缩。

屯田方面，该年岁入粮只有粮 55.1793 万石，另有银 55.3298 万两（若按 0.8 两/石的比价，相当于 69 万余石粮），相对于永乐时期 1132.6103 万石屯粮平均岁入额，屯粮产量减少了 89%，即使相对于正统时期 280 万石左右的屯粮岁额，也减少了 56%。可见，从永乐到嘉靖，屯粮岁入下降幅度极其巨大。

---

① 按正德二年官员奏准，马一匹可交折银 13 两，见《明武宗实录》卷二二，正德二年正月庚午。

② 嘉靖中前期，绢折银 0.7 两/匹，嘉靖二十三年四月，“在京文武官四、五月俸粮。每米二石折绢一匹，每绢一匹，折银七钱”，《明世宗实录》卷二八五，嘉靖二十三年四月丙申。

③ 按本书民运马草折银 0.08 两/束或 0.07 两/束，现取其平均值，即 0.075 两/束。

④ 按嘉靖中前期，除甘肃外，其余边镇盐引多为淮、浙、长芦或淮、浙、山东搭派，现取其平均值 0.34 两/引，具体数据见《明世宗实录》卷一七五，嘉靖十四年五月甲子。

⑤ 按取本书屯草、秋青草折银比价的平均值，即 0.02 两/束。

⑥ 按漕粮折银 0.7 两/石，见《明世宗实录》卷二一，嘉靖元年十二月癸酉。

⑦ 按本栏数据是屯田、民运、盐引、京运各项岁额相加而成。

⑧ 屯田本色绢未计入——笔者。

民运方面，北边军镇民运粮只有11.9186万石，另有228.6385万两白银，（若按0.73两/石的折征平均值，则合313万余石粮食），相对于成化时期800万石粮食的民运岁额，已减少了59%还多。

盐引方面，该年例盐7万斤、银60.5838万两，计合银60.5947万两，若按0.34两银/引的平均比价，相当于178万引左右。永乐时期，盐引岁入平均额为132.4215万引，由于明初一引盐一般重400斤，[①] 嘉靖时期一引盐只有200斤，[②] 所以嘉靖十八、九年盐引对边镇军饷的实际供应效益姑且不论，仅从盐引岁额上讲，相对于永乐时期，也已经减少了28%。且明初是以盐中粮，到此则是以盐中银。

其次，北边军镇军饷供应的最大变化就是粮食等各类实物都改折为白银，其中盐引岁额为银60.5838万两、例盐7万斤，民运岁额银228.6385万两，而粮则只有区区11.9186万石，最不可思议的是屯田这一边镇粮食的重要供给渠道，竟然也半数折银，银55.3298万两、粮55.1793万石。这一时期北边军镇军饷岁额银402.5521万两、粮77.0979万石、草1142.6577万束，白银供给量占其军饷总额的82.2%，粮、草等实物供给只有17.8%，而就在嘉靖九年，总岁额还为粮358.5049万石、草1977.0713万束、银66.244万两。这就意味着嘉靖中叶时，北边军镇士兵和战马赖以生存的粮食、料豆、草等实物，主要是通过市场购买的方式得到。

（三）嘉靖中后期：京运银岁额的大幅提升及其制度化

嘉靖中期以后，北边战争不断，屯田、民运、盐法岁额不但不断缩减，还大部分都已经折银，这导致战时军饷开支直线式猛增。依据陈于陛的奏疏，嘉靖时期户部解送边镇年例银额发展情况如下："至嘉靖初，犹止五十九万。十八年后，奏讨加添，亦尚不满百万。至二十八年，忽加至二百二十万，三十八年加至二百四十万，四十三年加至二百五十万。"[③] 据

---

① 《明太祖实录》卷一九，丙午年二月己巳；卷二二，吴元年二月癸丑；卷四七，洪武二年十二月庚寅。

② 《明世宗实录》卷七三，嘉靖六年二月甲戌；卷三七二，嘉靖三十年四月丙戌。

③ 陈于陛：《披陈时政之要乞采纳以光治理疏》，见陈子龙等编《明经世文编》卷四二六，第4650页。

《世宗实录》记载，嘉靖三十年，各边主客兵年例银为280万左右。[①] 嘉靖三十四年边镇的京运年例银额为380万余两。[②] 依据户部尚书高耀的奏疏，嘉靖四十年各边镇年例军饷银173.9万两。[③]

为了遏制北边军镇军饷不断上涨的趋势，改变京运年例每年岁额都不一致的状态，嘉靖四十五年，明政府议定经制，力图将京运年例银岁额固定下来，总计主兵、客兵京运年例银岁额253.1万两。[④] 这相对于弘治末、正德初40万两京运年例银而言，已增长6倍还多。

三　隆庆到万历初年

（一）隆庆时期：北边军饷总银额的大幅提升

1. 隆庆元年民运银岁额的小幅提升

到隆庆元年，全国每岁通过民运输送至边镇的夏税、秋粮总计有797万石，[⑤] 这与其时户部尚书马森所言“祖宗旧制河淮而南以四百万供京师、河淮以北以八百万供边境”[⑥] 大致符合。不过，这只是预算岁额，实际岁额远少于此，且基本都已折银。隆庆元年，“（九边）民运输纳共本、折约银三百六十四万一千五百五十两三钱二分七厘”[⑦]。这364万两的实际岁入若按隆庆五年所定各边镇折支仓粮的比价“每米一石折银七钱”[⑧]，即相当于在理论上支付给边镇官兵520万石粮食（虽然实际上边镇官兵不可能用这笔钱在市场上买到相等数额的粮食），为成化时期800万石民运岁粮的65%；若按隆庆元年所定“嘉靖四十年以前积欠京储尽行改折每石七钱在

① 《明世宗实录》卷三八一，嘉靖三十一年春正月己酉，第6752页。
② 《明世宗实录》卷四二五，嘉靖三十四年八月丁亥，第7361页。
③ 《明世宗实录》卷四九二，嘉靖四十年正月壬戌，第8177页。
④ 张学颜等：《万历会计录》（上），第678页，（下）第859、861、701、704、731、744、763、783、784、815、819、889、892、913、915、937、938、955、956、978、979页。
⑤ 马森：《明会计以预远图疏》，见陈子龙《明经世文编》卷二九八，第3129页。
⑥ 《明穆宗实录》卷一五，隆庆元年十二月戊戌，第414页。
⑦ 马森：《国用不足乞集众会议疏》，见陈子龙：《明经世文编》卷二九八，第3138页。
⑧ 《明穆宗实录》卷五六，隆庆五年四月乙未。

北者量折十分之二每石一两”的比价，[①] 隆庆元年 364.155 万两民运银岁额相当于征收上来 364 万石粮食，则该年民运岁额较之成化时期减少了 54% 左右。

2. 隆庆六年京运银岁额的小幅提升

神宗即位后，户部对隆庆六年的京运、民运、屯田、盐引等每年供应给北边军镇的实物和白银总额进行了统计，这份统计资料鲜明地展现了明代军饷供给制度从明中叶到隆庆六年的演变结果。简明起见，现据《明神宗实录》所载内容[②]整理表格如下：

表 4　　隆庆六年北边军镇实际岁用钱粮数额[③]

镇名	白银	粮、米、豆	煤	布	草
宣府、大同、山西、蓟镇、永平、密云、昌平、易州、井陉、辽东	446.2857 万两	粮 113.7692 万石 料 60.1678 万石	0.079 万石	0.8881 万匹	745.95 万束
固原、延绥、宁夏、甘肃	126.7119 万两	粮料 114.1744 万石	0.093 万石	0.8677 万匹	737.8609 万束

① 《明穆宗实录》卷一五，隆庆元年十二月丁卯。

② 《明神宗实录》卷一一，万历元年三月戊申；卷一五，万历元年七月壬寅。

③ 《明神宗实录》卷一一，万历元年三月戊申，第 380 页；《明神宗实录》卷一五，万历元年七月壬寅，第 467—468 页。按明代赋税实物折银的比率各不相同，即便是同一年份的同一实物折银，因运送衙门和时间的不同，折银比率也不一致。为便于比较，本表的实物折银比率取值方法及依据如下：粮料每石折银 0.66 两，依据：“大学士张居正上言……（漕粮）无论正兑、改兑、粳米每石俱折银八钱，粟米七钱”，见《明神宗实录》卷五二，万历四年七月丁酉。“料”一般即指料豆，依据《万历会计录》万历九年所定内府库时估商价，“（供用库）黑豆每石估银 0.44 两……绿豆每石估银 0.81 两……黄豆每石估银 0.53 两”，见《万历会计录》卷三〇，第 1005 页。本文各表中粮料的折银比价即取粳米、粟米、黑豆、绿豆、黄豆的平均值 0.66 两。草每束折银 0.03 两，依据：酒醋麦局“草每束估银三分二厘五毫”，见《万历会计录》卷三〇，第 1006 页。布每匹 0.28 两，依据：京库“阔白布每匹估银二钱八分”，见《万历会计录》卷三〇，第 1006 页。之所以选用《万历会计录》中万历九年豆、草、布的折银比率，是因为“万历九年，令九门盐法委官会同科道，将各仓场料草及各库物料价银，参酌往年、近日旧册，量加增减，着为定规，以后非物价大项悬绝，不得再行会估”，见《明会典》（万历朝重修本）卷三七，第 271 页。税粮的折银比率选自万历四年的《明实录》，则是因为该比价在时间上与本章所论述的主题较贴近，且为大学士张居正所定，比较可靠。。

续表

镇名	白银	粮、米、豆	煤	布	草
各镇所用钱粮分项小计	银 572.9976 万两	粮料 288.1114 万石 =190.1535 万两银	煤 0.172 万石（折银略）	布 1.7558 万匹 =0.49 万两银	草 1483.8109 万束 =44.51 万两银
各镇所用钱粮折银总计：	约合 808.1511 万两白银				

首先，据上表可以看出，隆庆六年，京运银在边镇军饷总供应额中的比重和地位大大提升。该年边镇京运年例银岁额 280 万两，[①] 占北边军镇军饷总额的 35% 左右。

其次，隆庆六年边镇军饷中，白银岁额占其总额的 70.9%，粮、棉布、草的实物供给仅占 29.1%。对于以粮、草等实物为维持生存之根本条件的边镇兵、马而言，这意味着隆庆六年时大部分边镇军饷供给的最终实现只能依靠市场及私人生产，这在交通便利、实物供给丰裕的地区不是什么问题，但在交通不便的北方边镇，运输成本极其昂贵，“每粮一石，除本色外，用脚价银二、三两，每草一束，除本色外，用脚价银一钱二三分，方得转运到边”[②]，而“山西岁运大同、宣府、偏头关三边税粮……道途之费率六、七石而致一石”[③]。因此，边镇当地丰收时，情况对于兵、马的粮草供应还好些，若边镇歉收，兵、马粮草再主要依靠市场来解决则极易出现严重问题。

最后，隆庆六年，北边军饷总银额为 808 万两，这比嘉靖十八年 490 万两的总银额增长了 65%。这与屯田、民运、盐法、京运的普遍折银密不可分。

① 《明神宗实录》卷六，隆庆六年十月壬戌，第 219 页。

② 马文升：《马端肃奏议》卷九《处置银两以济边饷事》，文渊阁《四库全书》，第 427 册，第 787 页。

③ 《明英宗正统实录》卷五五，正统四年五月丁巳，第 1053 页。

（二）万历九年北边军镇军饷岁额及与此前军饷的对比分析

1. 嘉靖十八年、隆庆六年、万历九年北边军饷总银额对比

《万历会计录》载有万历九年左右北边军镇屯田、民运、盐引、京运额定岁入数目，现将其整理制表如下：

表5　　万历九年北边军镇军饷岁额总计[①]

<table>
<tr><td rowspan="2">辽东[②]蓟州[③]
永平[④]密云[⑤]
昌平[⑥]易州[⑦]
井陉[⑧]宣府[⑨]
大同[⑩]山西[⑪]
延绥[⑫]宁夏[⑬]
甘肃[⑭]固原[⑮]
各镇分项
合计</td><td>主兵68.6523
万名
（客兵无定数，未计入）
马28.2949万匹</td><td>1. 屯田：粮料139.8919万石＋草667.4223万束＋粮折布0.0105万匹＋各类折色银14.1394万两
2. 民运：粮21.8844万石＋草278.009万束＋银322.2258万两
3. 盐引：18.3804万盐引＋银64.1359万两
4. 漕运：粮39.4084万石
5. 京运银：年例等316.2349万两</td></tr>
<tr><td></td><td>1. 粮料201.1847万石
2. 草945.4313万束
3. 布0.0105万匹
4. 盐18.3804万引
5. 银716.736万两</td></tr>
<tr><td>总计合银</td><td></td><td>882.8809万两</td></tr>
</table>

① 按《万历会计录》中相关数据只注明“原额”“现额”，并没有明确说出各统计数额的具体年份。因各边镇军饷银额最晚更新时间为万历九年，故确定“现额”数据的年份为万历九年左右。为了便于比较，除了特殊注明者以外，本表实物折银比价取用“隆庆六年北边军镇岁用钱粮数额表”中实物折银比价。

② 张学颜等：《万历会计录》（上）卷一七，第664—665页。

③ 张学颜等：《万历会计录》（下）卷一八，第690页。

④ 张学颜等：《万历会计录》（下）卷一九，第726页。

⑤ 张学颜等：《万历会计录》（下）卷二〇，第739页。

⑥ 张学颜等：《万历会计录》（下）卷二一，第756页。

⑦ 张学颜等：《万历会计录》（下）卷二二，第774页。

⑧ 张学颜等：《万历会计录》（下）卷二二，第792页。

⑨ 张学颜等：《万历会计录》（下）卷二三，第794页。

⑩ 张学颜等：《万历会计录》（下）卷二四，第840页。

⑪ 张学颜等：《万历会计录》（下）卷二五，第879—880页。

⑫ 张学颜等：《万历会计录》（下）卷二六，第902—903页。

⑬ 张学颜等：《万历会计录》（下）卷二七，第927—928页。

⑭ 张学颜等：《万历会计录》（下）卷二八，第947—948页。

⑮ 张学颜等：《万历会计录》（下）卷二九，第968—969页。

据前文“嘉靖十八（十九）年北边军镇军饷岁额表”“隆庆六年北边军镇实际岁用钱粮数额表”和“万历九年（1581）北边军镇军饷岁额表”，现将这三个时期北边军饷总额按照物品种类的不同对比如下：

第一，嘉靖到万历初年，军饷总银额呈明显上升趋势，隆庆六年的军饷总额是嘉靖十八九年的1.65倍，隆庆六年到万历九年，其间虽然只隔了9年，且都处于款贡形成、相对和平时期，军饷总银额却又增70余万两；

第二，各类军饷供给中，白银是其最主要的形式，且总量一直在攀升；同时，粮食等实物供给在隆庆六年大幅回升后又迅速降落。

2. 嘉靖十八年、万历九年屯田、民运、盐法、京运对比分析

据前文“嘉靖十八（十九）年北边军镇军饷岁额表”和“万历九年北边军镇军饷岁额表”，现将这两个时期屯田、民运、盐引、京运年例银及兵马总额对比如下：

表6 明代中后期北边屯田、民运、盐引、京运年例银岁额及兵马总额变化对比

北边兵马总数	北边军饷总岁额	民运	盐引	屯田	京运
嘉靖十八年官军45万人 马10万匹	银402万两 粮77万石 布22万匹 棉花8万斤 绢0.25万匹 草1142万束 盐7万斤 总计合银490万两（内白银82.2%，实物17.8%）	银228.6万两 粮11.9万石 布23万匹 棉花8万斤 绢0.25万匹 草16万束	银60.6万两 例盐7万斤	银55万两 粮55.2万石 夏税秋粮本色绢1104.92万石 草1126万束	京运年例银：44万两 漕粮24万石（本色10万石，折色14万石）
万历九年主兵69万名（客兵无定数，未计入） 马28万匹	银717万两 粮料201万石 草945万束 布0.0105万匹 盐18万引 总计合银883万两（内白银81.2%，实物18.8%）	银322.2万两 粮21.8844万石 草278万	银64.1万两 盐18万引	银14万两 粮料139.9万石 草667万束 布0.0105万匹	京运银：年例等316万两 漕粮39万石

第一，从嘉靖十八年到万历九年，屯田、民运、盐引及京运岁额都在增长。随着北边官军人数上涨了51.9%、马匹至少增长了近两倍，边镇军饷总额增长近400万两，其中屯田和盐引增幅较小，屯田除了实物供给大幅增长外，折银总额仅增长了4万余两，盐引也只增长了14%；民运和京运增幅巨大，民运增长了40%多，京运则增长了4.6倍还多。

第二，从嘉靖十八年到万历九年，盐引和屯田岁额在边镇军饷供应中的重要性在降低，分别由占边镇军饷总额的12.4%和24.9%，下降为7.8%和14.3%。

第三，万历九年的京运银额中，其实还包括有解纳太仓库再转解边镇的85万两民运银、[①] 和解送太仓库转发边镇的100万两余盐银收入，之所以要由太仓库转发，主要目的还在于加强对这部分收入的中央监管，从本质来源看，这两部分收入都可划入民运和盐法的收入中。也就是说，万历九年时，边镇军饷中最重要的供给方式是“民运”。因此，即使到万历初年，《明史》中所谓“边兵悉仰食太仓”的说法仍不成立。

第五，至于盐法岁额，从嘉靖时期就一直开始上升。嘉靖后期，盐法由明初单一开中纳粮银于边的制度变为正盐开中输边、余盐纳银解部的制度，嘉靖末期，太仓库岁入余盐银还只有60余万，[②] 到万历六年，各盐运司每岁解送太仓库97万余两银、岁派边镇盐引折合白银74万两。到万历八年左右，解往太仓库的余盐等银岁额增至100万两。[③]

四　万历后期至明亡

（一）万历后期：京运成为北边军饷供应的首要来源

盐法方面，万历后期以降，除了太仓库所发京运年例银额的增长外，

① 张学颜等：《万历会计录》（上）卷一，第18页。

② 《明世宗实录》卷五六三，嘉靖四十五年十月癸酉，第9020页。

③ 具体演变及史料出处详见苏新红《明代中后期的双轨盐法体制研究》，《中国经济史研究》2012年第1期。

边镇从盐法岁入中所得到的银额也有进一步增长。万历四十四年，户部尚书李汝华对纳往太仓库及输往边镇的盐法岁入预算银额开列如下："国家财富，所称盐法居半者，盖岁入止四百万，半属民赋，其半则取给于盐策。两淮岁解六十八万有奇，长芦十八万，山东八万，两浙十五万，福建二万，广东二万，云南三万八千，各有奇。除河东十二万及川、陕盐课，虽不解太仓，并其银数，实共该盐课银二百四十余万两。[①] 又各边商所中盐粮银，淮、浙、芦东，共该银六十余万两。总盐课、盐粮二项，并旧额、新添计之，实有二百余万之数。"[②] 崇祯初年，各盐运司每岁交纳太仓库"除旧额约一百二十万及先年加增辽饷不满三十万外"，又累增"新税计不下七十万"[③]。

民运方面，万历二十九年，"十四镇年例通计主客兵饷，岁费……民运银约三百二十余万"[④]，较之万历九年345.01万两民运银岁额，减少了7.2%。崇祯中期，北直隶、山东、山西、河南及四川送往北边的民运银总计267.4243万两，[⑤] 相对于万历二十九年320余万民运银岁额，又减少了16.4%。

京运年例银方面，万历后期，太仓库所发京运年例银在边镇军饷总额中所占比重进一步大幅提升。万历二十九年，"十四镇年例通计主客兵饷，岁费京运、民运银共七百二十万有奇。照万历二十九年呈御览册，京运银约四百万，太仓银库所发也；民运银约三百二十余万，派各省直径解者也，二项俱带盐饷在内。"[⑥] 太仓库所发京运年例银占京运、民运及盐引总额的56%左右。万历四十六年努尔哈赤的大举进攻使得明政府不得不加派新饷，并于泰昌元年成立新库以便管理。[⑦] 由此，京运彻底超过民运银岁

① 按此处当为140万两——笔者。

② 李汝华：《附户部题行十议疏》，见陈子龙等编：《明经世文编》卷四七四《两淮盐政编一》，第5203—5204页。

③ 毕自严：《石隐园藏稿》卷二《度支山东司奏议序》，文渊阁《四库全书》，第1293册，第409页。

④ 劳养魁：《国计考》，见冯应京《明经世实用编》，第66页。

⑤ （清）查继佐：《罪惟录》志卷之十《贡赋志》《续修四库全书》，第321册，第470页。该总额为《罪惟录》所载，据上述各项单项数额，则总额当为267.7341万两。

⑥ 劳养魁：《国计考》，见冯应京《明经世实用编》，第66页。

⑦ 《明光宗实录》卷六，庚申，第145—146页。

额而成为边镇军饷的首要供应者。

（二）崇祯时期：勉强维持、有名无实的京运

崇祯元年，各边镇京运年例银岁额，即所谓旧饷，总计334万余两。[①] 此外，太仓新库预算岁支辽东新饷银521.68万两。[②] 这样，该年太仓旧饷、新饷总计至少应该提供给北边军镇京运银855.6824万两，这一数额相对于万历二十九年的400万两京运银岁额，增长了113.9%。崇祯十四年，太仓预算岁入旧饷496.8056、辽东新饷913.488万两、练饷734.88万两，总计2145.17万两，[③] 其中去除在京行政、军事等开支80万两后，[④] 还剩2065.17万两。由于太仓库岁支主要分为在京开支及边镇军饷，因此，这2065.17万两的白银预算额即为该年北边军镇京运银的预算岁额，这一数额相对于万历二十九年400万两京运岁额，增加了足足4倍以上。

到崇祯后期，因山西、陕西省直地方灾荒流行、盗寇遍野，北边军镇的民运、屯田、盐引供应系统基本失效，只能全然仰赖户部太仓库的中央财政拨款，“查祖制边饷，惟借民运、屯粮、盐粮三项耳……至于京运，祇以接济民、屯之不逮，号曰‘济边’……盐法初意渐失，民、屯积欠无算，遂致各边并引领于太仓……近因秦、晋灾荒，寇盗充斥，民、屯一无可恃，而徒仰给京运”[⑤]。

此外，自万历末年努尔哈赤率兵对北边辽东发起猛烈进攻以来直至崇祯，明政府数次增派赋税，到崇祯十六年（1643），户部兵饷岁入预算额总计达1584.5027万两白银。[⑥] 这些白银基本都由中央财政直接拨款至北

① 《崇祯长编》卷一六，崇祯元年十二月癸巳。按辽东镇除外，其军饷岁额见新饷。

② 毕自严：《度支奏议·堂稿》卷一，《辽饷不敷济急无奇疏》，第18页。

③ （清）孙承泽：《春明梦余录》卷三五，赋役，文渊阁《四库全书》，第868册，第483—484页。

④ （清）孙承泽：《春明梦余录》卷三五，赋役，文渊阁《四库全书》，第868册，第486—487页。

⑤ 倪元璐：《倪文贞奏疏》卷七，《旧饷出入大数疏》，文渊阁《四库全书》，第1297册，第614页。

⑥ 倪元璐：《倪文贞奏疏》卷八，《覆奏并饷疏》，文渊阁《四库全书》，第1297册，第286—293页。按各地方岁纳户部的具体额数详见苏新红：《明代太仓库研究》“崇祯十六年各省直地方岁入兵饷左、右司额定银数表”东北师范大学，博士学位论文，2009年，第157页。

边军镇，至此，中央财政的直接拨款成为北边军镇军饷供应的基本财政来源，且以白银为基本物质形态。但是，恰恰是在这一情境和时刻，明政府完全失去了“有效提供”的能力。崇祯十六年，户部正赋兵饷、关税、盐课及仓助等银达1053万两没有征收上来，逋欠率达85%。[①] 这说明，明政府已经基本丧失了为边镇军饷提供中央资助的能力。第二年，即1644年，李自成率领农民起义军攻入北京城，崇祯皇帝自缢身亡，明政府的实际统治就此结束。

五 结论

明初洪武之时，北边军镇军饷即包括民运、屯田、盐引、京运四项。

永乐朝，屯田粮在北边军饷供应中一枝独秀，平均每年产量达1133万石。其后，屯粮年产量一路大幅下跌，至正统朝，平均年产量跌至280万石，只能靠民运、盐引及京运进行补充。

成化时期，岁额增至800万石的民运粮取代屯田粮成为北边军饷首要供应渠道。到嘉靖九年，北边军饷总岁额中粮食仅有359万石，另有银66万两；其中屯粮岁额111万石，相对于永乐时期减少90%；民运粮岁额247万石、银13万两，相对成化时期减少了62.5%。不过，直到此时，军饷供应仍以实物为主要形式。

随着屯田、民运、盐引岁额的进一步缩减，到嘉靖十八年，北边军镇军饷岁额银403万两、粮77万石，白银供给量占其军饷总额的82.2%，粮、草等实物供给只有17.8%，这就意味着嘉靖中叶时，北边军镇士兵和战马赖以生存的粮食、料豆、草等实物，主要是通过市场购买的方式得到。屯田、民运和盐引岁额的不断缩减以及粮草等实物不断折银，使得北边军饷日益依靠京运银进行补充，且白银岁额逐步攀升。为限制京运银的攀升，嘉靖四十五年，明政府议定经制，力图将京运年例银岁额固定下来，总计主兵、客兵京运年例银岁额253万两。这相对于弘治末、正德初

① 倪元璐：《倪文贞奏疏》卷一一，《阁部最要事宜疏》，文渊阁《四库全书》，第1297册，第314页。

40 万两京运年例银而言，已增长 6 倍还多。

隆庆六年，北边军饷折银总计约 808 万两，其中白银岁额占其总额的 70.9%，粮、棉布、草的实物供给仅占 29.1%。万历九年，北边军饷折银总计 883 万两，其中白银占 81.2%，粮、草、布等实物占 18.8%。到万历二十九年，京运年例银攀升至 400 万两，民运银 320 万两，京运超过民运，成为北边军饷的首要供应者。万历四十六年以后，因为清军的大举进攻以及各地的农民起义，明政府不得不加派税收，到崇祯十六年，户部兵饷岁入预算额总计达 1585 万两白银。这些白银基本都由中央财政直接拨款至北边军镇，至此，中央财政的直接拨款成为北边军镇军饷供应的基本财政来源，且以白银为基本物质形态。但是，高达 85% 的赋税逋欠率，使得京运也成为空谈，明政府已经基本丧失了为边镇军饷提供中央资助的能力。

总之，从明初到明末，北边军镇的屯田、民运、盐引岁额表现出三大基本趋势：一是实际岁额的逐步减少，虽然嘉靖到万历初年略有提升，但没有影响大趋势；二是折银的日渐普及；三是明代后期北边军饷实际需求和预算岁额的大幅迅速攀升，以及实际供应岁额的大幅减少。这三大趋势是北边军镇军饷日益局促的根本原因，也是京运银预算岁额在明代中后期不断大幅增长的根本原因。不过，京运银实际岁额从万历后期开始直至崇祯，则呈逐步大幅减少的趋势，直至财政破产，其根本原因在于明政府租税征收能力的逐步减弱而造成的逋欠。

（作者单位：贵州财经大学经济学院）

明代“烧荒”研究

周沙沙

“烧荒”早在战国、秦汉时期已经出现，逐渐成为一种惯常的抵御北方族群的方式。明朝在防御北方民族尤其蒙古的过程中，采取“烧荒”，在秋冬草枯之时，派出人马至长城外缘地带，将此区域的野草林木焚烧殆尽，一方面便于明军瞭望警戒，另一方面也可以达到断绝蒙古骑兵草料、抵御其南下的目的。洪武时期，残元势力不足以对明朝构成实质威胁，明朝足以掌控局面，因此终洪武一朝一直没有采取“烧荒”的方式构筑防线。永乐时期，朱棣虽然五次北征，但并未固定控制蒙古草原，防线反而进一步内移。由于这一时期将领的军事能力大为下降，明军遂采取防御战略。为了给蒙古南下设置障碍，开始实行“烧荒”。此后，明朝一直延续了“烧荒”的政策，成为抵御蒙古的重要措施。本文尝试从生态史、制度史互动的视角，对明代“烧荒”制度的发展过程进行全面梳理，对“烧荒”过程中所遇到的问题进行系统分析，指出“烧荒”是明朝北疆防御战略下的一种生态战争方式，其实质是明朝通过控制生态资源而控制战争态势的一种战争策略。

据史料记载，明朝首次“烧荒”，是在永乐五年（1407）。宣德四年（1429），《明宣宗实录》中明确提出“烧荒”一词。正统以后，“烧荒”逐渐在北部边境推广。成化以后，“烧荒”官军虚应敷衍的事情屡屡见于史籍。及至正德年间，甚至曾一度出现过停止“烧荒”的声音。隆庆、万历时期，“烧荒”又开始备受重视。“烧荒”更加频繁，涉及区域更加广阔。崇祯年间的“烧荒”基本上沦为镇压内部起义的战术方式。

赵现海指出：“伴随明朝核心边疆同质一体防御化，明朝北疆防御产生了一种新式生态战争方式：烧荒。”[①] 认为“烧荒”反映的是“永乐时期明朝已放弃进占大漠、固定控制之政治观念”[②]。这一观点从明朝的北边防御形势和生态视角出发，认为永乐年间“烧荒”的开启与当时的北边防御密切相关，并引入了生态视角，使人耳目一新，同时也对本文产生了直接的启发作用。

关于“烧荒”的论文，目前学术界的研究主要集中在两方面：一、“烧荒”具体实施层面的制度史研究；二、针对“烧荒”结果和影响的生态环境史研究。

关于“烧荒”具体实施层面的制度史研究，贾敬颜《如何理解历史上游牧民族的战争》一文最早从投入与产出的角度，指出明朝“烧荒”劳民伤财，乃是“穷极无聊的虐政”。[③] 邢玲玲《“夜不收”释疑》考察了“夜不收”在“烧荒”中所起的作用。[④] 陆宁、马建民《明代宁夏镇“烧荒”考》一文对宁夏镇“烧荒”的具体实施时间以及执行中遇到的问题等进行了讨论，值得注意的是，该文还提到了明代“烧荒”不只用于边务防御，还用于平定地方事变。[⑤] 李大海《清代伊克昭盟长城沿线“禁留地”诸概念考释》认为“由烧荒活动产生的黑色地带既是隔离明蒙的军事缓冲区，也是人们心理上禁绝蒙汉来往的景观载体”[⑥]。闫振宇《明代防秋制度研究——嘉靖朝为中心》指出“烧荒”是明代防秋的重要措施，随着明末防秋制度的衰落消失而湮灭。[⑦] 余焜《明代花马池防秋与宁夏边防》认为“边墙的修缮和清野烧荒，有力地扼制了蒙古铁骑南下的脚步和不可一世的嚣张气焰，在花马池防秋中起到了非常重要的作用”[⑧]。

---

① 赵现海：《明代九边长城军镇史：中国边疆假说视野下的长城制度史研究》，社会科学文献出版社 2012 年版，第 316 页。

② 赵现海：《明代九边长城军镇史：中国边疆假说视野下的长城制度史研究》，第 316 页。

③ 贾敬颜：《如何理解历史上游牧民族的战争》，《社会科学辑刊》1979 年第 3 期。

④ 邢玲玲：《“夜不收”释疑》，《安康学院学报》2008 年第 2 期。

⑤ 陆宁、马建民：《明代宁夏镇“烧荒”考》，《宁夏社会科学》2009 年第 3 期。

⑥ 李大海：《清代伊克昭盟长城沿线“禁留地”诸概念考释》，《中国历史地理论丛》2013 年第 2 辑，第 42 页。

⑦ 闫振宇：《明代防秋制度研究——嘉靖朝为中心》，硕士学位论文，中国政法大学，2016 年。

⑧ 余焜：《明代花马池防秋与宁夏边防》，《宁夏大学学报》2017 年第 3 期。

学界也从生态环境史角度，讨论了“烧荒”。杜大恒、孙德智认为“烧荒”的长期施行，造成了严重的生态问题。① 王杰瑜通过分析长城沿线生态环境和明代“烧荒”政策，指出“烧荒”对沿边地区生态环境造成的影响是深远的。② 金永强认为：“明代的烧荒政策已经制度化，其烧荒行为虽然是为军事需要，但却不是战事的附属产物，它有着自己独立的操作规程。”③ 王新环认为明代“烧荒”使长城一带沙漠化日益严重，保卫与破坏是明代“烧荒”的双刃剑。④

兼及“烧荒”制度性和生态性两方面内容的文章有东湖《〈日知录〉“烧荒”条补说》和邱仲麟《明代烧荒考——兼论其生态影响》两篇论文。东湖补充了唐、明二代“烧荒”的内容，认为“烧荒不论在塞外草原，还是在中原内地，都对社会经济影响甚剧”⑤。邱仲麟对于“烧荒”的制度演变与生态影响，进行了深入考察，针对以往学者“这一政策对草原的生态带来极大影响，导致其土壤沙漠化”的观点，认为“烧荒”对于环境的影响并不严重。⑥

以上研究，均为本文讨论明代“烧荒”提供了重要借鉴。但无论是从制度史还是生态史的角度来看，明代“烧荒”的研究还有待进一步深入。

一　明前期“烧荒”的出现

洪武时期未见实施的“烧荒”至永乐时期开始粉墨登场，这与明前期北部边疆的局势变化息息相关。分析洪武时期的族群观念有助于了解这一时期未实施“烧荒”的深层原因，而永乐时期的北疆防御政策则直接开启了明代的“烧荒”。随着“固守疆圉”的防御观念的进一步发展，“烧荒”遂在仁宣时期成为常例。

① 杜大恒、孙德智：《论明朝安全政策的环境影响》，《哈尔滨工业大学学报》2004年第3期。

② 王杰瑜：《明朝“烧荒”对长城沿线生态环境的影响》，《环境保护》2009年第14期。

③ 金永强：《试论宋代西北地区的草原火患——兼与明代烧荒的比较》，《西夏研究》2010年第4期，第96页。

④ 王新环：《保卫与破坏：明代“烧荒”小议》，《黑龙江史志》2013年第17期。

⑤ 东湖：《〈日知录〉“烧荒”条补说》，《中国历史地理论丛》1989年第4期。

⑥ 邱仲麟：《明代烧荒考——兼论其生态影响》，《台大历史学报》第38期，2006年。

洪武初年，北元的势力范围仍很广大。“当时从辽东半岛、黑龙江流域、兴安岭内外以至广袤的蒙古高原和西域，仍为蒙古贵族势力所控制。”① 当时故元兵力仍很强盛。明朝通过多次北征，虽未达到“永清沙漠”的目标，但大体控制了北部边疆。

洪武时期，虽然在族群观念上，有“华夷之辨”的立场，但同样流行“华夷一家”，主张“郡国皆我土地，无可燔也”②，并未采取“烧荒”政策。

明军北伐时，朱元璋发布《谕齐鲁河洛燕蓟秦晋民人檄》，先是提及“华夷之辨”。“盖我中国之民，天必命中国之人以安之，夷狄何得而治哉？予恐中土久污膻腥，生民扰扰，故率群雄，奋力廓清，志在逐胡虏、除暴乱，使民皆得其所，雪中国之耻尔。”③ 宣示自己即位的合法性；但作为一位即将继承故元广大地域和复杂民族政权的统治者，朱元璋同时又标榜“华夷一体”，认为“民其体之如蒙古色目，虽非华夏族类，然同生天地之间，有能知礼义、愿为臣民者，与中夏之人抚养无异”④。重点突出他的华夷一家思想，为其招谕边疆族群、统一广大疆域奠定思想基础。

洪武三年（1370）六月，朱元璋遣使诏谕元宗室部落臣民，诏言：

> 朕既为天下主，华夷无间，姓氏虽异，抚字如一。尔等无或执迷，以贻后悔。其边塞鞑靼百姓，因元丧乱，征繇繁重，供亿劳苦，朕甚悯焉。⑤

洪武二十四年（1391）九月，朱元璋派遣宽彻、韩敬、唐钲等出使西域，致书别失八里王黑的儿火者，字里行间也透露出普天之下的华夷一体观念。

---

①《中国军事史》编写组编：《中国军事史》第二卷《兵略》，解放军出版社1988年版，第510页。

② 陈子龙撰，孙启治校点《安雅堂稿》卷一一《问流寇所恃者马骑我骑兵少而步兵多何以御之》，辽宁教育出版社2003年版，第201页。

③《明太祖实录》卷二六，吴元年十月丙寅条，《明太祖实录》，“中研院”历史语言研究所1962年校勘本，第401—404页。

④《明太祖实录》卷二六，吴元年十月丙寅条，第401—404页。

⑤《明太祖实录》卷五三，洪武三年六月丁丑条，第1048页。

朕观普天之下，后土之上，有国者，莫知其几。虽限山隔海，风殊俗异，然好恶之情，血气之类，未尝异也。皇天眷佑，惟一视之。故受天命，为天下大君者。……朕当大命，躬握乾符，以主黔黎。……其间有称自撒马儿罕等处来贸易者，凡数百人，遣使送归本国，今三年矣。使者归，尔别失八里王即遣使来贡，朕甚嘉焉。王其益坚事大之诚，通好往来，使命不绝，岂不保封国于悠久乎？特遣使嘉劳，其悉朕意。[①]

朱元璋强调自己是“天下大君”，“当大命”，其他诸国理应本着“以小事大”的诚意朝贡往来，如此才可“保封国于悠久”。[②] 这种观念促使朱元璋终洪武一朝并未采取“烧荒”政策。

在“靖难之役”中，明军损失巨大，直接影响了对蒙古的作战能力，具体表现为马匹紧缺和作战将领能力低下两方面。为此，永乐时期在北部边疆实行近边防御战略。“但其（元）出塞之后，即固守疆圉，防其侵扰耳。”[③] 这种专注防御、不务远略的边疆思想是与北部边疆偏远、苦寒、荒凉的自然环境和传统认识息息相关的，“处太平之世，不可忘战。略荒裔之地，不如守边”[④]。随着各边镇的建立和边镇关隘、城壕、屯堡等长城防御体系的逐步构建以及边关出入制度的制定，边防观念日趋走向保守防御。[⑤] 在这种情况下，明朝开始在北部边疆地区实施“烧荒”。蒙古骑兵因其作战的灵活机动而在冷兵器时代具有绝对优势，作战的时候，他们不用考虑粮草补给；但另一方面，却需要丰沃的水草，以保证战马的给养。明朝采取“烧荒”战术，能够在相当程度上，起到遏制蒙古骑兵的作用。

目前所见明代“烧荒”，最早发生在永乐五年（1407）十二月。明成祖朱棣敕大同镇将吴高：“尔奏沿边草盛，欲焚之最当，第虑旁近未知，或生疑怪，且巡徼军马，仓卒难避，屯堡房舍，将有所损，须预报之使

---

① 《明太祖实录》卷二一二，洪武二十四年九月乙酉条，第3141—3142页。

② 《明太祖实录》卷二一二，洪武二十四年九月乙酉条，第3142页。

③ 《明太祖实录》卷三二，洪武元年六月庚子条，第564页。

④ 《明太祖实录》卷七八，洪武六年正月壬子条，第1424页。

⑤ 赵现海：《明代九边长城军镇史：中国边疆假说视野下的长城制度史研究》，社会科学文献出版社2012年版。

备。"[1] 在同意吴高"烧荒"建议的同时，命令吴高在"烧荒"之前，提前告知周边明军，防止出现惊慌现象。

永乐年间的"烧荒"是明朝北部边防内缩的直接结果。永乐初年，鞑靼、瓦剌等各部连年战争，北部边疆相对比较安宁。淇国公丘福北征失败后，成祖开始五征漠北，不为占领疆土，只为宣示政治威势，形成羁縻统治。在数次军事进攻之后，仍旧固守洪武时期"固守疆圉"、重在防御的疆域观念，表现为伴随东胜、大宁等都司卫所的南徙，明朝北部防线开始内缩。

> 封宁王于江西，而改北平行都司为大宁都司，徙之保定，调营州五屯卫于顺义、蓟州、平谷、香河、三河。以大宁地畀兀良哈，自是，辽东与宣大声援阻绝。又以东胜孤远难守，调左卫于永平、右卫于遵化而墟其地。[2]

朱棣即位以后，迁都北京，三面近塞。为了保卫京都安全，遂将北部边防线内徙，划地而守，确立自身安全区域。在此基础上，通过"烧荒"，进一步明确明蒙之间界线，对边疆区域进行选择和放弃。

其次，"烧荒"作为一项军事防御措施，与军事作战相比，代价更低。"靖难之役"，明军损失惨重，明朝国力内耗甚剧。此外，永乐初年北征沙漠，郑和下西洋，这些宣示国力的对外行为无一不需要巨额资费。而此时的社会，经过永乐初年的内乱，满目疮痍，百废待兴，亟需休养生息，恢复发展。此时采取"烧荒"，对于社会发展来说无疑有利无弊。

仁宣时期，明蒙边境安宁，基本没有发生大的军事冲突。在复兴文治的环境下，仁、宣二帝鉴于永乐时期北征耗费甚剧，导致财政匮乏，加之当时气候寒冷，从而逐渐内徙开平，使得北部防线进一步南移。"先是，兴和亦废。开平徙于独石，宣府遂称重镇。"[3] 在此北疆形势下，"烧荒"逐渐成为常例。

---

① 《明太宗实录》卷七四，永乐五年十二月癸巳条，第1024页。
② 《明史》卷九一《兵三》，中华书局1974年版，第2236页。
③ 《明史》卷九一《兵三》，第2236页。

至迟在宣德四年（1429），“烧荒”已经形成了惯例。宣德四年（1429）九月，“先是，每于冬初，命将率兵出塞烧草，名烧荒，盖防虏南向且耀兵也”①。可见，宣德时期，明朝形成了初冬之时到长城以外烧草的惯例，以防止蒙古南下，并借此夸示军威，对蒙古形成战略威慑。宣德年间，开始在大同镇、宣府镇、宁夏镇普遍开展起“烧荒”。“至是，镇守大同武安侯郑亨、守宣府都督谭广、守宁夏宁阳侯陈懋等各遣人奏，宜及时发兵出塞。”② 宣宗告诫诸位将领：“烧荒”一定要小心谨慎。“烧荒固常例，师行不可不谨。遂敕诸将肃部伍，严号令，毋或怠忽，为虏所窥。”③次年十月（1430），明宣宗再次命令恭顺侯吴克忠、遂安伯陈英、武进伯朱冕、太监刘顺等“循例出境烧荒”。“敕恭顺侯吴克忠、遂安伯陈英、武进伯朱冕、太监刘顺等循例出境烧荒。”④ 已经明确指出此次“烧荒”是“循例”进行。由此更可印证至宣德年间“烧荒”已成定制的事实。宣德七年（1432）九月，山西也开始“烧荒”。山西镇将李谦上奏：“偏头关外，地临黄河，皆边境冲要之处。草木茂盛，或有寇盗往来，难于瞭望，请如大同、宣府例，至冬初发兵烧荒。”⑤

综上，洪武时期，明朝在与蒙古的对峙中，掌握着战略优势，广阔的漠南草原，成为明军巡逻、防御的广阔地带，因此，洪武时期并未实行“烧荒”政策。永乐时期，由于“靖难之役”，明军损失巨大，加之新崛起的“靖难勋贵”军事能力不足，使得明朝对蒙古的战斗力下降。不仅如此，朱棣内徙大宁诸司、东胜诸卫，使得北部防线向南收缩。为加强对漠南草原的控制，明朝开始实行“烧荒”政策。仁宣时期，在复兴文治的时代背景下，明朝鉴于气候寒冷、财政匮乏的缘故，进一步内缩北部防线，进而放弃了兴和、开平等卫。配合于此，北部边疆的“烧荒”政策形成惯例。

二　明中期以后“烧荒”的推广

明中期以后，“烧荒”逐渐在北部边疆推广开来，但在推广的过程中

① 《明宣宗实录》卷五八，宣德四年九月辛亥条，第1377页。
② 《明宣宗实录》卷五八，宣德四年九月辛亥条，第1377页。
③ 《明宣宗实录》卷五八，宣德四年九月辛亥条，第1377页。
④ 《明宣宗实录》卷七一，宣德五年十月己卯条，第1667页。
⑤ 《明宣宗实录》卷九五，宣德七年九月丁巳条，第2143页。

出现了关于是否停止“烧荒”的争论。伴随着“烧荒”的推广，“烧荒”地域开始发生转变，“烧荒”所针对的对象不断扩大，且南北纵深空间距离也发生了变化，这些转变均与明中后期明、蒙关系有关。

正统以后，伴随明蒙对峙态势逐渐稳定下来，华夷观念渐趋高涨，“烧荒”也逐渐推广，在广度、深度上不断扩展，并进一步向制度化发展。值得注意的是，这一时期边境界碑重新设立，从而为“烧荒”的开展，提供了明确的地理坐标。正统六年（1440）十一月，

> 敕各边总兵等官：曩时，各处边境多有界碑，凡外夷不得擅入，入则即同犯边，擒杀毋赦。其后，边将怠慢不修，致夷人往往辄入近边，以围猎为名，肆行寇盗。自今，其即于境外要害之处，约量道里远近，可置界碑者，并具地名奏来建立，使外夷不得擅入为非，而我官军亦不得私出启衅，庶内外各安其所。①

正统元年（1435）八月，明英宗答应了延安都指挥王永前往河曲“烧荒”搜贼之请。“顷，因延安都指挥王永言，欲往河曲，焚草搜贼，已允所请。并敕尔等相机而行，其会永，悉心搜捕，期灭此贼，以赎前罪。”②次月，开平等卫缘边“烧荒”。“给开平等卫缘边瞭哨烧荒官军狐帽袢袄裤各二千四百八十有余，鞋倍之。”③ 正统十年（1444）八月，河东花马池等地“烧荒”。“敕宁夏右参将都指挥同知王荣：寻奏所守河东花马池等三营系重地，尔欲照上年例，率马队官军于十月间出境烧荒，悉从尔所言。即今秋高，正达贼游猎之时，尔等出境宜严饬官军，昼夜谨慎哨瞭，以防不虞。事毕即回，操兵蓄锐，毋虚劳人力。虑有警急，妨误调遣。”④

“土木之变”后，正统十四年（1449）十二月，大同左卫总旗夏回生奏请出塞，擒杀喜宁并“烧荒”，景帝同意并给嘉奖。“大同左卫总旗夏回生上章，欲擒杀喜宁，及率壮士数十人，出境烧荒，潜劫贼营，诏从其

① 《明英宗实录》卷八五，正统六年十一月己酉条，第1707页。
② 《明英宗实录》卷二一，正统元年八月甲子条，第403页。
③ 《明英宗实录》卷二二，正统元年九月辛亥条，第442页。
④ 《明英宗实录》卷一三二，正统十年八月戊辰条，第2635页。

请，给冠带以奖之。”[1] 景泰元年（1450）四月，赏赐上年古北口、慕田峪等关隘“烧荒”官军。“赏古北口东西等关至墓田峪关外烧荒官军百户各钞二百贯，镇抚都司各钞一百五十贯，总小旗军人各钞一百贯。”[2] 此时的明蒙关系正处于紧张阶段，而大同“烧荒”，是为了防御瓦剌趁着宣府等边关防御体系在土木之变中遭到破坏之机，再次南下侵略。与此同时，北京东北各关隘继续“烧荒”，防止东北方向的兀良哈和女真部落，以护卫京城安全。以上近边“烧荒”标志着“土木之变”以后明朝北部防线的进一步内缩，而此时蒙古势力也已经开始渗透到宣大以北区域，对明朝北部边境不断内压。

正统、景泰年间，辽东地区“烧荒”已然在有序进行了。辽东都司武将毕恭曾描述“烧荒”，指出每年冬季，辽东镇总兵官、巡抚、镇守太监，一起发布烧荒命令。“烧荒。每岁冬，镇守总兵官会同赞理军务都御史太监奉敕移文各路副参、游击、守备、备御、提调、守堡等官，遵照会行日期，各统所部兵马出境，量地广挟，或分三路、五路，首尾相应，两行预定。”[3] 其中，充当侦察兵的夜不收，由于活跃在边境线之上，成为“烧荒”的主力。“夜不收分投哨探，放火沿烧野草尽绝。”[4] “烧荒”之后，辽东镇对蒙古、女真加以抚赏。

> 听令、安营、吹号笛、打鼓，聚官，发放毕，夷人精锐至营外求见，发牌，开门，鼓吹齐举，通事引入拜见，量给酒肉，令出，随开营回兵。入境时，兵马各令附近屯堡休息，存留夜不收，并标下官军，站立一营。围夷人多寡，携妇女老幼入关门投见，令通事译传，宣布革朝廷恩威、地方利害，量给桌、面、酒、肉、盐、米、银、布、脂粉、靴、袜之类。或有号桶大头领及预有报事等项勤劳者，亦赏牛、羊、段、袄、银、牌之类。赏毕，夷人出境，兵马俱在边宿

---

① 《明英宗实录》卷一八六，正统十四年十二月丙寅条，第 3745 页。
② 《明英宗实录》卷一九一，景泰元年四月己卯条，第 3941 页。
③ （嘉靖）《辽东志》卷三《兵食志·武备》，明嘉靖刻本。
④ （嘉靖）《辽东志》卷三《兵食志·武备》。

歇，次日归城。[①]

兀良哈由于地处鞑靼、瓦剌、明朝之间，叛服无常，因此“烧荒”和抚赏同时进行，一方面“烧荒”，做好防御；另一方面赏抚，进行羁縻统治。

天顺八年（1464）十月，辽东总兵官郑宏上奏蒙古寇边。“孛来拥众三万余，纠合朵颜三卫残寇，欲来侵边。”[②] 明宪宗朱见深颁布敕谕，令官军如往年一样照例出境“烧荒”。破坏蒙古兵马潜伏之所，便于明军哨瞭，及时防御。“即今秋深草枯，正宜烧荒，以便瞭望。尔等可如年例，分遣官军出境，乘风举火，凡贼经行出没之处，尽行烧了，以破其潜伏之计。”[③]

成化时期，鞑靼蒙古崛起，占据河套地区，不断南下侵扰延绥、大同等地。成化六年（1470）六月，户部郎中万翼奏请于延绥“烧荒”。“草枯之后，欲远出烧荒，以败虏谋。”[④] 至迟在弘治十五年（1502），甘肃镇已开始“烧荒”。“初，陕西肃州指挥夏忠等，以弘治十五年出境烧荒部下获虏首三级，以功微弗录者久。至是，兵部始议升赏。”[⑤]

正德年间，因为“烧荒”中出现了不少问题，一度出现停止“烧荒”的声音。即使这样，“烧荒”还是照常进行着。杨廷和曾为黄珂写过墓志铭，记载黄珂于正德四年（1509）升任右佥都御史，巡抚延绥，“尝以岁例烧荒”。[⑥] 正德五年（1510）七月，杨一清上疏反对当时延绥巡抚想要借着“烧荒”之机，在河套地区进行搜套的请求。“延绥镇巡奏，欲因烧荒，会诸镇兵，搜索河套零贼，都御史杨一清疏止之。”[⑦] 反对的理由是：大动干戈，得不偿失。[⑧] 不过，对于“烧荒”本身，杨一清十分注重，指出“烧荒”威慑力巨大，效果很好，为朝廷节省了很多经费。“近年兵马出境烧荒，俱至二百里之外，顺风举火，草莽烧焚尽绝，贼闻兵马出境，皆远

① （嘉靖）《辽东志》卷三《兵食志·武备》。
② 《明宪宗实录》卷一〇，天顺八年十月己亥条，第222页。
③ 《明宪宗实录》卷一〇，天顺八年十月己亥条，第222页。
④ 《明宪宗实录》卷八〇，成化六年六月乙亥条，第1571页。
⑤ 《明武宗实录》卷五〇，正德四年五月己未条，第1156—1157页。
⑥ 焦竑：《国朝献征录》卷五二《南京工部》一，明万历四十四年徐象橒曼山馆刻本。
⑦ 雷礼：《皇明大政纪》卷一〇，明万历刻本。
⑧ 焦竑：《熙朝名臣实录》卷一二，明末刻本。

遁，绝无踪迹，前项赏赉皆省。”[1]

嘉靖年间的“烧荒”记载，反映出“烧荒”军队军事实力堪忧的特点。嘉靖七年（1528）十二月，在宣府的滴水崖堡发生了守堡官军因为诉讼而生怨怼，遂与“烧荒”官军发生军事冲突的事件。并且事态愈发严峻，直至最后变成了一场严重的军事事故。

> 宣府滴水崖堡官军郭春、小蔡旺等数十人，怨其债主牵诉，频数群聚，擐甲不服，追逮官司，虑生变，为逐其债主，下令抚谕之。春等益横肆无忌，鼓行劫掠，至殴击烧荒官军，夺其马匹器械，伪称大王天师。知事等号巡抚都御史刘源清密遣军卒捕之，为春等所觉，遂放火烧官草二万余，驱堡人登城拒敌，伤官兵甚众。[2]

在这场事故中，“烧荒”官军本是被无辜牵连，但却遭到了宣府滴水崖堡官军郭春、小蔡旺等数十人的单方面殴打，连马匹器械都被抢了，如此战斗力，实在令人尴尬。

嘉靖十二年（1533）十月，韩邦奇上疏《怯懦将官烧荒遇敌奔败事》，其中将“烧荒”官军怯懦不堪、崩溃而逃的场景描绘地淋漓尽致，更加坐实了“烧荒”官军军事实力低下的事实。

> 本年十月初一日，蒙镇守总兵官刘渊统领坐营都指挥朱彬等官军三千余员名，前往中路青边口堡烧荒。至本月初二日卯时，分与同本路参将都勋守备操守官杨钺、王勋、靳尚武、张辅等人马，俱从本堡大变新台西空出境。都勋领兵，前哨朱彬等，后哨相继行走。至未时分，哨至地名红崖儿等处，与张家口堡烧荒宣府游击王镇、南路参将刘江，人马会合，仍分兵，各从原路回还。朱彬等当先，都勋等人马继后，各责令夜不收四散燃火。至地名大庄窝，被南山沟内潜伏北敌，约有二十余骑，乘隙风烟，前敌突出，拍马喊叫冲来。各官军并

① 张萱：《西园闻见录》卷五九《兵部八》，民国哈佛燕京学社印本。

② 《明世宗实录》卷九六，嘉靖七年十二月戊辰条，第2233页。

参将都勋，带领有马官军，往东混乱跑走，遗下步军，被敌邀追射，破。①

这一事件后来被多种史籍所记述，成为将官治兵不严的负面样本。“宣府素称战兵，自参将都勋出境烧荒，遇虏二十骑而溃。”② 即使如此，也有“烧荒”殉职的官员。“卢蕙，山阳人。嘉靖癸未进士，由主事历郎中。大同兵变，奉命抚谕一军帖服，累擢佥都御史，巡抚辽东，练兵储饷，军威大振。因出塞烧荒，冲冒风雪，中寒而卒。”③

事实上，嘉靖前期关于“烧荒”将士实力问题的争论，反映的是蒙古势力的强劲。此时的鞑靼蒙古在俺答汗的统治下控制着包括河套在内的西至青海，东至兀良哈的广大地区。在这种北疆形势下，薛应旂再次提及“烧荒”的重要性。在“防秋事宜疏陕边防秋”中提出八条策略，最后一条就是：“严慎撤兵。秋防将毕，将士劳苦日久，辄先逃归，故虏得乘隙内犯。臣窃计九月以后，正当烧荒之时，宜远哨三、四百里外，果无虏踪，然后烧荒，烧荒既毕，然后撤兵，庶虏谋可伐，而秋防可以无虞。”④

至嘉靖后期，北方边境的“烧荒”御敌之法始被引入南方。如嘉靖四十五年（1566），郭应聘打算在岭南实行“烧荒”之法，以保障运粮道路畅通无阻。“务令人马可至，粮饷可通，仍行令新邑县官，常年葺治，如北地烧荒之法，庶道路坦平，往来者无所阻，而潜伏者无所容。”⑤

隆庆时期，虽然实现了“俺答封贡”，但明朝仍然“烧荒”，以防范未

---

① 韩邦奇：《苑洛集》卷一三，文渊阁《四库全书》补配文津阁《四库全书》本。

② 沈尧中：《沈氏学弢》卷九，明万历刻本；万表编，于景祥、郭醒点校二《皇明经济文录》卷三五《宣府镇》，辽海出版社2009年版，第714页；中国后书集成编委会：《中国兵书集成》第20册《登坛必究》第1册，解放军出版社、辽沈书社1990年版，第3139页。（明）魏焕：《皇明九边考》卷四《宣府镇》，明嘉靖刻本；徐学聚：《国朝典汇》卷一五九《兵部》，明天启四年徐与参刻本；薄音湖编辑点校：《明代蒙古汉籍史料汇编》第12辑《九边图论·九边图说·宣大山西三镇图说》，内蒙古大学出版社2015年版，第13页；张萱：《西园闻见录》卷五三《兵部》二，民国哈佛燕京学社印本；章潢：《图书编》卷四五，文渊阁《四库全书》本；陈子龙：《明经世文编》卷二四八，明崇祯平露堂刻本；郑晓：《吾学编·皇明地理述卷下》，明隆庆元年郑履淳刻本。

③ （清）赵宏恩：《（乾隆）江南通志》卷一四三《人物志》，文渊阁《四库全书》本。

④ 陈子龙：《明经世文编》卷二八八，明崇祯平露堂刻本。

⑤ 郭应聘：《郭襄靖公遗集》卷一二，明万历刻本。

来可能发生的战争。隆庆四年（1570）十月，戚继光曾率领官军从喜峰口出发，出关“烧荒”。[①] 同年，王崇古任山西、宣大军务总督。十二月，在与俺答议和互市的过程中，俺答方面提出明朝停止“烧荒”捣巢、双方同归于好的请求。“今俺答与老把都、吉永、卲卜诸部，各遣使十八人持番文来言：诸酋感圣朝大恩，愿相戒不犯边，专通贡开市，以息边民。第诸边士习烧荒，工捣巢，恐妨大信，愿禁约，以结盟好。”[②] 兵部持反对意见。“虏方求款，即要我以不烧荒不捣巢，若要我以不缮塞不设备，是以酋腊毒我也，不如却之，毋引慝焉。”[③] 而力主通贡互市议和的王崇古为了促成这次议和，主张停止“烧荒”。“仍乞臣传谕延绥、榆林、宁夏、固原、庄凉各沿边一带将领，不许遣丁出边远地烧荒、赶马、捣巢，共结和好。”[④] 最终，在兵部尚书郭乾“若捣巢可罢，烧荒不可罢”[⑤] 的调和下，明朝仍然延续了“烧荒”政策。

隆庆六年（1572）二月，宣大巡按御史刘良弼上疏，发表对于是否停止“烧荒”的看法，直言其担忧。“宣、大烧荒，前以诸酋款塞，间一停止，今乃遂不复行。恐岁复一岁，将官退托，视为故事。野有茂草，不敢辄焚，虏得近边，因以久驻，非保固强圉之道也。”[⑥] 并力主继续实行“烧荒”，认为“烧荒”是祖宗旧制，不可改变，足见“烧荒”在明代北部边防中的重要地位。“为照烧荒，乃祖宗旧制，防边御虏，实不可易之。”[⑦] 结果是刘良弼的建议被采纳，边境仍然循例“烧荒”。“其议，请戒谕边臣如良弼言。报可。”[⑧]

明后期关于“烧荒”本身是否停废的争论，其根本在于明朝无法对蒙古形成固定控制。在这种情况下，面对似乎无所畏惧的游牧族群，掌握其

---

① 戚继光撰，张德信校释：《戚少保奏议·补遗》卷二《条议·出塞烧荒》，中华书局 2001 年版，第 225—226 页。

② 《明穆宗实录》卷五二，隆庆四年十二月甲寅条，第 1302—1303 页。

③ 陈子龙：《明经世文编》卷四三五，明崇祯平露堂刻本。

④ 陈子龙：《明经世文编》卷三一六，明崇祯平露堂刻本。

⑤ 陈子龙：《明经世文编》卷四三五，明崇祯平露堂刻本。

⑥ 《明穆宗实录》卷六六，隆庆六年二月己丑条，第 1578 页。

⑦ 杨博：《本兵疏议》卷二三，明万历十四年刻本。

⑧ 《明穆宗实录》卷六六，隆庆六年二月己丑条，第 1578 页。

赖以生存的水草资源是牵制他们的唯一方法。而“烧荒”正是利用游牧经济的不稳定性和季节性特点，以牧草为目标对象，直接破坏其生存基础，以此试图确立农牧之间分界线，确保农耕经济生产的安全区域。

万历年间的“烧荒”，随着东北部女真势力的崛起，开始侧重于蓟镇、辽东地区，且“烧荒”区域开始涉及海岛。在约成书于神宗万历二年（1574）的《四镇三关志》中，刘效祖对于蓟镇的“烧荒”进行了详细记述，此时还是“烧荒”和抚赏相继进行。

> 烧荒。每岁冬十一月，奉敕，总督、巡抚、镇守总兵会计，移檄各副总、参游、守提，预遣尖哨远出哨探。无警，各遵照会行日期，统领所部兵马出塞，或二三百里，或四五百里外，分路行营，各按奇伏，四遣哨探。据要架梁，各随离边，稍远地方，纵火焚烧野草林木尽绝，使虏不得驻牧，易于哨瞭。浇毕，仍留尖哨、守哨原分信地，各官军振旅入关，宴毕，散兵，撤防。①

刘效祖对于辽东镇的“烧荒”也进行了记录，并与景泰年间毕恭所描绘的辽东“烧荒”抚赏进行对比，指出万历年间的辽东“烧荒”完毕不再进行抚赏，“近年，兵马出边烧荒，俱至二百里之外，顺风举火，草莽焚烧尽绝，贼闻兵马出境，皆远遁，绝无踪迹。前项赏赉，皆省”②。表现出明晚期东北边患的严重。

万历二年（1574），辽东巡抚张学颜及总兵官李成梁平复辽东海患之后，为了防止变乱再起，每年九月，金州守备都会出动水军，搜岛“烧荒”，并将之固定为常例。“每岁九月，金州守备稍发舟师，搜岛烧荒以为常。”③ 可见，“烧荒”此时开始被用于海上。关于此事，辽东镇巡抚顾养谦也有记载：“自万历二年讫今，凡十有三年矣。每岁九月，抚臣令金州守备，稍发舟师，搜岛烧荒以为常。”④

① 刘效祖：《四镇三关志》卷六《经略考》，明万历四年刻本。

② 刘效祖：《四镇三关志》卷六《经略考》，明万历四年刻本。

③ （清）顾炎武：《肇域志》卷二一，清钞本。

④ 顾养谦：《抚辽奏议》卷六，明万历刻本。

万历五年（1577）三月，郜光先上疏，提到明蒙通贡议和之后，明朝一方面与蒙古通贡互市，另一方面仍然“烧荒”，软硬兼施，恩威并行。“将大头目威正恰、把不能等十四五大技，各准给牛羊小市，令其作为盘缠。其余小头目及零星诸虏，一面烧荒，兼行驱逐。怀恩者，固不胜其感激，而畏威者，亦不胜其家息。”[①]

万历九年（1581），兵部再一次强调“烧荒”乃是各边边防要务，沿边诸将应该予以重视，不能因为时间久远而松懈怠慢。“烧荒一事，边防要务，迩来各边视为故事，苟且报完。”[②] 且对于“烧荒”中虚应故事、敷衍了事的边镇进行点名批评。“应严行申饬宣、大以西七镇，诸酋款塞不当，示以疑形。”[③]并对沿边各镇“烧荒”区别布置。“宜令沿边军士倍加采打秋青、樵取柴木，以备饲马烧造之用。其蓟、辽二镇，候草木枯槁之时，远出哨探，务使焚烧尽绝，一免贼马驻牧，一便官军瞭望。”[④] 此时的“烧荒”体现出因地制宜、重点防御的特点：宣、大及以西七镇以储积过冬草木为主，而蓟、辽二镇草木宜焚烧殆尽。这种区别“烧荒”的敕谕，充分体现了此时女真势力的日益增强，以及明朝东北边患的日趋加重。

万历十八年（1590）十一月，陕西巡抚赵可怀上奏，指出火落赤已离捏工川逦南桑脑住牧，兵部回复：“各边每岁烧荒以绝虏牧，而陕西独无及。今焚木，宜厚结番心，并烧其据巢之草，仍密侦虏酋驻牧远近，相机征剿。”[⑤] 这说明从万历十八年（1590）起，陕西才加入“烧荒”行列。次年（1591）秋，洮州“烧荒”。“政恐洮州平漫，无险可阻，而独幸彼所逐牧木申竹舍、龙尾八禾，相踵千余里，今已烧荒，胡马必不能绝饲而驰。”[⑥] 万历三十四年（1606）七月，“上谕各边镇防秋事宜，务照连年申饬事理，兼酌近日虏情，倍加堤备，以保万全。仍候草木枯槁之日，烧荒尽绝，以断虏骑驻牧，便官军瞭望，各不许仍前怠玩，自取罪愆”[⑦]。万历

① 张卤：《皇明嘉隆疏钞》卷二一，明万历刻本。
② 《明神宗实录》卷一一四，万历九年七月庚辰条，第2170页。
③ 《明神宗实录》卷一一四，万历九年七月庚辰条，第2170页。
④ 《明神宗实录》卷一一四，万历九年七月庚辰条，第2170页。
⑤ 《明神宗实录》卷二二九，万历十八年十一月己亥条，第4245页。
⑥ 瞿九思：《万历武功录》卷九《中三边》，明万历刻本。
⑦ 《明神宗实录》卷四二三，万历三十四年七月丙戌条，第8000—8001页。

三十八年（1610）八月，明确命令九边“烧荒”。“命行九边烧荒。”①至此，“烧荒”完全推广到了整个北部边境。

万历四十年（1612）七月，兵部再次重申加强“烧荒”。

> 兵部言：边外烧荒，一以断虏之驻牧，一以便我之瞭望，着为定例已久。迩来玩愒，或出边不远，或焚燎不净，以致诸虏移牧近地，殊为可虞。请下敕书，令蓟、辽、延、宁、甘、固等镇，候草木枯槁之时，选差惯熟通夜远出哨探，果无紧关贼情，行令副参、游守等官统领惯战官军，各照地方，分布营阵，且哨且行，或二三百里，或四五百里，务要野草林木焚烧尽绝。若出境时，计虑不周，纪律不严，或围猎贪利，或逗遛失期，猝遇贼众，不相应援，致误事机，甚者，止令官军夜不收等于邻近去处，急遽举火，不问燃否，就便回还，事发，定不轻贷。在宣、大、山西三镇，仍照常樵采，以备饲马烧造之用。毕日，各将拨过官军数目、烧过地方远近里数、积过草木多寡束数奏报。上是之。②

同年十二月，蓟辽总督薛三才上奏，指出蒙古乘边镇军士“烧荒”之机，南下侵略，掳走边人和牲畜。“蟒金儿等酋，乘我兵出边烧荒，即以是日丑时，由中右所国山堡入窃，掠曹庄，掳去男妇五十七名口，马牛驴六十匹。”③ 万历四十二年（1614）十月，大学士方从哲上奏神宗，鉴于北部“烧荒”等边务紧迫，希望尽快推补将官。“又新点兵部尚书涂宗浚，以料理复命之疏，未能刻期到任，该部推补将官、烧荒请敕诸务，俱不容缓。”④ 五日后又上奏疏，请神宗尽快决定兵部尚书人选，因为“烧荒”刻不容缓。“顷该司务等官，以各边将领多缺，急须推补，请敕烧荒，亦已后时。”⑤ 从

① 《明神宗实录》卷四七四，万历三十八年八月丁丑条，第 8949 页。

② 《明神宗实录》卷四九七，万历四十年七月丁巳条，第 9379—9380 页。

③ 《明神宗实录》卷五三〇，万历四十年十二月乙卯条，第 9571 页。

④ 南炳文，吴彦玲辑校：《万历起居注》，万历四十二年十月，天津古籍出版社 2010 年版，第 3122 页。

⑤ 南炳文，吴彦玲辑校：《万历起居注》，万历四十二年十月，第 3123 页。

方从哲的两次奏议中可以体会到，北境边情确实紧急，亟需兵部尚书主持大局。万历时期，建州女真逐渐崛起，伴随于此，明朝此后在东北地区“烧荒”更加频繁。

明末虽然处于内外交困之际，但“烧荒”却仍然照常进行。如崇祯七年（1635）十月，甘肃总兵官因为“烧荒”延迟而受到思宗诘责。“甘肃总兵官柳□□缴崇祯六年烧荒敕谕于七年八月，上诘责之。”① 又如崇祯十一年（1638）六月，宣大总督卢象升指出：“烧荒宜在八月，目前，塞草茂深而多雨，尚非其时。”②

这一时期“烧荒”重点已经转移到辽东战场。崇祯四年（1631），皇太极率领五万军队，进攻大凌河城。在这次战争中，明朝水军实施了“烧荒”，发挥了很大作用。

> 先是，本月十二日有旨烧荒，陆兵以奴在大凌不能飞越而东，乃令水兵从海过，东自右屯登岸，因风纵火，数百里一空，而奴马始窘。至十三山，难民不啻万余，俱为水营接渡，安置各城。及长山之战，马兵既溃，步兵皆遵海滨而西，无一不系舟师。渡过松山者且溃，将某某等皆为水兵所救渡。③

崇祯年间，“烧荒”也被明军用于针对农民军的作战。崇祯十二年（1639），杨嗣昌在与张献忠部作战的过程中，命令部下采用“烧荒”战术。“潜兵纵火烧荒，使贼住山则困穷，奔滩则横击，送死之期，殆非远矣。”④ 不久，杨嗣昌又命令地方诸将官大行“烧荒”。“又通行抚镇道将，为大举烧荒，以绝贼望事。”⑤ 并明确指出要地方诸将仿照边塞“烧荒”之法镇压张献忠部。

① 谈迁著，张宗祥点校：《国榷》卷九三，崇祯七年十月甲申条，中华书局 1958 年版，第 5670 页。
② 卢象升：《庐公奏议》卷一〇《宣云奏议》，清道光九年刻本。
③ 周文郁：《边事小纪》卷三，民国玄览堂丛书本。
④ 杨嗣昌：《杨文弱先生集》卷三七《飞报献贼西奔疏》，清初刻本。
⑤ 杨嗣昌：《杨文弱先生集》卷三六《军中用间多方疏》，清初刻本。

细思隆冬时月，草木萎黄，仿行边塞烧荒之法，大遣官兵裹粮数日，将山中草木，凡可饲马者，乘风纵火，烧尽无遗，贼之马骡，自将困毙。余精贼安之乎？夫贼所未至烧之，必不能来，贼所已过烧之，必勿使返。此不用操戈对垒，而绝贼突逞之望矣。如大兵不能群行，即扮作难民，暗行纵火，或传知山寨，居民自行发火，贼望火必不敢近。入火，一无所资，马贼困倒。步贼自散，此又相因之道也。为此咨札前去，即便速遣官兵，多方纵火，务要偏地，延烧野草木叶，净尽无遗，毋容一处疏漏。仍将遣过官兵、日期、烧过地方几处，详确速报，以凭具题。违玩者飞参勿恕。①

杨嗣昌在给方孔炤的信中也给出了“烧荒”的建议。“又令哨卒仿烧荒之法，密赍火斸火石，烧绝序县迤西可通郧滩之路，使其马无刍秣，不能反走，则困毙有期，大约机宜与老公祖所见不异，惟虚陕则近壑邻，似未敢任耳。”②

“烧荒”在空间上除了表现为东西的延伸，还表现为南北上的纵深变化，这种纵深变化体现出明蒙之间关系的微妙变化。

正统七年（1442）十一月，锦衣卫指挥佥事王瑛上奏：“御虏莫善于烧荒。盖虏之所恃者马，马之所资者草。近年烧荒，远者不过百里，近者才五六十里，胡马来侵，半日可至。”③ 可见，正统时期，“烧荒”最远不超过一百里，最近才五、六十里，要是蒙古骑兵南下侵扰，不过半天就可抵达，“烧荒”实在是徒有其表。“向者甘肃，今者义州，屡被扰害，良以近地水草有余故也。”④ 鉴于这种情况，王瑛建议每年深秋时节，命令边镇诸将，率领人马，定好时间，一起到几百里之外的地方放火焚烧野草。“乞敕边将遇秋深，率兵约日同出数百里外纵火焚烧。”⑤ 这样一来，蒙古骑兵想要南下，没有水草，自然不能成行。“使胡马无水草可恃，如此则

① 杨嗣昌：《杨文弱先生集》卷三六《军中用间多方疏》，清初刻本。
② 杨嗣昌：《杨文弱先生集》卷四八《答方楚抚孔炤》，清初刻本。
③ 《明英宗实录》卷九八，正统七年十一月壬午条，第1978页。
④ 《明英宗实录》卷九八，正统七年十一月壬午条，第1978页。
⑤ 《明英宗实录》卷九八，正统七年十一月壬午条，第1978页。

在我虽有一行之劳，而一冬坐卧可安矣。”[①] 次月，翰林院编修徐理也向英宗建言：应“各出塞三、五百里烧荒哨瞭”。并提出了三条“烧荒线路”。“今宜于每年九月，尽敕坐营将官巡边，分为三路，一出宣府以抵赤城、独石；一出大同以抵万全；一出山海以抵辽东。”[②] 各巡边将官出塞数百里“烧荒”，如遇蒙古人，应该伺机剿杀。“烧荒”军队每年冬天出塞“烧荒”，春天归来，短暂地休息之后应立即于教场训练。这样有益于训练京军，震慑蒙古。“各出塞三、五百里烧荒哨瞭。如遇虏寇出没，即相机剿杀。每岁冬出春归，休息一月，仍于教场操练。如此，则京军皆习见边情，临敌不惧，虏寇慑伏，无敢窥边矣。”[③]

关于出塞“烧荒”的距离远近问题，从正统时期就频频建议从最初的五六十里延伸到距边二三百里、三五百里的距离。而此时，鞑靼蒙古还未占据河套地区，控制地域还并不广大，明朝尚可控制长城以北的广大地区，因此“烧荒”的纵深扩展可以实现。

万历六年（1578）七月，神宗令蓟镇、宣府、大同诸镇出境四、五里“烧荒”。“命蓟镇、宣、大诸边各镇守总兵官分统沿边官军，出境外四、五里烧荒。”[④] 这应与刚刚过去不久的俺答封贡以后明蒙之间形势变化有关。俺答封贡以后，“自是约束诸部无入犯，岁来贡市，西塞以宁。”[⑤] 然而西部稍宁，东部变乱又起，“而东部土蛮数拥众寇辽塞”[⑥]。及至神宗即位以后，东部变乱数起。加之万历中期河套蒙古诸部叛服无常，频频出没塞下，侵扰边境。于是，随着蒙古的不断内压，边境“烧荒”距离缩短到仅仅四、五里。

此外，“烧荒”的目标对象也在不断扩大，涉及对普通蒙古牧民的“烧荒”。弘治十四年（1501）十月，王琼率领延绥、固原官军出境“烧荒”，不但焚烧野草，而且击败一众牧马贼，并收获一百多只马牛，军威大震，大胜而归。

---

① 《明英宗实录》卷九八，正统七年十一月壬午条，第1978页。
② 《明英宗实录》卷九九，正统七年十二月庚戌条，第2001页。
③ 《明英宗实录》卷九九，正统七年十二月庚戌条，第2001—2002页。
④ 《明神宗实录》卷七七，万历六年七月壬申条，第1664页。
⑤ 《明史》卷三二七《外国五・鞑靼》，第8488页。
⑥ 《明史》卷三二七《外国五・鞑靼》，第8488页。

奉敕本边官军出境烧荒，琼恐所在主兵寡少，深入失利，行令调到延绥、固原兵马，防护出境。东自定边营起，西至横城堡止，东西三百余里，俱于十月初九日一齐出境，不但焚烧野草，因以大振军威。梁震等兵由兴武营出到于地名沙湖，离边八十余里，遇牧马贼一百余骑，纵兵击之，贼大败，北奔。斩首一级，收获马牛一百七十一只。[①]

其中，梁震等在距离边境八十余里的地方遇到一百余骑“牧马贼”，说明明朝每年“烧荒”不仅是为了军事防御，还是为了防止蒙古游牧民在边地放牧。这反映了河套地区优越自然条件对于蒙古的吸引力，由此也体现了“烧荒”的生态战略意义：利用良好的自然优势来牵制蒙古部族的发展。但由于游牧民族本身具有的机动性特点，所以也能适应这种“烧荒”战术。在这场战争中，秋天是属于蒙古的季节，“秋高马肥，正胡虏出没之际”[②]。而冬天则是属于明朝的季节，“冬深马瘦，雪厚草枯，正中国得志之时”[③]。双方利用季节特点展开的边境较量也因为四季流转而不断调整和继续着。

综上，明中后期，面对日益强大的蒙古不断南下内压的北疆局势，明朝在北部边疆构建起了完整的长城防御体系。遵守明前期固守疆域的祖制，正统时期建立边境界碑，为“烧荒”提供了明确的地理坐标。这一时期，“烧荒”以宣大地区为中心，逐渐向东西两方向拓展，东到蓟辽，西到陕西、甘肃，最终遍布整个北部边防线。此外，“烧荒”也不断向北纵深发展，其距离变化显示了明朝对北部边疆的掌控程度。伴随着“烧荒”的不断推广，“烧荒”区域和对象也在发生变化。“烧荒”不惟被用于平原、山地，也出现在海岛上。此外，“烧荒”的性质也逐渐发生改变，内涵更加丰富，从最初纯粹的针对蒙古骑兵，扩展到包括普通蒙古牧民在内的战争策略。隆庆年间，围绕是否停止“烧荒”曾展开了激烈的讨论，但终因无法对蒙古形成固定控制，只能继续实行“烧荒”政策。

① 王琼：《北虏事迹》，明金声玉振集本。
② 《明太宗实录》卷一六九，永乐十三年十月己巳条，第1881页。
③ 《明神宗实录》卷四三二，万历三十五年四月庚戌条，第8172页。

三　明中期以后“烧荒”的问题、解决方案

明中期以后，随着“烧荒”在北部边疆地带的全面推广，“烧荒”中的诸多问题开始显现，且有的直接影响着北部边疆的安全。于是在“烧荒”问题频出的情况下，明朝廷和地方官员开始对“烧荒”进行改进。其中，“烧荒”时间的不断调整是值得注意的一个方面，因为它直接关系着“烧荒”的成败。

明廷虽然一直推行“烧荒”，但行之既久，“烧荒”逐渐“虚应故事”。早至弘治三年（1490），孝宗在向镇守宣府等处右军都督府右都督马仪、巡抚宣府等处都察院左佥都御史杨谧颁发的“烧荒”敕谕中，已经指出“烧荒”中存在的种种问题，并给出了相关的处理措施。

> 官军出境，务要综理周密，声势联络，猝遇贼众，即便应援。不许畏避艰险，止令巡哨官军夜不收人等，于附近去处纵火一发，就便回还。及乘机围猎贪利，致误军机大事。事毕，仍将拨过官军姓名，并烧过地方里数，造册奏缴，以凭查照，毋得虚应故事，朦胧回奏，取罪非轻。尔等其慎之慎之。①

弘治十七年（1504）正月，兵部尚书刘大夏上奏边务事宜，也指出这一问题。“访得俱各虚应故事，十分烧不及一。止是捕生打草而还，以致刍草茂盛，得以久住，为患边方，贻圣明西顾之忧。”② 并为应对“烧荒”出现的“虚应故事”问题，提出了一整套解决方案，以期恢复这一制度的应有效果。

> 行令二镇各差勤能官三十员，各带人马二百余名，委副总兵等官分管，各赍五十日粮，径至河边，分与地方，埋立桩木，各将一半架梁，

① 栾尚约：《（嘉靖）宣府镇志》，明嘉靖四十年刊本。
② 黄训：《名臣经济录》卷四一《兵部》，文渊阁《四库全书》本。

一半点火，烧至边墙，务要尽绝。并差官把守入口，盘检牲口草束。完日，抚镇等官，各带领军马查验，以十分为率，三分未烧，及查出捕生打草者，即系守备不严，各问罪毕日，革去管事差操。五分未烧者，降一级。止烧四分以下者，降二级。若查验官互相扶同，河冻敌复往套，俾责有归，则令严弊革师，不劳而敌自退矣。前件查得，每年秋深草木干枯之时，本部请敕各镇守臣并独守一方内外官员，先行差人哨，无敌情，然后行令副参等官，各照地方，出境烧荒，已有常行定例。但将官实心奉行者少，中间虚应故事，诚如本官所言者。欲于烧荒毕日，重复出境查验，势恐难行。今详本官所奏之意，则是套内敌情有无可以验烧荒虚实。合无。通行各边，今后每年烧荒官军回日，巡抚都御史务要盘检有无牲口带来者。日后，北兵在套或近边住牧，就遣夜不收哨探在何地方，离边远近，查与原报。烧过里数若干，就将原日领军出境烧荒将官，指实参奏拿问。本处查有入敌失事缘由，依拟降谪。①

隆庆五年（1571），顺天巡抚杨兆上《烧荒疏略》：

若出境之时，或计虑不周，或纪律不严，或围猎贪利，或逗遛失期，以致卒遇贼徒，不能应援。或因寻杀零贼，别惹衅隙，致误事机。甚者，畏避艰险，止令巡哨官军、夜不收人等于附近去处，急遽纵火，不问燃否，就便回还，虚应故事，有一于此，在法俱不轻贷。②

在疏略中，杨兆非常完整地概括了明朝边境“烧荒”中存在的诸多问题。

一，畏避艰险，虚应差事。成化三年（1467），延绥巡抚卢祥上奏：之前的“烧荒”大都在近边附近进行，敷衍了事，并没有起到抵挡蒙古骑兵南下为患的作用，一旦天寒，河水结冰，他们便可轻而易举地过河驻牧。“前此烧荒，多于近边，虚应故事，虏因河冻，得以过河住牧，为我

① 黄训：《名臣经济录》卷四一《兵部》，文渊阁《四库全书》本。
② 刘效祖：《四镇三关志》卷七《制疏考》，明万历四年刻本。

边患。”[①] 因而他建议应该让延绥以西各边镇总兵官，每年“烧荒”时务必督促将士，焚烧野草不仅要烧到河边且要焚烧殆尽，彻底断绝蒙古粮草，如此一来，粮草时常供应不上，边境安宁就得到了保障。“今宜令迤西各边总兵等官，每岁烧荒之时，务督将士，直抵河岸，尽焚野草，则寇粮常绝，边境自宁矣。”[②] 成化六年（1470）四月，陕西左副都御史马文升上奏，其中也提到“烧荒”过程中虚应差事的问题：“今各边每年烧荒将官，视为虚文，虏骑得以牧马。”[③] 虚应差事的表现之一就是“烧荒不尽”。此外，马文升将据险“烧荒”作为榆林边城应对蒙古入侵的唯一军事防御措施，并且明确提出“烧荒不尽，如法究之”的惩罚警戒，最终获允。弘治四年（1491）七月，宁夏左屯卫指挥同知张钦与正千户胡玉本应一起出境“烧荒”，但胡玉称病不去，张钦独自带兵前去，途遇蒙古军队，一人被杀，一人被掳，因此获罪。“先是，宁夏左屯卫指挥同知张钦与正千户胡玉率兵烧荒。玉称疾不往，钦遇虏官军，被杀者一人，虏者一人。……命张钦免充军，胡玉亦免纳米，与周玺卢钦韩文各停俸二月。”[④]

二，纪律不严，不重视敕令，职权划分不明确。成化十四年（1476）正月，兵部尚书余子俊上奏申明条例十条，其中第六项“重敕令”就提到“烧荒”过程中应该重视敕令，明确职权的问题。“一重敕令。如烧荒等项，止许镇守总兵、巡抚，请敕其分守守备等官，听其誊黄转行，毋得一概泛请。”[⑤]

三，逗留失期导致烧荒失机或烧荒不当、往往获罪。景泰二年（1451）十一月，镇守密云内官张溥、都指挥同知赵玟等，出塞烧荒不当，致使关城失火，损失严重。“遣人出境烧荒，火延关城，人畜军器房舍多被焚。事闻，降敕切责之。”[⑥] 成化十八年（1482）七月，“分守大同右卫右监丞杨雄、右参将卢钦、守备都指挥张安、曹绅等以烧荒失机，分守左

① 《明宪宗实录》卷四五，成化三年八月戊午条，第940—941页。
② 《明宪宗实录》卷四五，成化三年八月戊午条，第941页。
③ 《明宪宗实录》卷七八，成化六年四月乙亥条，第1523页。
④ 《明孝宗实录》卷五三，弘治四年七月癸未条，第1039页。
⑤ 《明宪宗实录》卷一七四，成化十四年正月乙酉条，第3144—3145页。
⑥ 《明英宗实录》卷二一〇，景泰二年十一月癸卯条，第4515页。

卫右监丞邹玉以私役守墩台军俱坐罪，狱久未结。至是，兵部以请命雄、玉与钦戴罪杀贼，余逮问如律”[①]。成化二十一年（1485）九月，延绥总兵官岳嵩因“烧荒”失机，贻误军机获罪。[②] 弘治十一年（1498）七月，山东巡抚冯清弹劾辽东总兵官李杲、镇守太监任良、协守右参将孙文毅等“烧荒迟延，军无纪律，致遗弃军器等物。并劾巡抚都御史张玉、巡按御史郭镛不行举奏，及都指挥李鉴等不举呈查究，俱乞治罪。上命罚杲、玉、文、毅俸各三月，镛俸两月，其余各逮治之”[③]。正德十六年（1521）九月，蓟州总兵官都督部下“烧荒”失事。“初，蓟州总兵官都督马永以部下参将烧荒失事为江彬所挟，惧得罪，以银二千两赂之，为城门阍者所获。”[④] 万历二十九年（1601）六月，“夺陕西临洮总兵官萧如熏、孙木俸四月，以奏报烧荒宜在冬春，而迟之夏尽云”[⑤]。

四，围猎贪利，利用“烧荒”进行边境走私贸易。成化二十年（1484）十一月，延绥总兵岳嵩竟在“烧荒”的过程中运送食盐，贻误战机，致使军队伤亡惨重。

> 壬午，延绥总兵官署都督佥事岳嵩等领兵出境烧荒，怠不设备，且私以余舍负盐。时，虏已入套，遂杀诸营堡军士一百九人，伤七十九人，驱散二十六人，杀官马二百七十余匹，巡抚右佥都御史吕雯覆实以闻。因劾嵩纪律不严，分守西路左参将陈云及宁塞等营堡把总、都指挥佥事等官郭鏓等俱防御不严，宜逮问如律。章上，命付兵部知之。[⑥]

这里不仅牵扯到明代“烧荒”过程中官军进行边境走私贸易的问题，还涉及明代边将私役军士的问题。正德元年（1506）二月，交河知县李泰上奏“烧荒”将士乘机打猎，买卖食盐而招致寇患，并希望以此停止“烧

① 《明宪宗实录》卷二二九，成化十八年七月癸酉条，第 3923—3924 页。
② 《明宪宗实录》卷二七〇，成化二十一年九月辛酉条，第 4560—4562 页。
③ 《明孝宗实录》卷一三九，弘治十一年七月庚申条，第 2415—2416 页。
④ 《明世宗实录》卷六，正德十六年九月庚午条，第 256 页。
⑤ 《明神宗实录》卷三六〇，万历二十九年六月丁亥条，第 6727—6728 页。
⑥ 《明宪宗实录》卷二五九，成化二十年十二月壬午条，第 4383 页。

荒”。而兵部商议之后认为：“烧荒”不仅仅为了断绝蒙古牧马粮草，起到防御蒙古牧马南下的阻碍作用，于明朝来说更是为了侦查蒙古方面动静，及时掌握蒙古军事动态的边防重务，不能废除。而将李泰所奏“烧荒”中发生的种种问题都归结于“将领非人”，于是武宗下令派巡按御史秘密监察各边“烧荒”。

> 交河县知县李泰奏：边境烧荒诸将，往往乘机畋猎，尝有输盐招寇之患，乞停止。兵部议烧荒之举，不惟遏胡马南牧，而官军亦易于瞭望，乃边方重务，不可废也。泰所言诸弊，殆将领非人所致，宜密访重惩以警之。奉旨：迩来各边烧荒第虚应故事，为弊多端，其命巡按御史密访以闻。①

五，“寻杀零贼，别惹衅隙，致误事机”。“烧荒”过程中还经常会出现“烧荒”不当、引起边衅的事情。叶向高在《朵颜三卫考》中记载了弘治十年（1497）张琼、杨友烧荒一事。“弘治二年，（北虏）请增贡，不许，其后小小入边，或绝贡，我辄严备。至十年，守臣张琼、杨友出塞烧荒掩杀（无辜），边衅遂起。”② 此种“烧荒”事故在正德年间发生频繁。正德九年（1514）八月，“巡按陕西御史燕澄以虏杀伤烧荒官军劾奏延绥总兵王勋、副总兵戴钦、游击将军高时、都指挥郑胤、彭椷、参将冯大经、安国巡抚都御史吴世忠、镇守太监王兢等，俱宜治。命给事中安邦、会澄按其事，澄请回避，乃命巡茶御史代之”③。正德十年（1515）十二月，“谪榆林城把总都指挥同知郑胤、延安卫署都指挥同知柏梁边卫充军，以出境烧荒，致贼侵掠故也”④。

此外，内官也频频参与到边境“烧荒”事务中，且往往成为导致“烧荒”失败的因素。如正德十一年（1516）正月，“南京六科给事中孙懋等言，顷闻御史张经、巡按直隶劾奏镇守太监于喜，而反为喜所诬。宁波知

① 《明武宗实录》卷十，正德元年二月癸亥条，第313页。
② 叶向高：《苍霞草》卷一九，明万历刻本。
③ 《明武宗实录》卷一一五，正德九年八月辛亥条，第2333—2334页。
④ 《明武宗实录》卷一三二，正德十年十二月戊辰条，第2628页。

府翟唐勘部民王臣不法，又为市舶太监崔瑶所构。经、唐俱奉旨逮治，臣窃惜之。夫喜故违敕旨，轻举烧荒，损折官军，其罪大矣”[①]。孙懋在十一年（1516）正月初六日“重委任以存国体以安人心疏”中也提到此事：“臣风闻于喜者，故违敕旨，轻举烧荒，损折官军，几至大挫，其罪甚重。张经廉得其实而劾之，不为不是矣。彼喜之所奏，不过挟仇之举耳。陛下何置于喜不问，而独怒张经邪。”[②] 王世贞也提到过此事：“夫喜故违敕旨，轻举烧荒，损折官军，其罪大矣。陛下置喜不问而独怒经。”[③] 足以见此事在正德年间之轰动。又如正德十三年（1518），“江彬恣横永部将尝出烧荒，致败”[④]。

此外，贻误时机是“烧荒”诸多问题中的一个，若能精准控制“烧荒”时间，往往能取得事半功倍的效果。

明代“烧荒”时间一般在七月至十二月之间，秋冬草枯之时。目前所见明代最早“烧荒”记载发生于永乐五年（1407）十二月，主要内容是太宗对大同镇将吴高奏请“烧荒”建议的批示敕谕，考虑到奏疏呈批所需的时间问题，可以断定“烧荒”最迟不过十二月。宣德年间的“烧荒”均发生在九月、十月，并明确提出于冬初出塞“烧荒”是先朝常例。宣德四年九月，大同、宣府、宁夏“烧荒”。[⑤] 宣德五年（1430）十月，居庸关外“烧荒”。[⑥] 宣德七年（1432）九月，偏头关“烧荒”。[⑦] 正统五年（1440）三月，定大同、宣府八月“烧荒”。行在都察院右佥都御史卢睿上奏：因为大同、宣府地理位置重要，处于防守前线，每年深秋时节都会调拨军队出境“烧荒”。但近些年，瓦剌使臣经常从大同入贡，而“烧荒”官军却每每至十月才前往，一旦遇上雨雪天气，时间上又要拖延。因此建议将“烧荒”时间提前至八月，在瓦剌使者朝贡之前进行，比较方便。

---

① 《明武宗实录》卷一三三，正德十一年正月戊子条，第2641—2642页。

② 孙懋：《孙毅庵奏议》卷上，明刻本。

③ 王世贞撰，魏连科点校：《弇山堂别集》卷九六《中官考》七，中华书局1985年版，第1833页。

④ （清）万斯同：《明史》卷二九九《列传》一五〇，清钞本。

⑤ 《明宣宗实录》卷五八，宣德四年九月辛亥条，第1377页。

⑥ 《明宣宗实录》卷七一，宣德五年十月己卯条，第1667页。

⑦ 《明宣宗实录》卷九五，宣德七年九月丁巳条，第2143页。

大同、宣府俱临极边，每岁秋深，调拨军马出境烧荒。近年以来，瓦剌使臣从大同入贡，官军堤备至十月才往，或遇雨雪，又须延待。宜于八月终使臣未到之前烧荒为便。上曰：事贵从宜，命总兵镇守等官议行。[①]

从这里可以看出，“烧荒”时间不断调整提前的原因是为了配合瓦剌使臣入贡的时间，另外天气情况也是需要考虑的因素。经此调整，八月“烧荒”也经常发生。正统十年（1445）八月，宁夏“烧荒”。[②] 正统十四年（1449）十二月，大同“烧荒”。[③] 景泰二年（1451）十一月，密云“烧荒”。[④] 景泰四年（1453）十一月，延绥“烧荒”。[⑤] 天顺八年（1464）十月，令各边“烧荒”。[⑥] 成化三年（1467）八月，延绥“烧荒”。[⑦] 成化二十年（1484）十一月，延绥“烧荒”。[⑧] 次年（1485）九月，延绥“烧荒”。[⑨] 嘉靖七年（1528）十二月，宣府“烧荒”。[⑩] 隆庆四年（1570）十月，戚继光率军出喜峰口“烧荒”。[⑪] 万历六年（1578）七月，命蓟镇、宣大各边“烧荒”。[⑫] 万历十八年（1590）十一月，陕西“烧荒”。[⑬] 万历二十三年（1595）九月，宁夏“烧荒”。“宁夏兴武营守备马梦麟、杜世威烧荒获级，赏赉有差。”[⑭] 万历三十八年（1610）八月，令九边“烧荒”。[⑮] 崇祯十一年（1638）六月，宣大总督卢象升上奏：“烧荒宜在八月，目前，

① 《明英宗实录》卷六五，正统五年三月庚戌条，第 1242 页。
② 《明英宗实录》卷一三二，正统十年八月戊辰条，第 2635 页。
③ 《明英宗实录》卷一八六，正统十四年十二月丙寅条，第 3745 页。
④ 《明英宗实录》卷二一〇，景泰二年十一月癸卯条，第 4515 页。
⑤ 《明英宗实录》卷二三五，景泰四年十一月己未条，第 5123—5124 页。
⑥ 《明英宗实录》卷一〇，天顺八年十月己亥条，第 222 页。
⑦ 《明宪宗实录》卷四五，成化三年八月戊午条，第 940—941 页。
⑧ 《明宪宗实录》卷二五八，成化二十年十一月庚寅条，第 4357 页。
⑨ 《明宪宗实录》卷二七〇，成化二十一年九月辛酉条，第 4560—4562 页。
⑩ 《明世宗实录》卷九六，嘉靖七年十二月戊辰条，第 2233 页。
⑪ 《戚少保奏议·补遗》卷二《条议·出塞烧荒》，第 225 页—226 页。
⑫ 《明神宗实录》卷七七，万历六年七月壬申条，第 1664 页。
⑬ 《明神宗实录》卷二二九，万历十八年十一月己亥条，第 4245 页。
⑭ 《明神宗实录》卷二八九，万历二十三年九月甲戌条，第 5349 页。
⑮ 《明神宗实录》卷四七四，万历三十八年八月丁丑条，第 8949 页。

塞草茂深而多雨，尚非其时。”①

万历年间，明神宗令申时行等重修《大明会典》，其中《镇戍七·各镇通例》记载：每年七月，命兵部下令各边，派遣官军到蒙古人往来之地三百至五百里之外的广大地域，趁着有风的日子焚烧野草，断绝牧草，使其骑兵无法靠近北方边境，从而达到抵御游牧族群南下的效果。并在“烧荒”结束之后，将所有参与“烧荒”的官军所烧区域进行检查，登记在册，以备上奏赏罚。“凡防御。正统十四年，令每岁七月，兵部请敕各边，遣官军往虏人出没之地，三五百里外，乘风纵火，焚烧野草，以绝胡马，名曰烧荒。事毕，将拨过官军烧过地方，造册奏缴。”② 这里提到七月“烧荒”应该是万历年间七月“烧荒”之事的反映。

此外，万历时期七月“烧荒”还与囤积青草，供应马草有关。万历时期，吕坤上“严马政”建议：

> 军士有能于夏秋之间，除牧放外，多积青草，至秋验数，过千斤者，赏谷一石，其草即准自喂马匹，应关银两，分毫不减。五百斤者免责，三百斤以下者责三十，不积者重责革伍。此法一行，草多而边价不腾踊，一也。四郊光洁，虏入无刍，省得烧荒，二也。军士省得买草，三也。③

提到了沿边军士可以在夏秋之间储积青草以省“烧荒”和购买牧草。万历九年（1581）七月，兵部明确提到“宜令沿边军士倍加采打秋青、樵取柴木，以备饲马烧造之用”④。万历三十七年（1609）七月，兵部下令各边“烧荒”，并令宣、大、山西三镇按时樵采。“兵部申饬各边烧荒，并宣、大、山西三镇，照往年樵采例，旨是之。”⑤

① 卢象升：《庐公奏议》卷一〇《宣云奏议》，清道光九年刻本。
② 申时行：《大明会典》卷一三二《兵部》一五，明万历内府刻本。
③ 吕坤撰，王国轩、王秀梅整理：《吕坤全集》卷八《实政录·安民实务·严马政》，中华书局2008年版，第1180页。
④ 《明神宗实录》卷一一四，万历九年七月庚辰条，第2170页。
⑤ 《明神宗实录》卷四六〇，万历三十七年七月乙未条，第8686—8687页。

综上，虽然“烧荒”时间贯穿整个秋冬，从七月到十二月均可实施，但总体来说，明代“烧荒”时间多集中在九、十月。隆庆四年（1570）七月，三边总督王之诰奏防秋事宜时提到：“臣窃计，九月以后，正当烧荒之时，宜远哨三四百里外，果无虏踪，然后烧荒撤兵。”① 曾任山西佥事的李濂作《雁门关》也曾提到九月“烧荒”。“九月烧荒战士闲，行边司马觐龙颜。黄帕夜封螭纽印，朱旗朝度雁门关。”② 另外，民间对于“烧荒”的时间印象也停留在了九、十月。万民英对“烧荒”作了形象的描述：“山头火者，野焚燎原，延烧极目，依稀天际斜晖，仿佛山头落日，此乃九月烧荒，衰草尽烬（爇）之火也。”③ 也提到了九月“烧荒”。值得注意的是，《西游记》中也有关于“烧荒”时间的描写：

行者看罢多时，将云头按下道：“师父，这去处远哩！”三藏问：“有多少远？”行者道：“一望无际，似有千里之遥。”三藏大惊道：“怎生是好？”沙僧笑道：“师父莫愁，我们也学烧荒的，放上一把火，烧绝了荆棘过去。”八戒道：“莫乱谈！烧荒的须在十来月，草衰木枯，方好引火。如今正是蕃盛之时，怎么烧得！”行者道：“就是烧得，也怕人了。”④

八戒提到“烧荒”需在十来月进行，而此时他们师徒四人刚从祭赛国离开，正值初春时节，草木繁盛，所以烧不得。之所以选在十来月“烧荒”，是因为此时草枯木朽，易于点燃，干柴烈火，可以燃烧净尽，起到“烧荒”应有的效果。因此，“烧荒”的时机至关重要，直接决定着“烧荒”的结果。此外，“烧荒”的力度也极为重要，非得要“烧绝”不可。

总之，伴随着明中后期“烧荒”在北部边境的大规模实行，也有不少问题开始产生。这集中表现为“虚应故事”，具体体现为：畏避艰险，虚

① 《明穆宗实录》卷四七，隆庆四年七月戊子条，第1190页。
② 李濂：《嵩渚文集》卷三五，明嘉靖刻本。
③ 万民英：《三命通会》卷一《释六十甲子性质吉凶五》，文渊阁《四库全书》本。
④ 吴承恩：《西游记》第六十四回《荆棘岭悟能努力，木仙庵三藏谈诗》，上海古籍出版社1992年版，第486页。

应差事；纪律不严，不重视敕令，职权划分不明确；逗留失期导致烧荒失机或烧荒不当、往往获罪；围猎贪利，利用“烧荒”进行边境走私贸易频繁发生；“寻杀零贼，别惹衅隙，致误事机”。此外，因为明代有内官出镇地方的传统，所以宦官往往也参与到“烧荒”中来，且经常成为导致“烧荒”事故的罪魁祸首。在“烧荒”问题频出的情况下，皇帝和边镇将官通过明确“烧荒”赏罚机制和“烧荒”过程等方法来改进“烧荒”。这其中，不断强调和明确“烧荒”时间是改进“烧荒”的重要环节。而掌控“烧荒”时机，等待草枯易烧，一举焚烧野草林木尽绝，使得明军易于瞭守，蒙古骑兵南下之路上无草可倚，可以取得理想的御敌效果。

四　结语：“烧荒”——确立边界的选择

洪武时期，因明朝在军事上对蒙古占有优势，加之朱元璋华夷一家的族群思想，并未实行“烧荒”。永乐时期，由于“靖难之役”造成的明朝对蒙古战斗力下降的军事现实，使得北部防线向南收缩，为加强对漠南草原的控制，明朝由此开始“烧荒”。随着仁宣时期北部防线的进一步内缩，北疆“烧荒”遂成惯例。

明中后期，面对日益强大的蒙古不断南下内压的北疆局势，明朝在北部边疆构筑起了两道防线：一道是屹立在北部边疆一线的长城防御体系；另一道是随着明中后期“烧荒”的不断推广逐渐形成的无形的、流动的、最终遍布整个北部边防线的“烧荒”地带。“烧荒”的纵深变化显示了明朝对北部边疆的掌控程度，而“烧荒”区域和对象的变化则彰显了其适用范围的不断扩大和性质的渐趋变化。隆庆年间曾围绕是否停止“烧荒”展开激烈讨论，但终因无法对蒙古形成固定控制，只得依旧。

随着北部边疆地区“烧荒”的大规模实施，诸多问题开始涌现，集中表现为“虚应故事”。“烧荒”问题频出，北疆事故频发，于是皇帝和边镇将官明赏罚、重敕令以改进“烧荒”。待到九、十月份，草枯易烧，一举焚尽野草林木，断绝蒙古南下牧草，通过控制草资源来控制边疆态势，可以达到意料之外的御敌效果。

（作者单位：中国社会科学院大学历史系）

16世纪东亚海域的军需品贸易：硝石、硫黄铅

［日］中岛乐章　撰　钱晟　译

一　前言

16世纪是西欧火器向世界传播的世纪，而伴随着欧洲火器的发展“军事革命”也随之兴起，这在东亚海域也不例外。中国本先于欧洲完成火药兵器的实用化，于13世纪后半开发了从金属制管形火器发射子弹的铳炮。进而在14世纪末—15世纪前半的时期里，中国火器通过明朝的军事行动向周边国家传播，由此进入了东亚、东南亚“火器时代”的第一阶段。①

另一方面，中国开发的管形火器，通过蒙古时代欧亚大陆的东西交流传播到了欧洲，并在15世纪发展成了各种手枪及火炮。然后西欧式火器从欧洲向西亚、南亚、东南亚逆时针传播，于16世纪逆向输入东亚，由此迎来东亚“火器时代”的第二阶段。在第一阶段的“火器时代”中被落下的日本，也通过葡萄牙人的传播迅速普及了火绳铳，成为亚洲有名的火器

---

① Kenneth Chase, *Firearms: A Global History to 1700*, Cambridge University Press, 2003, 2: China to 1500, pp. 28－55；孙来臣（中岛乐章译）：《东部アジアにおける火器の时代：1398—1683》，《九州大学东洋史论集》三四号，2006年；李伯重：《火枪与账簿：早期经济全球化时代的中国与东亚世界》，生活·读书·新知三联书店2017年版，第三章，《早期经济全球化时代的军事革命》100—114页。

大国。[①]

16世纪的东亚海域，随着西欧火器的迅速普及，骤然扩大了军需品贸易。其中特别重要的军需消耗品是火药原料的硝石、硫黄及制作火绳铳子弹的铅。在当时的亚洲海域里，这些原料并不能自产。总体来说，在中国、暹罗等大陆地区天然硝石和铅矿藏丰富，但由于缺少火山，硫黄的产量有限。而在日本、菲律宾等环太平洋火山带的岛屿中硫黄矿藏丰富，但天然硝石及铅的产出有限。这样的资源不均分布，促进了“火器时代”军需品贸易的活跃。

近年，东亚海域史学界对火药的亚洲间贸易予以了高度关注。有关中世日本硫黄贸易，以往有小叶田淳的专论，近年则有山内晋次对10—16世界前半时期日本、琉球产硫黄的去向进行的通时代探讨。[②] 而笔者也讨论过朝鲜侵略时期东亚海域军需品贸易的走向，鹿毛敏夫参照丰后地区相关遗迹的调查成果，论述了硫黄的生产流通状况。[③] 进而孙来臣参照上述的研究对15—17世纪东亚海域中硝石贸易的动向，在东、南中国海域范围内作了全面的讨论。[④] 最近李侑儒则对16—17世纪东亚及东北亚地区的硝石、硫黄贸易状况进行了通考。[⑤]

本稿从以上研究出发，参照最近的考古学研究成果，在概观中将16世纪东亚海域硝石、硫黄、铅矿贸易的动向一体囊括。另外，本稿所述“东亚海域”，不只包含从华中、华北到日本、朝鲜、琉球的环东中国海海域，

① Chase, *Firearms*, pp. 141 - 196；孙来臣前揭《东部アジアにおける火器の时代》；李伯重前揭《火枪与账簿》，114—150页。

② 小叶田淳：《金银贸易史の研究》，法政大学出版局，1976年，Ⅶ《中世における硫黄の海外贸易と产出》；山内晋次：《日宋贸易と“硫黄の道”》，山川出版社2009年版；同《海を渡る硫黄——14—16世纪前半の东アジア海域》，铃木英明编：《东アジア海域から眺望する世界史——ネットワークと海域》，明石书店2019年版。

③ 中岛乐章（郭阳译）：《十六世纪末朝鲜战争与九州——东南亚贸易：以加藤清正的吕宋贸易为中心》，《明代研究》28期，2017年；鹿毛敏夫：《アジアのなかの战国大名西国の群雄と经营战略》，吉川弘文馆，2015年，51—122页，同《战国大名の海外交易》，勉诚出版2019年版，第二部第三章《硫黄の世纪》。

④ Sun Laichen, “Saltpetre Trade and Warfare in Early Modern Asia,” in Fujita Kayoko, et al. eds., *Offshore Asia: Maritime Interactions in Eastern Asia before Steamships*, Singapore: Institute of Southeast Asian Studies, 2013（以下略称Sun, “Saltpetre Trade”）。

⑤ 李侑儒：《近世初期东亚诸国间硫黄与硝石的流通及管制》，2018海洋史研究学术研讨会报告论文，“中央研究院”民族学研究所，2018年。

也包含自华南至东南亚各地的环南中国海海域。

二　15 世纪以前的东亚火药贸易

本文论述的硝石、硫黄、铅矿之中，铅会在东亚海域作为军需品需求量大增，是大量消耗铅弹的火绳铳在 16 世纪中期以后普及开来的结果。在此之前主要的军需消耗品，是作为黑火药原料的硝石和硫黄。火药原料的配比根据火器种类、用途而有所不同，平均来说是硝石 74%、硫磺 10%、木炭 16% 的比例，硝石占火药全质量的 4 分之 3。①

天然硝石（硝酸钾）主要是来自生物遗体、排泄物的氨，被土壤中的硝酸菌酸化成硝酸，再和钾反应生成的一种硝酸盐。明末宋应昌列举的四川、山西、山东等中国西方、北方内陆、以及李时珍列举的河北、河南、四川等地，都是天然硝石的主要产区。②

另一方面，硫黄是火山释放出的气体里所包含的硫黄成分，在空气中冷凝而成。因此高纯度的天然硫黄，出产自日本、琉球、中国台湾、东南亚岛屿等环太平洋火山带区域。③ 与此相较，几乎没有活火山的中国大陆天然硫黄出产稀少，华北、四川等地通过将富含硫化物的黄铁矿用煤饼包裹高温加热，使硫化铁与硫黄分解，再将含有硫黄成分的蒸汽冷凝以生产硫黄。④ 但其产量无法满足国内需要，必须从海外进口一定量的硫黄。

14 世纪中期以前，火器的使用被统治中国的王朝（宋、金、元）所垄断，因此成为贸易品的不是中国可以自给的硝石，而主要是硫黄。硫黄的主要出口地是日本，特别是萨摩（现鹿儿岛县）南方硫黄岛产出的自然硫黄、通过日宋、日元贸易大量地出口至中国。⑤ 甚而从 14 世纪后期开始，火器技术自明朝向周边地区传播，东亚全域进入了“火器时代”的第一阶

---

① 潘吉星：《中国火药史》，上海远东出版社 2016 年版，下册，第 404—408 页。

② 宋应星：《天工开物》卷下，佳兵，硝石；李时珍《本草纲目》卷一一《石部・消石》。

③ 山内前揭《日宋贸易と“硫黄の道”》，第 22—26 页，同前揭《海を渡る硫黄》123—124 页。

④ 潘吉星前揭《中国火药史》，第 118—122 页。

⑤ 山内前揭《日宋贸易と“硫黄の道”》。另外，在 13 世纪末中国有向柬埔寨出口烟花，爆竹用的硫黄，硝石。参照周达观《真腊风土记》十三《正朔时序二一・欲得唐货》。

段。与此同时，火药贸易的范围与规模也大幅扩展。特别是明朝，在14世纪末期配备有全军12万—18万左右的火器，火药的消耗量也十分庞大。[①]

在这时期以硫黄新供给地登场的地区是琉球。琉球的三个王国，自1370年代开始向明朝朝贡，进贡冲绳本岛西北海火山岛的硫黄鸟岛所产的硫黄。从琉球统一后的1430年代开始，每艘朝贡船进贡硫黄2万斤就成为定例。[②] 另一方面，日本也从15世纪初期开始了和明朝的朝贡贸易，每回进贡硫黄1万斤的同时，还有搭载作为商品运来贩卖的硫黄。但是之后，日本的朝贡贸易中断了20多年，15世纪后半开始朝贡时间又被限制为10年1回，和琉球相比对明朝的硫黄出口总量可谓十分稀少。[③]

在明朝周边诸国中，最早引进中国式火器的是朝鲜。在高丽末期的1370年代，他们从明朝获得硝石和硫黄，又从华人处学习人工硝石的制造方法，制造火器与火药来对付倭寇。朝鲜王朝建立后继承了该传统，特别是世宗（1418—1450年在位）还致力于火器与火药的增产。在世宗时期，朝鲜开始通过博多、对马的贸易势力进口日本的硫黄，从此以后，琉球产硫黄主要供给明朝，日本产硫黄主要供给朝鲜就成为通例。[④]

中国式火器进而通过明朝在云南的军事活动、对越南的战争、郑和的远征等，传播至东南亚大陆、岛屿地区。特别是越南的黎朝，致力于扩充由明朝的入侵传播进来的火器技术，给近10万名士兵装备了火器，加之为了筹措必需的火药，于是让国内专职的工匠制造人工硝石。至于硫黄，笔者认为是从东南亚诸岛或者中国引进。[⑤] 另一方面，暹罗的阿瑜陀耶王朝从琉球引进硫黄。从《历代宝案》来看，琉球1420—60年代总共向暹罗派船18艘，几乎每回输送硫黄2500斤（1.5吨）。[⑥] 虽然这之后的交涉文

---

① 王兆春：《中国火器史》第三章《火铳的发展》。

② 冈本弘道：《琉球王国海上交涉史研究》，榕树书林，2013年，第20—22页；山内前揭《海を渡る硫黄》132—134页。

③ 小叶田前揭《中世における硫黄の国际贸易と产出》，第184—193页；山内前揭《海を渡る硫黄》126—134页。

④ 小叶田前揭《中世における硫黄の国际贸易と产出》，第178—183页；山内前揭《海を渡る硫黄》134—149页；Sun，"Saltpetre Trade，" pp. 132 - 133.

⑤ Sun，"Saltpetre Trade，" pp. 135 - 137.

⑥ 小叶田淳：《中世南岛通交贸易史の研究》，日本评论社1939年版，第48—49页。

书中缺乏输送品的记录，但笔者认为以往的硫黄运输仍然在继续。

另一方面，明朝也不可能放任武器与军需品的出口。1397 年（洪武三十年）完成的《大明律》中规定“凡将马牛、军需、铁货、铜钱、段匹、䌷绢、丝绵，私出外境货卖，及下海者，丈一百。……若将人口、军器出境，及下海，绞”，但火药的走私属于“军需”还是“军器”尚不明确。因此 1488 年（弘治元年），以广东的硝石走私事件为契机，朝廷议定硝石走私也按“军器”走私来处置。[①] 据此，1500 年（弘治十三年）所定《弘治问刑条例》收录了以下条文：“私自贩卖硫黄五十斤，焰硝一百斤以上者问罪，硝、黄入官。卖与外夷者，不拘多寡，比照私将军器出境条律坐罪”。[②] 即，在国内私自贩卖硫黄、硝石者，处罚并没收硫黄、硝石，走私出海外的，同军器走私一样处以绞刑。但实际上，此后硫黄、硝石的海外输出有增无减。

另一方面，在 15 世纪的东亚海域，唯一没有进入“火器时代”的是日本。当时的日本并非没有中国式火器传入。袭击明朝、朝鲜沿岸的倭寇经常受到火器的打击，也有缴获过火器。如 1418 年（太宗十八年）年渡航至对马的朝鲜使节，带回了倭寇从明朝抢夺到的火炮（碗口铳）。日本对马地区通过掳来的华人习得火炮技术，用礼炮迎接朝鲜使节。但因火药的质量低劣火力不足而请求朝鲜使节提供焰硝时，被使节拒绝。日本不出产天然硝石，明朝又对作为倭寇巢穴的日本严加海禁，硝石的走私也十分困难。在当时的东亚海域，仅日本没有天然硝石的进口与人工硝石的制造条件，尽管是硫黄产出国，无法做到火药的稳定供给。这是日本被排除在“火器时代”第一阶段之外的主要原因。[③]

① 《大明律》卷一五，兵律关津，“私出外境及违禁下海”；Sun，“Saltpetre Trade,” pp. 134 - 135.

② 《弘治问刑条例》兵律关津，《私出外境及违禁下海》。

③ 中岛乐章（沈玉慧译）：《十六世纪中期的东亚海域与火器传播》，《海洋史研究》第十辑，社会科学文献出版社 2017 年版，第 201—202 页。

三 16世纪初，亚洲海域的火药贸易

15世纪东亚海域的军需品贸易留下了较多的关联史料，但南亚海域除了琉球的暹罗贸易外史料缺乏，其实态难以掌握。不过进入16世纪以后，可以根据来航亚洲海域的葡萄牙人记录进行一定程度的把握。在这里将用1510年代马六甲商馆员多默·皮列士（道咩卑利士、Tomé Pires）所撰《东方诸国记》（*Suma Oriental*）与印度西南岸马拉巴尔海岸（Malabar）的卡那诺商馆员杜亚特·巴布萨所撰《杜亚特巴布萨之书》（《东方纪事》*Livro de Duarte Barbosa*），验证欧洲人到达亚洲海域后的火药贸易情况。

首先在印度洋方面，皮列士记载的波斯湾主要贸易港口霍尔木兹（Hormuz）、以及印度西北部的吉拉特（Gujarat）、马拉巴尔海岸、南印度查耶那加尔朝（Vijayanagar）的贸易里，霍尔木兹海商出口的主要商品是“阿拉伯及波斯的马、珍珠母、硝石、硫黄”①。进而巴布萨更具体地描绘如下：“来自阿拉伯及波斯地方的许多马匹，被标以高价运往印度。……运送这些马的船，还运有来自该都市的椰枣、葡萄干、盐、硫黄等”②。从霍尔木兹出口的大量西亚产马匹，被印度各地作为军马使用，其船中也运输硫黄。另外，有从13世纪波斯湾的基什岛（Kīsh）向中国出口波斯产硫黄的记载，③ 16世纪初该商品应该被出口到了印度。

在东南亚方面，皮列士则列举了苏门答腊、小巽他群岛的索洛（Solor）岛（现在的弗洛勒斯 Flores 岛）、摩鹿加（Molucca）群岛的特尔纳特（Ternate）岛，以及马来半岛的彭亨（Pahang）等硫黄产地。④ 进而皮列士记载了中国向马六甲出口的生丝、绢、珍珠、香药、工艺品、瓷器等商

① Armando Cortesão, trans. and ed., *The Suma Oriental of Tomé Pires and the Book of Francisco Rodrigues*, London: Hakluyt Society, 1944, Vol. 1, p. 20.

② Maria Augusta da Veiga e Sousa, ed., *O Livro de Duarte Barbosa*, Vol. 1, Lisboa: Instituto de Investigação Científica Tropical, 1996, p. 155.

③ 山内前揭《日宋贸易と“硫黄の道”》，第76—79页。

④ Cortesão, *The Suma Oriental of Tomé Pires and the Book of Francisco Rodrigues*, vol. 1, pp. 136, 138, 203, 214; Vol. 2, p. 263.

品，以及“硝石、硫黄、铜、铁”等军需品。[①] 进而巴布萨也记载了华人海商用两根主桅杆的大型戎克船运来“大量的瓷器、麝香、大黄、铁、硝石”的情况。[②]

进而皮列士记述，交趾支那（Cochinchina），即黎朝治下的越南“最看重的商品是硫黄”，需要的硫黄总量相当于戎克船的20艘程度。特别是索洛岛因为多产硫黄而有名，“人们将之作为商品从马六甲运至交趾支那”。皮列士又记载，在越南“中国产硫黄价格非常好”，甚而出现“大量的硝石也价格很好，从中国同一地方大量运来，在当地全被卖走”的盛况。[③] 16世纪初的马六甲，聚集中国产的硝石、硫黄、索洛岛产的硫黄，向东南亚各地运送，是火药贸易的集散港口。

而黎朝统治下的越南，从马六甲中转进口索洛岛的硫黄外，也从中国大量进口硫黄与硝石。当时的明朝在正德帝（1505—1521）的治理下，该时期明朝海禁松弛，广东近海的外国船在朝贡贸易的管辖外公然进行着互市交易。[④] 在这样的状况下，尽管《弘治问刑条例》加重了对火药走私的刑罚，但实际上硝石和硫黄的走私还是在扩大。中国作为琉球产、日本产硫黄的进口国，国内的硫黄反而输出到马六甲和越南，这十分奇妙，但16世纪初期的明朝没有大规模的对外战争，基于国内生产与海外贸易的硫黄供给超出需要，也许因此才使一部分硫黄走私到了东南亚。

不过1521年（正德十六年）即位的嘉靖帝，再次加强了海禁。1526年（嘉靖五年），国家销毁沿海人民私造的二条桅杆大船，捉拿走私者，对囤积50斤以上硫黄的人，连同相关者一起发配边疆充军，这一命令被传布到浙江、福建的沿海地带经常张挂。[⑤] 这显示出，浙江、福建的海商从事着和琉球等地的硫黄贸易，其中的一部分货物也被运往马六甲、越南

---

① Cortesão, *The Suma Oriental of Tomé Pires and the Book of Francisco Rodrigues*, Vol. 1, p. 125.

② Veiga e Sousa, ed., *O Livro de Duarte Barbosa*, Vol. 2, pp. 359 – 360; p. 363.

③ Cortesão, *The Suma Oriental of Tomé Pires and the Book of Francisco Rodrigues*, Vol. 1, pp. 115, 203.

④ Cortesão, *The Suma Oriental of Tomé Pires and the Book of Francisco Rodrigues*, Vol. 1, p. 121 – 124；岩井茂树：《朝贡、海禁、互市：近世东アジアの贸易と秩序》，名古屋大学出版会2020年版，180—192页。

⑤ 万历《大明会典》卷一三二，《兵部五·镇戍七·各镇通例》。

等地。

甚而在16世纪初期，琉球也向黎朝统治下的越南供给硫黄。《历代宝案》里收录有1509年（正德四年），琉球王国派往安南（黎朝）的使节团的“执照”（渡航证明书），这是《历代宝案》所载琉球与安南间唯一的交通事例。执照开头写“琉球中山王，为奉谢礼仪事”，应当是作为黎朝派往琉球船只的回礼，派遣了这艘琉球船。该琉球船上搭载的大部分是像硫黄1万斤，各种武器、铸铁2千斤等军需品。[①] 向其他东南亚诸国输出的物品，除出口暹罗的硫黄外，主要以中国产的绢织物、瓷器为中心，像运往越南这般载满军需品的船是十分少见的特例。

在15世纪，琉球和黎朝敌对，与占城保有亲密的关系，1475年（成化十一年），漂流到越南中部的琉球船还和占城人一起对战黎朝军队，[②] 因此，15世纪应当没有向黎朝派过船。但是，到了16世纪，黎朝的统治发生动摇，1505年即位的威穆帝重用红河三角洲出身的外戚，和建国以来的功臣集团产生深刻对立。甚而红河三角洲发生占城人的叛乱，三角洲地区的手工业、海外贸易也步入衰退。[③] 在这危机时刻，威穆帝政权向以前敌对的琉球派遣船只，请求军需品的供给。但是1509年威穆帝自杀，政权垮台，琉球船正是在这一片混乱中到来。琉球王国为了躲避这样的混乱所带来的风险，之后应当停止了船只的派遣。

四　后期倭寇与东、南中国海域的火药贸易

1520年以后，东亚海域因西欧式火器的传播，迎来了“火器时代”的第二阶段。葡萄牙人在1511年占领马六甲，两年后参与广东近海的互市交易，不久和广东当局发生冲突，1521年、1522年（正德十六年、嘉靖元

① 《历代宝案》校订本第二册，冲绳县教育委员会1992年版，第597页；《历代宝案》译注本第二册，冲绳县教育委员会1997年版，第425—426页。

② 中岛前揭《大航海时代の海域アジアと琉球》，第209—215页。

③ John K. Whitmore, “Van Don, the ‘Mac Gap,’ and the End of the Jiaozhi Ocean System: Trade and State in Dai Viet, Circa 1450 - 1550,” in Nola Cooke et al. eds., *The Tongking Gulf Through History*, Philadelphia: University of Pennsylvania Press, 2011, pp. 113 - 114.

年）被明军攻击赶出了广东。这时候，明军缴获了葡萄牙船搭载的后装式回旋炮（佛郎机铳），并成功地加以仿造。之后，佛郎机铳被配备给明朝各地的驻军，也作为舰载炮被普及。①

另一方面，1520年代的日本石见银山产银量大增，1530年代开始大量的日本银通过朝鲜、琉球流入明朝。同时南中国海域由华人海商主导的胡椒等南海产品的走私急剧扩大，葡萄牙走私商人也和华人联结，再次航行到广东、福建地界。进而在1540年代，许多华人海商为求日本银而开始来航九州，浙江沿海的双屿聚集着华人、葡萄牙人、日本人，形成了中国产品与日本银、南海产品的走私交易据点。②

在走私贸易从南亚海域向东亚海域扩大的过程中，1542年（嘉靖二十一年、天文十一年），坐着来自阿瑜陀耶（Ayutthaya）的华人戎克船向日本航行的葡萄牙人漂流到了琉球。次年，其他的葡萄牙人乘坐华人五峰（推测为王直）的戎克船到达种子岛传入火绳铳。③ 火绳铳与火药的制造方法就此从种子岛通过九州和堺港（现在的大阪南方），急速普及到战国时代的日本全境。

有关日本火器、火药普及的最早史料，是1548年果阿（Goa）圣保禄学院长尼古拉·兰奇洛特（Nicolao Lancilotto）向印度总督报告的日本情报。该报告基于1546年（天文十五年），乘坐葡萄牙船从萨摩经过马六甲到达果阿的日本人安杰洛（Angero）的情报。情报里提到日本人的武器有小铳（espimguardas）、弓矢、枪、刀剑等种类。④ 尽管提到火绳铳，但火绳铳在种子岛仿造成功是1544年（天文十三年）的事情。两年后火绳铳也传到了萨摩，但很难说该阶段已经普遍流传开来。这（espimguardas）不仅是指火绳铳，也许也包含了中国式铳筒（手铳）在内的全部小型火器。也许来到九州的华人海商略微领先于传播火绳铳的葡萄牙人，将中国

① 周维强：《佛郎机铳在中国》，社会科学文献出版社2013年版，第17—63页。

② 中岛乐章：《胡椒と佛郎机——ポルトガル私贸易商人の东アジア进出——》，《东洋史研究》第74卷第4号，2016年。

③ 中岛前揭《16世纪中期的东亚海域与火器传播》，第202—205页。

④ 岸野久：《西欧人の日本发见——ザビエル来日前日本情报の研究——》，吉川弘文馆1989年版，第121—122页。

式铳筒、火炮传给了日本。

兰奇洛特进而记载日本“有大量硫黄”，同时中日贸易间“日本向中国出口银、武器、硫黄、扇子，从中国进口硝石、大量生丝、瓷器、水银、固体麝香”等。[①] 可见1540年代的时期，硫黄与硝石已经成为中日贸间的主要贸易品。

如前所述，日本此时无法制造也无法进口硝石，这是妨碍火器普及的主要原因之一。但随着东中国海走私贸易扩大，华人海商带来硝石，日本也开始能够将火药兵器常备化。郑若曾《筹海图编》记载“缘硫黄出于琉球诸国，制造又多巧思，惟硇硝中原所产，严其禁约，不许人下海浅通，以资其用。则彼失所恃，擒之亦易矣”[②]。可见日本硫黄能自给，硝石则需要依靠华人海商的走私来获得。

甚而16世纪中期，暹罗作为新的硝石供给地登场。1556年（嘉靖三十五年），为了交涉倭寇镇压问题被派往丰后的郑舜功，将从当地收集到的消息编辑成《日本一鉴》，其中记载“硝。土产所无。近则窃市于中国，远则与贩于暹罗”[③]，指明日本不仅从中国，也从暹罗进口硝石。暹罗北部湄南河（Chao Phraya）上游地区分布有大量石灰岩洞穴，里面栖息着大量蝙蝠。它们的蝙蝠粪在洞中堆积，其中含有的氨通过硝酸菌的作用产生硝酸，这和粪中的钾反应，就形成了优良的天然硝石（硝酸钾）。[④] 但是1510年代的多默皮列士将铅、锡、金银作为出口矿物列举出，并未提起硝石。[⑤]

推测暹罗硝石的正式出口，是在中南半岛的局势发生重大变化的16世纪中期开始的。硝石的主产地湄南河上游地区，是清迈（Chiang Mai）为国都的兰纳王国（Lan Na）领土。兰纳王国到1520年代为止，一直与湄南河下游的阿瑜陀耶反复征战。兰纳王国特别用明朝传来的火器，和兵力占优的阿瑜陀耶王朝对抗，推测因此限制了硝石向下游流域的输出。但是

① 岸野前揭《西欧人の日本发见》，第122页。

② 郑若曾：《筹海图编》卷一三下《经略六·兵器·火器总论》。

③ 郑舜功：《日本一鉴》穷河话海，卷二，器用。

④ 上田信：《シナ海域蜃气楼王国の兴亡》，讲谈社2013年版，第170—171页。

⑤ 皮列士前揭《东方诸国记》，第217页。

进入 1530 年代以后，缅甸的东吁（Toungoo）朝势力向东方扩张，兰纳王国停止了和阿瑜陀耶朝的战争，一同对抗东吁朝的威胁。东吁朝与阿瑜陀耶朝都拥有葡萄牙人佣兵队，配有许多西欧式火炮。[①] 在这样的状况下，推测阿瑜陀耶朝出口来自兰纳的硝石，以此筹措军费及硫黄。

而在和暹罗的火药贸易中崭露头角的就是后来的后期倭寇大首领王直。《筹海图编》中有一段为人熟知的记载："嘉靖十九年，时海禁尚弛。（王）直与叶宗满等之广东，造巨舰，携带硝黄、丝绵等违禁物，抵日本、暹罗、西洋等国，往来互市五六年，致富不赀。岛人大信服之，称谓五峰船主。"[②] 王直自 1540 年（嘉靖十九年）开始以广东为据点驾驶大型戎克船往来于日本、暹罗、西洋（马六甲），通过硝石、硫黄、生丝、棉布等交易获得巨额财富。他将生丝、棉布等中国产品出口至日本、暹罗、马六甲，胡椒等南海产品、日本银输入中国的同时，推测也将日本产硫黄运往中国、暹罗，中国、暹罗产的硝石运往日本、马六甲。就是在王直这样的交易活动过程中，1543 年三名葡萄牙走私贸易商人搭乘王直（即五峰）从暹罗去往日本的戎克船来到种子岛，将火绳铳传播了开来。

进而王直以在这样的贸易活动中积蓄下来的财富作为资本，1544 年（嘉靖二十三年）加入了双屿的走私贸易，次年和大友氏的遣明船队同行至九州，带着博多商人回到了双屿。当时的双屿已经成为佛郎机铳、火绳铳等西欧火器的传播据点，[③] 推测也进行着日本产硫黄和中国、暹罗产硝石的交易。

1548 年（嘉靖二十七年），双屿因遭到明军的攻击走私贸易据点被破坏，但王直将据点移到了舟山列岛的烈港继续着和日本的走私贸易。关于当时王直一行的交易活动，同时代史料这样描述："杭城歇客之家，明知海贼，贪其厚利，任堆其货，且为之打点护送。如铜钱用以铸铳，铅以为弹，硝以为火药，铁以制刀鎗、皮以制甲。"[④] 可见杭州的歇客（商人宿店兼中介商）在王直的统属下进行着商品的调度，其中铳炮用的铜钱、弹药

① 饭岛明子、小泉顺子编：《タイ史》，山川出版社 2020 年版，第 111—115、159—172 页。
② 郑若曾：《筹海图编》卷九，大捷考，《擒获王直》。
③ 中岛前揭《16 世纪中期的东亚海域与火器传播》，第 209—222 页。
④ 万表：《海寇议》前卷。

用的铅、火药用的硝石、刀枪用的铁、甲胄用的皮革等军需品也很多。这里可以注意到，王直不只是输出中国产的硝石，应对日本随火绳铳的普及而增大的子弹需求，也进行着铅的调度运输。

又郑若曾《江南经略》（1568，隆庆二年刊）中对当时的应天巡抚林润所提建议做了如下记载：

> 接济焰硝，沿海通弊，所谓籍寇以兵，兵家大蠹。彼硝户既嗜奸民之厚直，而奸民又饵外夷之重利，则硝出之民，法将焉禁。必欲设法其禁私煎乎。盖硝与盐同功异用，硝之在军需者为多，民间所用几何。若通行天下，收煎户籍之于官。开煎局，委以良吏，民间所需不过斤以上矣，价纳官卖积为军储，则民无私煎，典有明禁，不尤补于军制之实用乎。①

由此可见，中国沿海地区硝石生产者觊觎高额的收购价格而将硝石秘密地贩卖给奸民，奸民则以更高的价格将之走私给外国人。因此林润提议禁止民间私自生产硝石，并将生产者登记在册设置“煎局”，让官府收购硝石以供给军需。然而该提案并未被实行，推测这是因为民间产硝石难免会被走私到海外。

进而这时期开始葡萄牙人加入了对日本的军需品贸易。葡萄牙人于1510年占领果阿后，从周边地方调集硝石制造火药，1547年和南印度的毗奢那伽罗王朝签订了硝石的果阿供给协定。② 然后葡萄牙1511年占领马六甲，和阿瑜陀耶王朝建立了通商关系，此后很多葡萄牙人以走私贸易商人、佣兵的身份来到了阿瑜陀耶。走私商人中，也有很多人经由阿瑜陀耶来到了中国。③

另一方面，随着明朝1548年对双屿港的清剿，葡萄牙走私商人被驱逐

① 郑若曾：《江南经略》卷八《兵器战具·火器论下》。

② James W. Frey, "The Indian Saltpeter Trade, The Military Revolution, and the Rise of Britain as a Global Superpower," *Historian*, Vol. 71, No. 3, pp. 513 – 514.

③ 冈美穗子：《ポルトガル人のアジア交易ネットワークとアユタヤ》，中岛编前揭《南蛮·紅毛·唐人》收录，368—381页。

出浙江近海，但旋即又在广东近海的岛屿开启了走私贸易，1557 年将澳门作为了贸易据点。此后，葡萄牙人从澳门航行到丰后（今大分县）、萨摩、肥前（今长崎县）等九州诸港进行贸易。此外葡萄牙人也有直接坐戎克船前往日本，1563 年（永禄六年）在肥前的横濑浦，1565 年、1587（永禄八年、天正十五年）在五岛列岛，葡萄牙人自备船只，或乘坐华人戎克船从暹罗来到日本。①

肥前的大村氏、有马氏，丰后的大友氏等九州诸大名意图获取硝石、铅等军需品，保护耶稣会的布教，之后皈依了天主教。特别是大友宗麟，于 1567 年（永禄十年）向澳门的耶稣会司教发送书信，委托葡萄牙船只每年用 100 两白银购买硝石 10 匹克（pico，当时的欧洲计量单位，560—600 千克），同时要求不要给敌对的毛利氏提供硝石。② 大友宗麟通过姻亲种子岛氏最早获得了火绳铳与火药的制作方法，1553 年（天文二十二年）将"南蛮铁炮"和火药的配方赠予了将军足利义辉。③ 大友氏在接受火器技术的传播后，领内盛产的硫黄能和葡萄牙船带来的硝石调配，在火器普及的初级阶段占据了极为有利的地位。这支撑起 1550—60 年代大友氏在九州势力的急剧扩张。

五 "1570 年体制"和军需品贸易

在 1560 年代后期倭寇问题沉寂下来，但伴随经济的扩张，日本银、南海产品的需求量大增，海禁政策难以为继。1560 年代末，明朝终于放宽了海禁，承认华人海商从福建南部海澄港出海至东南亚各地的权利。但是对航行至倭寇巢穴的日本，以及硝石、硫黄、铜、铁的出口仍然被严禁。于是 1571 年葡萄牙开始了澳门—长崎贸易，同年西班牙建设马尼拉作为菲律宾的首都，两年后开始了连接墨西哥阿卡普尔科（Acapulco）和马尼拉的

① 冈本良知：《十六世纪日欧交通史の研究》，六甲书房 1942 年版，第 403、478—479 页。

② 松田毅一监译：《十六・七世纪イエズス会日本报告集》第Ⅲ期第三卷，同朋舍 1998 年版，第 253 页。

③ 宇田川武久：《东アジア兵器交流史の研究——十五—十七世纪における兵器の受容と传播——》，吉川弘文馆 1993 年版，第 246—250 页。

大帆船（galleon）贸易。而中国又终于和蒙古俺答汗（Altan Khan）议和，承认了俺答汗的朝贡贸易与国境贸易。

这样进入1570年以后东亚的海域、内陆双方，代替原来的海禁、朝贡体制，明朝与周边诸国根据情况开展朝贡贸易，国境地带以及沿海地区开展“互市”，自海澄至东南亚开展“往市”等多种通商路径，再与阿卡普尔科—马尼拉贸易相关联，形成了新的交易秩序。笔者将之命名为“1570年体制”。①

在16世纪末的东亚海域，贸易繁荣与西欧式火器的迅速普及交相辉映，逐渐扩大了军需品贸易。在该时期的东亚海域，有两个火器使用及军需品贸易特别扩大的地区。一个是由织田、丰臣政权逐渐统一的日本列岛。1570—80年代，织田信长将火绳铳制造中心兼畿内军需品供给据点的堺港纳入直接管辖，使得大量的火绳铳和军需品筹措成为可能。丰臣政权则除了堺港外还将长崎纳入直接管辖，试图掌控海外贸易。各地的战国大名也企图通过多种路径筹措火绳铳和火药，日本从而成为亚洲海域有名的火器大国。②

另一个地区是中南半岛。如前所述15世纪黎朝越南成为东南亚最大的火器大国，16世纪暹罗的阿瑜陀耶朝和缅甸的东吁王朝都拥有葡萄牙人佣兵和大量的西欧式火炮，进行着激烈的战争。两国各自以阿瑜陀耶和勃固（pegu）为据点，推进海外贸易谋求军需品及军费的筹措。但是16世纪中期东吁王朝的势力压倒周边诸国，1558年进攻清迈、1569年进攻阿瑜陀耶，征服整个湄南河流域，在中南半岛中西部建立了大帝国。③ 在这样的战乱过程中，16世纪后半期日本列岛及中南半岛就形成了军需品的大市场。日本硫黄丰富而缺乏硝石与铅，中南半岛则与之相反。因此两地区间的硝石、铅和硫黄的弹药贸易得以扩大。

1570年以后，葡萄牙船只在澳门与长崎间推动着日本银与中国的商品交易之外，还向日本供给暹罗和中国产的硝石、硫黄。除了由加比丹莫尔

① 中岛乐章（张子平译）：《明代朝贡贸易体系的变化与重组》，《世界史中的东亚海域》，中华书局2011年版。

② 洞富雄：《铁砲——传来とその影响》，思文阁出版1991年版，第63—89页。

③ 饭岛・小泉编前揭《タイ史》，第122—125、169—172页。

（甲必丹末 Capitão-mor，葡萄牙舰队的总司令）率领定航船往来于果阿、马六甲、澳门、长崎之外，葡萄牙的走私船也从事对日本的弹药贸易。比如 1580 年（天正八年），耶稣会巡查使亚利山德罗·瓦利尼亚诺（Alessandro Valignano）为了救援受到龙造寺隆信的攻击陷入绝境的天主教大名有马晴信，提供了巴托洛梅乌·兰代罗（Bartolomeu Landeiro）商船上的大量铅和硝石。兰代罗家族是以澳门为据点与马尼拉、暹罗等东南亚各地进行交易的豪商，这些铅和硝石产自暹罗的可能性也很高。[①] 另一方面龙造寺隆信也指示家臣从葡萄牙人处购买硝石，1582 年（天正十年）向瓦利尼亚诺请求葡萄牙船在自己的领地内入港，但并未如愿。[②]

耶稣会以天主教徒的大名为肇端，为诸大名中介与葡萄牙船只的交易，同时自身投资澳门—长崎的贸易获得大量收益。瓦利尼亚诺在 1595 年给耶稣会总会长的书信中记载，1571—80 年间耶稣会在澳门—日本贸易中，从生丝开始"经营金、银、铅、反物（和服料）等大量商品"，积蓄了 3 万杜卡德（ducado，当时的西班牙货币单位）以上的资产。[③] 生丝、绢、黄金之外，铅这样的军需品贸易也成为耶稣会资金源的一部分。

甚而还有华人海商负责暹罗—九州贸易路线的事例。1575、1576（天正三、四年），暹罗国王派遣的郭六官、吴老商船来航平户时，松浦镇信委托吴老送信给暹罗国王，请求今后每年派遣一只商船。[④] 虽然不清楚这些华人商船进出口的商品，但肯定是从平户输出日本银与硫黄，从暹罗输入南海产品与硝石、铅。加之华人海商为了获得日本银贸易的利益，公然打破出海至日本以及走私军需品的二重禁令，将中国产的硝石和铅供给日本。

日本和中南半岛之外，16 世纪末作为军需品新市场出现的是西班牙所辖菲律宾。1571 年，米格尔·洛佩斯·德·勒加兹皮（Miguel López de Legazpi）率领的西班牙军攻击穆斯林首领统治下的马尼拉，并将之建立为殖民地首府。当时的菲律宾同暹罗、缅甸一样普及着西欧式火炮，西班牙军队在马尼拉捕获大小 13 门火炮，首领的王宫也存有大量火炮及其铸模。此

① 冈前揭《ポルトガル人のアジア交易ネットワークとアユタヤ》，第 377—381 页。
② 武野要子：《藩贸易史の研究》，ミネルヴァ书房 1979 年版，第 130—131 页。
③ 高濑弘一郎：《キリシタン时代の研究》，岩波书店 1977 年版，第 593 页。
④ 鹿毛前揭《战国大名の海外交易》，第 159—160 页。

外吕宋岛各地的穆斯林势力自身也有铸造火炮制造火药的情况。①

在这样的状况下西班牙人为了扩大、维持统治，火器、弹药的持续补给变得不可或缺。菲律宾同日本一样盛产硫黄缺乏硝石和铅矿，必须从海外筹措。成为其供货商的就是突破军需品走私禁令来航的华人海商。1574年勒加兹皮的书记官送往墨西哥的报告中记载，华人除了往菲律宾运送香料、织物外，还运送火药、铁、铜、锡、黄铜、铜、铅及其他金属。② 次年马尼拉市参事官给国王菲利普（Felipe）二世发送书信称，每年有12—15艘商船从中国来到马尼拉，绢及粮食之外还带来“铁、钢、锡、黄铜、铜、铅及其他金属”、“铸造精良的大量青铜火炮，种类齐全的军需品”③。

1582年，菲律宾总督向澳门派遣耶稣会传教士，通告了西班牙国王菲利普二世兼任葡萄牙国王的消息。次年前述的巴托洛梅乌·兰代罗将该耶稣会传教士送还马尼拉并开展了贸易，次年也向马尼拉派遣戎克船二艘开展贸易。但为了不造成葡萄牙人的澳门—广东贸易与西班牙人的马尼拉—贸易利益受损，侵害葡西两国的即存贸易利权，菲利普二世于1587年禁止了澳门、马尼拉间的贸易。但此后葡萄牙人仍然屡屡渡航马尼拉开展贸易，菲律宾西班牙人也期待着开放澳门的通商，与中国市场展开直接交易。④ 1586年菲律宾总督对国王建议，若向澳门及阿瑜陀耶派船运送硝石，就可以削减从墨西哥运来硝石的经费。⑤

实际上，菲律宾依然仰赖来自福建的军需品进口。胡安·冈萨雷斯·德·门多萨《大中华帝国史》（1585年刊）记载，每年20艘以上的华人商船来航菲律宾，绢、陶瓷器、食品外，还供给“火药、硝石、铁、钢、

---

① Emma Helen Blair and James A. Robertson eds., *The Philippine Islands, 1493 – 1803*, Cleveland: A. H. Clark, 1903 – 09, vol. 3, "Relation of the Voyage to Luzon," pp. 100 – 103; "Letter from Miguel Lopez de Legazpi to Felipe II," p. 109.

② *The Philippine Islands*, vol. 3, "News from the Western Islands by Hernando Riquel and Others," pp. 243 – 245.

③ *The Philippine Islands*, Vol. 3, "Letter from Juan Pacheco Maldonado to Felipe II," p. 299.

④ Manuel Ollé Rodriguez, "Macao-Manila Interactions in Ming Dynasty," in Luís Filipe Barreto ed., *Macau during the Ming Dynasty*, Lisboa: Centro Científico e Cultural de Macau, 2009, pp. 156 – 168.

⑤ George Bryan Souza, *The Survival of Empire: Portuguese Trade and Society in China and the South China Sea, 1630 – 1754*, Cambridge: Cambridge University Press, 1986, pp. 65 – 66.

大量的水银、青铜、铜”等军需品。[①] 另外，1586年的马尼拉全体会议对国王报告了当时在菲律宾讨论的征服中国计划。据记载，作为远征的必要军需品，可以从中国廉价地进口铜、硝石、子弹，菲律宾国内和周边地区也可以筹措到铜、硫黄、锡、硝石等矿物。因此菲律宾行政厅与华人海商签订了铜、硝石等物品的进口契约，进而向马六甲派船准备进口锡、硝石、火药。[②] 当然该中国征服计划只是一纸空谈，之后菲律宾依然仰赖福建海商的军需品供给。

六　考古资料展示的16世纪末弹药贸易

1570年以后，日本与菲律宾成为东亚海域上硝石、铅出口的两大市场。总之中国产硝石、铅主要由华人海商从福建运往菲律宾，福建、澳门也供给到了日本。另一方面，暹罗等中南半岛产的硝石、铅则主要由葡萄牙船及华人商船从澳门、阿瑜陀耶出口到日本，一部分则运往菲律宾。最近在日本，展现弹药贸易实态的实物资料，正在从各地遗迹中被发掘出来，进行着考古遗物的调查研究作业。

首先是火药贸易，在16、17世纪畿内中心区交易口岸的堺港，1988年发掘出16世纪末—17世纪初的两件陶器壶值得关注。这是阿瑜陀耶北方生产的四耳壶，被作为暹罗产商品的运输用陶器。同样的四耳壶从首里、那霸15世纪以后的遗迹，博多（现福冈市）、丰后府内（现大分市）、土佐（现高知县）等16世纪的遗迹中被发掘。堺港从15世纪后半期的遗迹中出土了相同的四耳壶，可以推测从暹罗当初经过琉球，之后经过九州诸港、经由土佐冲的南海路运送往堺港路径。[③]

特别是上述两件四耳壶中还储存有占容量7、8成的硫黄。测定该硫黄的同位素，与各地矿山出产的硫黄同位素相比对，可以鉴定出其产地。测

① ゴンサーレス・デ・メンドーサ（長南実・矢沢利彦译）：《シナ大王国誌》（岩波书店1965年版），第521页。

② *The Philippine Islands*, Vol. 6, “Memorial to the Council,” pp. 202 - 204.

③ 续伸一郎：《堺环濠都市における流通の诸相——贸易陶磁器からみた琉球贸易と朱印船贸易——》，桥本久和监修：《考古学と室町・战国期の流通》，古志书院2011年版，第96—108页。

定结果发现，壶内硫黄产自丰后伽蓝岳与久住硫黄山。可以推测存储暹罗产输出商品的运送用陶器被作为丰后产硫黄的容器再使用，并被运送到了堺市。[①]

该陶器中原本所储藏的商品情况不明，最有可能的是暹罗产的硝石。如前所述丰后大友氏通过耶稣会委托葡萄牙船只提供硝石，之后也肯定通过葡萄牙船、华人商船输入暹罗产的硝石。推测这四耳壶也作为暹罗产硝石的容器被运往丰后，随后作为丰后产硫黄的容器被再利用，运输往了堺港。

甚至是在最近进行的对各地古战场出土火绳铳子弹的化学分析，为铅贸易的实态展示提供了重要的数据。铳弹的铅也进行了同位素测定，和各地区矿山出产的铅进行了同位素比对，从而确定了产地。[②] 16 世纪的日本主要从国内、南中国、泰国地区供给铅。当时的日本国内，可以确认有石见、生野银山周边的安芸（现广岛县）、但马（现兵库）等地铅矿山遗迹。[③] 另一方面，明代后期的铅矿主产地是西南部云南、贵州、四川和东南部的江西，泰国特别是产自西南部宋托（Song Toh）矿山的铅，被大范围地出口到海外各地。[④]

对 16 世纪末古战场发现的子弹进行同位素分析后发现，其原料铅来自国内、海外的双方筹措。例如 1575 年（天正三年），织田信长用大量的火绳铳击败了武田氏，在三河（今爱知县）长篠古战场发现的 20 颗铳弹，其原料铅来自中国的有 13 颗，来自中国、朝鲜的有 4 颗，来自宋托矿山的 2 颗，日本、宋托矿山混合的有 1 颗。同样 1587 年（天正十五年），在因发生守城军领主暴动而被丰臣秀吉攻击过的田中城遗迹内，出土过 56 颗铳

① C. Mizota and T. Yamanaka, "A Stable Isotopic Constraint on the Origin of Sulphur Ore Excavated from the Exotic Fourlobe Jars that Prevailed during Late Medieval to Early Modern Times in Sakai (Osaka), South-western Japan," *Archaeometry*, vol. 57, Suppl. 1, 2015.

② 平尾良光：《鉛玉が語る日本の战国时代における东南アジア交易》，平尾良光他编：《大航海时代の日本と金属交易》，思文阁出版 2014 年版，第 50—53 页。

③ 佐々木稔・神崎胜：《中世后期における金银铅の生产》，佐々木稔编：《铁と铜の生产の历史——金・银・铅も含めて——》，雄山阁 2002 年版，第 250—259 页。

④ 宋应星：《天工开物》卷下，五金，铅；平尾良光他：《タイソントー铅矿山》，平尾他编前揭《大航海时代の日本と金属交易》。

弹，其原料铅产自日本的有25颗，产自宋托矿山的21颗，产自南中国的6颗，朝鲜产及产地不明的有4颗。①

又丰后府内遗迹中，从1587年受到岛津氏进攻而烧毁的府内焦土层里，发现了22颗铳弹，其原料有8颗产自日本，5颗产自宋托矿山，3颗产自南中国，6颗产自朝鲜或产地不明。另一方面，分析同样从焦土层出土的，天主教徒穿戴的圆牌的铅成分，可发现宋托矿山产的有12枚，南中国产的12枚，朝鲜等地产的有4枚，并没有找到使用国内产铅的圆牌。甚而铳弹与圆牌外，一般生活用品所包含的铅，南中国产的上升到62件，日本产的20件，朝鲜产的10件，无法确认的19件，宋托产的仅有1件。②总之丰后府内的铳弹混有国产及海外产的铅，天主教相关的遗物中泰国产及南中国产的铅占大部分，一般用品中南中国产的则占比过半。

大友宗麟通过耶稣会从葡萄牙船获得军需品的同时，也向柬埔寨派船进行交通贸易。甚而在丰后也有华人海商前来贸易，府内、臼杵还形成了华人居住的“唐人町”。又从府内焦土层出土了104件陶瓷，其中贸易用陶瓷占了62.3%。其中中国产陶瓷占比77%，泰国产占比11%，朝鲜产占10%，反映出丰后与中国及东南亚间活跃的贸易关系。③

府内出土的遗物铅也是通过大友氏的海外贸易被进口。葡萄牙船将泰国产、南中国产的铅经由澳门出口，推测天主教相关遗物专门由这些铅铸造。另一方面，华人海商主要从福建走私南中国产的铅，推测同时从东南亚输出泰产铅。而被用作一般商品的南中国产铅中，推测也包含被用作原材料的来自中国的渡来钱。通过大友氏统治下的博多进口朝鲜产铅的比率高于其他地域子弹的情况也是其特征。

甚而丰后府内遗迹中还出土圆锥形的铅铸锭。相同型号的铅锭从长崎、五岛列岛，以及土佐（现高知县）、纪伊（现和歌山县）等地的城迹

① 平尾前揭《铅玉が语る日本の战国时代における东南アジア交易》，第54—55、59—60页；同《中世における铅の生产・流通・消費》，小野正敏他编：《金属の中世 资源と流通》，高志书院2014年版，第47—51页。

② 平尾前揭《铅玉が语る日本の战国时代における东南アジア交易》，第55—59页，后藤晃一《铅の流通と宣教师》，前揭《大航海时代の日本と金属交易》。

③ 鹿毛前揭《アジアのなかの战国大名》，第155—158页。

中也有出土，甚至是在宋托矿山中也存有相同铅锭铸型。[①] 可见宋托矿山中制造的铅锭被运往长崎，然后作为铳弹原材料流通到了日本全国。

另外，在当时的日本中铅的最大用途是在“灰吹法”中精炼银。“灰吹法”首先是将银矿石和铅在炉内溶解，制作成银与铅的合金并除去杂质。随后在积满灰的炉内加热合金，使低熔点的铅先溶解成为酸化铅渗进灰中，再将银取出来。被用于“灰吹法”的铅根据同位素测定可确认是专门产自国内。[②] 16 世纪中期以后，随着日本银生产的扩大及火绳铳的普及，精炼用、子弹用的铅需求同时急剧扩大。国内产铅被大量使用于精炼，一部分也被用来制造子弹，但不足以满足国内子弹的需求，作为补充，就有了宋托矿山及南中国产铅的输入。

七　朝鲜侵略与军需品贸易

1592 年（文禄元年、万历二十年）开始丰臣秀吉侵略朝鲜，日本军装备了大量的火绳铳，明朝的援军也大量地装备了西洋式火炮。这是 16 世纪世界上最大规模的战争，同时欧亚大陆西端发展起来的火绳铳和火炮在东端激战，恐怕是有史以来使用火器最多的战争。

丰臣政权在 1591 年（天正十九年、万历十九年）正式进行了战争准备，因此而被动员起来的西日本诸大名，有必要自行筹措大部分的武器弹药。当年秋，诸大名奔走于硝石的筹措，肥前的锅岛直茂领地也形成了“领内每个角落都有各国的商人大量到来，搜购硝石”的局面。因此肥前豪商平吉氏和领内有势力的商人合作，筹措了硝石 7600 斤（4.56 吨）。[③] 而肥后的加藤清正也在领内与上方（京都）制造、购入了大量火绳铳，同时对家臣指示“筹措银两提供给黑船（葡萄牙船），让他们购入铅一万斤到两万斤”[④]。

1592 年旧历四月，日本军开始侵略朝鲜（壬辰倭乱、文禄之役），初

① 平尾前揭《铅玉が语る日本の战国时代における东南アジア交易》，第 66—68 页。
② 仲野义文：《金银山开发をめぐる铅需要について》，《大航海时代の日本と金属交易》。
③ 武野前揭《藩贸易史の研究》，第 143—146 页。
④ 中岛前揭《16 世纪末朝鲜战争与九州——东南亚贸易》，第 93 页。

战用火绳铳的威力将朝鲜军击败直逼明朝的国境线。但是 1593 年（文禄二年、万历二十一年），配备有强力火炮的明朝援军将平壤收复，日本军不得不撤退到釜山周边。此后日本与明朝间持续着讲和谈判，其间驻扎于朝鲜南部的诸大名也苦于弹药等军需消耗品的不足。1593 年末，加藤清正向吕宋派遣唐船，计划出口 20 万斤（120 吨）小麦和银，推测也是为了通过吕宋贸易的获利筹措军费。次年也命令肥后的领地，将硝石 5 千—6 千斤（3—3.6 吨）和硫黄调配，与铅一起立刻送达，之后也指示送来铁、硝石、铅 1 千—2 千斤（0.6—1.2 吨）。但是铅完全没有送达，硝石和火药的不足也没有解决。①

另一方面，明朝在朝鲜开战后，为了防止军需品走私到日本，再次全面禁止了福建的海外贸易。该举措给福建经济造成了严重的损害，因此 1593 年旧历七月福建巡抚许孚远上奏请愿解禁海外贸易。文中许孚远指出尽管海外贸易全面禁止，但对日本的军需品走私还是以这样的路径在继续：

> 同安、海澄、龙溪、漳浦、诏安等处奸徒，每年于四、五月间告给文引，驾驶鸟船，称往福宁卸载，北港捕鱼，及贩鸡笼、淡水者，往往私装铅、硝等货，潜去倭国，徂秋及冬或来春方回。亦有藉言潮、惠、广、高等处籴买粮食，径从大洋入倭。无贩之名，有通倭之实。②

可见闽南海商以船运至福建北部，在台湾捕鱼、交易，从广东沿岸进口粮食等名目领取文引，实际上在夏季渡航日本秋冬季再归航，走私者铅、硝石等军需品。

甚而许孚远指出，在闽南海商的走私之外，还有以下的日本军需品供给路径存在：

---

① 中岛前揭《16 世纪末朝鲜战争与九州——东南亚贸易》，第 93—108 页。

② 许孚远：《敬和堂集》抚闽稿，疏，《疏通海禁疏》。

> 铅、硝等货，接济倭夷，其途非一。广东香山澳佛郎机番装贩最多。又有奸商在长芦、兴济等处豫行匿载，取便过倭。并宜一体设法严禁。若夷国之柬埔寨、多产铅、硝，暹罗亦有之。倭奴每岁发船，至交趾、吕宋地方，买运而去。①

即铅、硝石等军需品，(1) 葡萄牙人从澳门出口。(2) 华人海商从渤海沿岸的长芦、兴济走私。(3) 日本人渡航到越南、吕宋、中南半岛进口。这些通往日本的军需品走私路径，明朝很难加以管制。结果根据许孚远的请愿，海外贸易的全面禁止在 1593 年旧历八月被解除。当贸易再开，许孚远重新严禁“违禁夹带硝黄铜铁，明有越贩通倭”的情况，但想必效果十分不理想。②

伴随着日本的朝鲜侵略，军需品需要激增，给意想不到的地区也带来巨大的影响，这就是西班牙下辖的菲律宾地区。1590 年就任菲律宾总督的戈梅斯·佩雷斯·达斯马拉尼亚斯（Gómez Pérez Dasmariñas）撤销了对军需品的关税，于次年 1591 年 7 月，接受了西班牙商人的马尼拉—澳门贸易解禁请求，同意了限制在军需品范围内的马尼拉—澳门间贸易。他在理由中说“军需品的话，和中国的贸易被关闭了，华人无论如何都不会运输的”。这很明显是受到日本侵略朝鲜计划的影响。1590 年（万历十八年）旧历四月，琉球使节渡航至福建，通报了秀吉要侵略朝鲜、明朝的计划，七月该消息传达到了北京朝廷。福建当局接到通报后，加强了军需品出口禁令，猜测由此第二年后马尼拉来航的华人商船不再搭载军需品。

因此达斯马拉尼亚斯在 1591 年向澳门派遣船只试图筹措军需品。但是澳门的葡萄牙人警戒西班牙人对广东市场的直接进入，扣留了西班牙船只。达斯马拉尼亚斯作为反制，没收了违反国王禁令渡航墨西哥，从墨西哥经由马尼拉归航澳门的葡萄牙船运来的美洲银，由此次年西班牙船终于搭载着军需品回到了马尼拉。因为此事件，之后的 10 年间葡萄牙船停止了向马尼拉的渡航，其间葡萄牙人也从澳门搬运商品至长崎，由此出口至马

① 许孚远：《敬和堂集》抚闽稿，疏，《疏通海禁疏》。

② 许孚远：《敬和堂集》抚闽稿，疏，《海禁条约行分守漳南道》。

尼拉。[①] 该澳门—长崎—马尼拉航线也运输了一定数量的军需品，当然这不足以补足短缺。

1592 年 7 月达斯马拉尼亚斯向国王报告“有 22 艘中国船来航，但一磅（libra）的铜、硝石、火药都不搭载。他们说害怕死罪，所以不得不放弃运输”，感叹“因为军需品不足，我陷入了地位难保的窘境”[②]。这时期是朝鲜的战争开始后不久，推测从中国的军需供给几乎断绝。

进而次年秀吉向菲律宾派遣使者要求臣服，菲律宾也紧急强化了对日本军来袭的防备，但因此军需品不足的问题更加严重了。马尼拉居住的一位华人提议，将华人商船派遣往帕塔尼（Patani）和暹罗筹措硝石和铅。[③] 另外从 1600 年在马尼拉海面上与荷兰船作战而沉没的西班牙船圣地亚哥号（San Diego）上，发现了与日本各地找到的同样来自宋托矿山的铅锭，[④] 可以确认实际上 16 世纪末已经有暹罗产的铅通过阿瑜陀耶运往了马尼拉。

1597 年（庆长二年、万历二十五年）明日讲和谈判破裂，日本再次发起了侵略。菲律宾军需品不足的情况依然严峻，次年代理总督安东尼奥·德·莫加（Antonio de Morga）提议华人商船须义务搭载硝石、铁等商品，并对违反者加以处罚。[⑤] 甚而于同年 7 月，菲律宾总督向广东派船，与广东当局进行通商交涉，同时试图进口硝石等军需品。该使节船被广东当局允许在广州近海进行交易，在筹措到军需品后于次年年初回到马尼拉，但在广东的通商计划也受到厦门葡萄牙人的妨害最终失败。[⑥]

如此在整个 1590 年代，西班牙所辖菲律宾迎面受到因朝鲜侵略而出现的明朝军需品走私禁令影响，连年苦于军需品的不足。日本通过澳门、长崎贸易航线得以进口暹罗产、中国产的硝石和铅，但由于菲律宾原则上不允许与澳门的贸易，军需品的供给基本仰赖福建海商的马尼拉贸易。因此明朝强化军需品出口禁令，不仅对相关紧要的日本，也对菲律宾造成了冲击。

---

① Souza, *The Survival of Empire*, pp. 68 – 69.

② *The Philippine Islands*, Vol. 8, “Three letters from governorDasmariñas to Felipe II,” p. 270.

③ *The Philippine Islands*, Vol. 9, “The Second Embassy to Japan,” p. 51.

④ 平尾前揭《铅玉が语る日本の战国时代における东南アジア交易》，第 68—69 页。

⑤ *The Philippine Islands*, Vol. 10, “Report of Conditions in the Philippines,” p. 84.

⑥ *The Philippine Islands*, Vol. 10, “Military Affairs in the Islands,” pp. 231 – 233.

八　日本的硝石国产化及出口

作为弹药原料的硝石、硫黄、铅中，日本完全不出产天然硝石，当初全部仰赖海外进口。但是随着火绳铳的快速普及，占黑色火药7—8成的硝石仅靠进口来筹措已经变得十分困难。因此，16世纪后半期，可能通过华人传来的人工硝石制造方法渐渐普及。

日本制造人工硝石相关的最早史料，是1557年（弘治三年），安芸毛利元就命家臣筹措硝石的三封书信。其中一封指示将马棚里的土作为原料制造、提供硝石。[①] 毛利辉元还指示负责与福建海商交易的赤间关代管高须氏筹措硝石，还委托尾道大商人涩谷氏购入硝石2千—3千斤。如前所述，和大友氏敌对的毛利氏很难通过葡萄牙船筹措硝石，因此通过制造人工硝石，从华人海商、领内商人处购买来确保必要硝石的获得。同样与大友氏敌对的龙造寺隆信也反复命令筹措制造人工硝石用的木柴。[②]

又在东日本，1557年甲斐武田氏对参与硝石筹措的御用商人予以各种杂役的免除，之后还要求领内的国众（当地保持独立的武士）与家臣各自准备硝石。而关东的北条氏也在1571年（元龟二年）临检停泊在沼津的船只，命令搭载硝石、铅、铁炮的船必须上报，又在1589年（天正十七年）的下野下达用硝石代纳一部分年贡的指示。[③]

进而在肥后的加藤清正于1593年命令家老，筹措武器、军需品、军船等立刻发送往朝鲜，特别是对硝石作了这样的指示：“命该冬、春季期间，熊本、高濑、河尻町家，门口每有一间（约1.8米）制造、提供硝石200匁（约750克）。不过户外的门口宽于三间的家，命相应地按比例增加提供量。制作硝石后调制火药，然后送达（朝鲜驻扎地）”。[④]

① 宇田川武久：《东アジア兵器交流史の研究——十五—十七世纪における兵器の受容と传播——》，吉川弘文馆1993年版，第244—255页。

② 铃木敦子：《矿工业　中世の诸产业》，深尾京司等编：《岩波讲座日本经济の历史1　中世》，岩波书店2017年版，第251—252页。

③ 铃木前揭《矿工业　中世の诸产业》，第253—254页。

④ 《熊本县史料》中世编五，熊本县，1966年，第414—416页，《下川文书》（文禄二年）3月4日加藤清正书状；中岛前揭《十六世纪末朝鲜战争与九州——东南亚贸易》，第94页。

从毛利元就用“马棚之土”制造硝石，加藤清正命领内“町屋”提供硝石来看，可以明白是用土中自然生成的硝酸盐通过“古土法”精制成人工硝石。民家及马棚下堆积的土壤所含的氨元素，因硝酸菌的酸化形成硝酸，再和钙反应生成硝酸钙。采取该土壤再与水混合，将浸出液取出后再混合灰汁，灰汁所含碳酸钾与硝酸钙反应，碳酸钙于是就置换成了硝酸钾。再将之加热后的浓缩液过滤、冷却，就能析出硝酸钾即硝石的结晶。进而到了 17 世纪，人工培育含硝酸钙的土壤，将之精制成硝石的“培养法”得到普及。①

另外被福建巡抚许孚远 1593 年派遣至萨摩的密探许豫报告称“硫黄系日本产出，焰硝随所恶土煎炼亦多。惟乌铅乃大明所出。有广东香山澳发船往彼贩卖，炼成铅弹，各州俱盛”，即日本采掘天然硫黄，从澳门的葡萄牙船进口铅，同时用古土法制造人工硝石。② 而朝鲜王朝也让知晓人工硝石制造方法的日本降兵（降倭）制造硝石，学习其技术。朝鲜王朝从 15 世纪开始生产人工硝石，但以前的技术无法制造火繩铳可以使用的硝石，推测因此企图通过降倭引进古土法。

日本硝石国产化的影响还波及菲律宾。根据马尼拉会计官账本的记录，首先 1591 年某日本商人向王立备蓄库纳入火药 35 阿罗瓦（arroba）7 磅（libra）（约 478 千克）。在朝鲜开战后的 1592、1593 年的确无法看到军需品纳入的记载。但讲和谈判的休战期间 1594—1596 年，有 1 到 2 名日本商人向王立备蓄库贩卖火药和硝石。在再次侵略朝鲜的 1597—1598 年，日本人纳入军需品的记录再次消失了，但战争结束后的 1599 年，4 名日本商人再次将火药、硝石纳入备蓄库。③ 在这样的 1590 年代，日本商人只有在朝鲜侵略的停战期及结束后才将硝石、火药出口到马尼拉。当时，西日本诸大名为了战时需要而进口硝石，在领地内也努力增加古土法的人工硝

① 板垣英治：《硝石の舍密学と技术史》，《金沢大学文化财学研究》八号，2006 年，加藤朗：《肥料造りから硝石造りへ》，宇田川武久编：《日本铳砲の历史と技术》，雄山阁 2013 年版。

② 许孚远：《敬和堂集》抚闽稿，疏，《请计处倭酋疏》。

③ Juan Gil, *Hidalgos y Samurais*：*España y JapónenlosSiglos XVI y XVII*, Madrid：Alianza Editorial, 1991, pp. 35 – 36, 66 – 83. Sun, “Saltpetre Trade,” pp. 154 – 155, Table 6. 1 中基于 *Hidalgos y Samurais* 所载将 1551—1620 年从日本输出硝石、火药至马尼拉的事例制作了明细表。不过部分数据有疏漏。

石产量。因此需求减少的停战期及战后，剩余硝石就向海外出口。

之后，1600—1606年间，日本商人每年向马尼拉备蓄库纳入火药及硝石。佩德罗·奇里诺（Pedro Chirino）在《菲律宾报告书》（1604年刊）中也称“从日本输入大量小麦、小麦粉，及银、金属、硝石、武器和大量的奇珍异宝”[①]，硝石在这里被记载为来自日本的主要输入品。甚而1607年司法行政院的报告中称，菲律宾向江户幕府派遣的使节船，在回航时也搭载“银之外，非常优质的硝石”[②]。只是1607年以后，主要由西班牙商船取代了日本人商人渡航至日本进口军需品。[③] 而安东尼奥·莫加在《菲律宾诸岛志》中记载，华人海商向马尼拉出口“铁板、锡、铅、硝石、火药”等，表明进入17世纪中国产军需品再次供给向了菲律宾，日本产硝石、火药则成为其补充。

另外从1600年前后的澳门至日本出口品明细单来看，每年2千匹克（1200吨）之多的铅被作为军需品出口，但没有硝石出口的记录。[④] 1590年代间，用葡萄牙船向日本出口暹罗、中国产铅的贸易扩大了，另一方面可以确认硝石的出口消失了。伴随着朝鲜侵略而发生的人工硝石国产化，使日本在16世纪末从硝石进口国转变为出口国。

结语

16世纪末的东亚海域中，特别成为军需品贸易焦点的是，硝石与铅的供给地中国和暹罗，以及弹药需求激增，硝石和铅不足的日本与菲律宾。其中，日本以朝鲜侵略为契机步入了人工硝石国产化，从硝石输入国转变为出口国。另一方面，面临中国产军需品输入的断绝，菲律宾从澳门、暹罗日本寻找新的供给地。

① *The Philippine Islands*, Vol. 12, “Relation of the Filipinas Islands,” p. 192.

② Gil, *Hidalgos y Samurais*, pp. 119 – 121.

③ Gil, *Hidalgos y Samurais*, pp. 122 – 126; Sun, “Saltpetre Trade,” Table 6. 1.

④ C. R. Boxer, *The Great Ship from Amacon: Annals of Macao and the Old Japan Trade, 1555 – 1640*, Lisboa: Centro de EstudosHistóricosUltramarinos, 1958, pp. 179 – 181. 冈美穗子：《商人と宣教师　南蛮贸易の世界》，东京大学出版会2010年版，第99—104页。

进入17世纪后，中国再次开放了军需品出口，东亚海域中火器的使用及军品贸易更为扩大了。加之日本向菲律宾输出硝石，1610年后荷兰东印度公司将日本作为军品供给据点，向巴达维亚（Batavia）、万丹（Banten）输出大量的硫黄及硝石，此外朱印船也向中南半岛诸国输出硫黄。① 另一方面，江户幕府的诸大名通过葡萄牙船、朱印船以及荷兰、英国东印度公司，从暹罗进口大量的铅，同时进口优质的暹罗产硝石。② 这样的军需品贸易在1615年（元和元年）的大阪夏之阵时期达到顶峰。但是此后因为“德川和平”弹药需求减少，加之1621年（元和七年）武器输出禁止令，1630年一系列“锁国”令的出台，日本几乎退出了军需品贸易。不过之后硫黄和硝石还通过走私出口到了朝鲜。③

朝鲜以壬辰倭乱为契机编成了强大的火绳铳部队，其必要的硫黄和硝石，通过和明朝、日本的正式贸易、走私贸易来筹措。1630年代因为清军的进攻，来自明朝的军需品供给断绝，朝鲜致力于人工硝石的增产与硫黄矿山的开发，17世纪后半基本达成了硝石、硫黄的自给。④ 由此，17世纪后半东中国海域的军需品输出，除了从琉球向清朝的硫黄朝贡路径，军需品从主要贸易品的名单中消失了。之后的亚洲海域军需品贸易舞台，转移到伴随着东南亚诸国及欧洲势力的军事行动，弹药需求量持续扩大的南中国海域，以及印度产硝石自欧洲至东南亚广大地区大量输出的印度洋海域。⑤

（作者单位：日本九州大学文学部东洋史研究室）

① 加藤荣一：《幕藩制国家の形成と外国贸易》，校仓书房1993年版，第47—87页，岩生成一：《新版　朱印船贸易史の研究》，吉川弘文馆1985年版，第288—294页。

② 冈田章雄：《日欧交涉と南蛮贸易》，思文阁出版1983年版，第20—21，79—101页。

③ 米谷均：《十七世纪前期日朝关系における武器输出》，藤田觉编：《十七世纪の日本と东アジア》，山川出版社2000年版；金文京：《十七世纪日朝武器输出とその清朝への波及》，《朝鲜史研究会论文集》五六集，2018年。

④ 许泰久（太田秀春译）：《十七世纪の朝鲜における焰硝贸易と火药制造法发达》，黑田庆一编：《韩国の倭城と壬辰倭乱》，岩田书院2004年版；李侑儒前揭：《近世初期东亚诸国间硫黄与硝石的流通及管制》，第12—15页。

⑤ Frey, “The Indian Saltpeter Trade, The Military Revolution, and the Rise of Britain as a Global Superpower,” Sun, “Saltpetre Trade,” pp. 153 – 170.

《万用正宗不求人》与晚明社会的法律知识

连启元

明清以来对于民间社会屡见的健讼、好讼等形象，地方政府虽积极予以整顿风俗，却又无法完全忽视民间对于各项司法诉讼的需求。然而诉讼的状词与格式文书，需要专门的法律知识与技巧，此类知识又是如何被学习与传播，是极为重要的研究课题。

日用类书的内容涵盖日常生活各项知识，收录相关文书格式、活套以供参考并抄录使用，因此也成为民间所需法律知识的重要取得途径。近年来学界开始对明清日用类书进行研究，有助于理解民间社会对法律知识的取得与学习。因此，本文尝试对明代万历时期刊刻的《万用正宗不求人》中之有关法律知识内容加以讨论，理解其内容选取、编排、架构标准，借此以理解民间法律知识的学习与传播过程。

一　前言

明代官方的法律条文琐碎，且阅读不易，以至于产生许多律学家的私家批注著作，以供官员理解阅读并判案；反观民间地方社会，又是如何有效运用这些法律知识，以达到田土、婚嫁、继承等诉讼的实际生活需求？因此，本文企图借由日用类书的数据阅读，尝试理解民间地方社会如何学习、运用法律知识，以及探讨此类法律知识的传播过程与影响。

关于民间地方社会所学习的一套法律知识系统，通称为“讼师秘本”，最早研究此类议题的是夫马进教授，他做了关于讼师与秘本的系列研究[①]。讼师的主要业务是代作呈词、状词，并代理与胥吏、官府的交涉。诉讼所需知识，除了讼师群体所掌握的秘本之外，其他的一般人，对于日常生活遭遇的买卖、租借、雇用等契约的需求，除了委托讼师或相关代理人之外，又是如何取得或学习相关的法律知识？学习的途径又是为何呢？

日用类书在晚明民间社会的出现，带来多样性的知识学习，从日常生活中传递各类的相关知识内容，符合生活所需的基础知识，并具有普及化与实用化的特色，内容涵盖法制、教育、商业、交通、文学、医学，乃至于社会生活、民间文化等领域，促进了民间社会文化的发展。

明代日用类书的出版情形繁多，万历时期出版的日用类书尤为丰富，东京大学东洋文化研究所编纂《中国日用类书集成》，即收录 6 种万历时期不同的类书，[②] 此后又有中国社会科学院历史研究所文化史研究室编辑的《明代通俗日用类书集刊》，收录明初至明末类书共 44 种，[③] 对于日用类书的研究极有帮助。本文主要以万历时期刊印的日用类书《万用正宗不求人》为考察重点，理解法律相关知识与文书的内容编排、传播途径、阅读群体与对象，最后探讨与之相关的地方社会秩序。

《万用正宗不求人》，全名又为《鼎锓崇文阁汇纂士民万用正宗不求人全编》，共 35 卷，由署名阳龙子所编辑，刊刻于万历三十五年（1607）。阳龙子，不知何许人，从序文来看，有“京南龙阳子精辑艺林□梓行”，卷端记载：“因肄业于崇文馆，得与龙阳子伍。余观其书，乃天文、地舆、

① 夫马进：《讼师秘本の世界》，收入小野和子编《明末清初の社会と文化》，日本：京都大学人文科学研究所 1996 年版，第 189—238 页。夫马进：《讼师秘本〈萧曹遗笔〉的出现》，收于杨一凡、寺田浩明主编《日本学者考证中国法制史重要成果选译·明清卷》，中国社会科学出版社 2003 年版，第 460—490 页。夫马进：《讼师秘本〈珥笔肯綮〉所见的讼师实象》，收于邱澎生、陈熙远编《明清法律运作中的权力与文化》，联经出版有限公司 2009 年版，第 9—33 页。

② 计有：《新锲全补天下四民利用便观五车拔锦》（简称《五车拔锦》）、《新刻天下四民便览三台万用正宗》（简称《三台万用正宗》）、《新刻全补士民备览便用文林汇锦万书渊海》（简称《万书渊海》）、《新刻搜罗五车合并万宝全书》（简称《五车万宝全书》）、《鼎锓崇文阁汇纂士民万用正宗不求人全编》（简称《万用正宗不求人》）、《新板全补天下便用文林妙锦万宝全书》（简称《妙锦万宝全书》）等。参见：《中国日用类书集成》，汲古书院 1999 年版，据东京大学东洋文研所所藏本影印。

③ 中国社会科学院历史研究所文化史研究室编：《明代通俗日用类书集刊》，西南师范大学出版社 2011 年版。

纪图及山海经、博物志、怪异符录诸夷传，南越志、西域记，总总琳琳，无不遍阅。余是以摘其捷用者录之，删其繁乱者去之，故汇纂成帙，名曰《学府全编》。”显然，此书原为龙阳子编纂，其崇文馆学友加以删改后，改名为《学府全编》，最后由余象斗刊行，并记曰：“坊间诸书杂刻，然多沿袭旧套，采其一，去其十；弃其精，得其粗。本堂近锓此书，名为万用正宗者，分门定类，俱载全备，展卷阅之，诸用了然。”卷末则有“万历岁次丁未（三十五年，1607）潭阳余文台梓”①。或许，此书历经诸人之手，亦多有删改，因此卷次内的名称不一，如卷四以前题为《鼎锓崇文阁汇纂士民万用正宗不求人全编》，之后则题为《鼎锓崇文阁汇纂四民捷用分类学府全编》。为行文方便，以下统称为《万用正宗不求人》。

二 《万用正宗不求人》的内容编纂、编排与架构

关于法律知识的内容与分类，《万用正宗不求人》分别列于卷五的《体式门》，与卷十二的《律法门》，版面编排皆以上、下两层的架构，一般而言下层的版面较大，内容较多，上层版面较小。内容皆以文字叙述为主，配图的情形较少，《律法门》的卷首绘制一图，表现出官府内的法官，慎重刑律与审判的场景。

（一）《体式门》的内容与性质

卷五《体式门》的目录标题，上层为“诸般体式俱全”，下层为“作状规格备详”，② 主要是各类的契约格式活套。上层的版面较小，属于文契体式，需要时直接抄录，再稍作修改即可。内容包含：买田契式、买屋契、佃田文约、买牛契、买马契、顾船夫契、顾脚夫契、农民呈子、贼盗呈子、地方执结、领农民状、保状、道士化缘疏式等，共18种。

下层的版面较大，内容较多，相对比较重要，包含：分关启式、富

① 阳龙子辑：《万用正宗不求人》（《中国日用类书集成》，汲古书院2003年版，据财团法人阳明文库所藏本影印），卷末刊记，第552页。

② 阳龙子辑：《万用正宗不求人》，目录，第10页。

家用分关式、晋江刘氏分关序、乡约体式、禁赌博约、坟山禁约、禁盗鸡犬约、禁盗笋竹约、禁盗田园果菜蔬约、禁六畜作践禾等，共10种。

整体而言，总计28种的契约文书格式，依照类别大致分为：

> 呈状类：农民呈子、贼盗呈子、地方执结、领农民状、又执结、保状、领状、铺行领状
>
> 买卖类：买田契式、买屋契、佃田文约、买牛契、买马契
>
> 财产类：分关启式、富家用分关式、晋江刘氏分关序
>
> 雇佣类：顾船夫契、顾脚夫契
>
> 禁约类：乡约体式、禁赌博约、坟山禁约、禁盗鸡犬约、禁盗笋竹约、禁盗田园果菜蔬约、禁六畜作践禾苗约、禁田园山泽约
>
> 其他类：木匠上梁致语、道士化缘疏式

其中呈状类与禁约类的内容最多，其次则为：买卖类、财产类、雇佣类、其他类。而呈状类文书，又称为“呈子”，是地方民众向官府的呈报文书，包含地方里长、总甲呈报地方盗贼事务，以及巡察地方、各项领状与保状等。而禁约类文书，主要包含乡约体式以及禁止赌博，禁止窃盗鸡犬、笋竹、田园、果菜、六畜、坟山等禁约，反映日常生活中常见的琐碎窃盗事务与纠纷。这些都说明地方民众与官府之间互动频繁，所以此类文书格式的使用与需求也较高。

买卖类，包含田土、房屋、牛只、马匹的买卖文书格式以及田地租佃的文约，包含田宅的大小、界限、价值，以及牛只毛色、议价、来历等，[①]彰显田宅买卖，以及牛、马对于日常生活的重要性。

财产类，即财产分家的契约文书格式，亦即“分关”文书，依照读者的需求，罗列了一般、富者、儒者等三类格式范例，以为参考。

雇佣类：包含雇用船夫、脚夫等，并将货物载至何处地点、水脚银若干、损害赔偿等载明清楚，并另契约为凭证。[②]

---

① 阳龙子辑：《万用正宗不求人》卷五，《体式门·买牛契》，第202—203页。

② 阳龙子辑：《万用正宗不求人》卷五，《体式门·顾船夫契》，第203—204页。

其他类，则有“木匠上梁致语”“道士化缘疏式”等；另外值得注意的是，有关婚嫁、离异、家庭等婚姻相关的文书格式，并未收录。

（二）《律法门》的内容与性质

卷十二《律法门》的内容，同样分成上、下两栏目，目录标题上层为“律令行移俱全”，下层为“法家要览俱全”①。上层主要内容条目有：五刑条例、在外纳赎则例、刺字不刺字、纳纸不纳纸、比附律条、警劝律例歌、律卷总目条款名歌、问拟总类歌、监守自盗赃、平常人盗赃枉法赃、窃盗赃不枉法赃、坐赃、收赎歌、妇人纳钞歌、纳米歌、迁徙歌、诬告折杖歌、犯奸律歌、例分八字西江月、西江月等。下层主要内容条目为金科一诚赋、为政规模节要论。

由于法律条文叙述较为拘谨、枯闷，为求贴近阅读者，日用类书常以歌谣或口诀的方式，来加以说明，并辅助记忆。例如“五刑条例”，即是以简要的口吻与叙述，解释法律中五刑的基本知识：

> 凡五刑：笞刑有五，自一十到七十，每十下为一等，加减轻重之用。杖刑有五，自六十到一百，亦每十下为一等加减。徒刑有五，凡罪犯稍重者，拘收在官，煎塩、炒铁一切用力辛苦之事，自一年到三年，每杖一十及半年为一等加减。流刑三，人犯重罪，不忍刑杀，流去远方，不得回乡，自二千里至三千里，每五百里为一等加减。死刑二，曰绞则全其肢体，曰斩则身首异处。②

五刑即笞、杖、徒、流、死，各有等第不同，法官可依照罪行差异，用以参酌量刑轻重的裁量权。《万用正宗不求人》的叙述，主要是简化并说明《明律》的“五刑之图”。

《犯奸律歌》则是将《明律》卷二十五的《刑律·犯奸》条文，总计共11条的内容，编成歌谣，是以每句五言的形式，共129句的方式，将法

---

① 阳龙子辑：《万用正宗不求人》目录，第11页。

② 阳龙子辑：《万用正宗不求人》卷十二，《律法门·五刑条例》，第418页。

律条文精简之后，再加以编排以方便记忆：

> 男女和奸者，各该杖八十。有夫若和奸，加等杖九十。刁奸引出外，各杖一百止。强奸污妇名，奸夫拟绞罪。强奸若未成，杖百流三千。十二岁下女，虽和强奸论。和奸与刁奸者，男女同罪戾。若有奸生子，子付奸夫养。奸妇从夫嫁，不嫁听夫主。嫁与奸夫者，两夫各八十。妇人离归宗，财物入官去。强奸本男意，妇女不坐罪。媒合容通奸，各减杖一等。私和奸事者，犯人杖三等。非奸所捕获，指奸皆勿论。奸妇身有孕，罪止坐妇名。①

对照《明律》卷二十五《刑律·犯奸·犯奸条》条文规范为：

> 凡和奸，杖八十。有夫，杖九十。刁奸，杖一百。强奸者绞，未成者，杖一百，流三千里。奸幼女十二岁以下者，虽和同强论。其和奸、刁奸者，男女同罪。奸生男女，责付奸夫收养，奸妇从夫嫁卖。其夫愿留者，听。若嫁卖与奸夫者，奸夫、本夫各杖八十。妇人离异归宗，财物入官。强奸者，妇女不坐。若媒合容止通奸者，各减犯人罪一等。私和奸事者，减二等。其非奸所捕获，及指奸者，勿论。若奸妇有孕，罪坐本妇。②

《万用正宗不求人》内容则将和奸、刁奸、强奸、奸幼女等情节与量刑差异，都予以扼要的描述与说明。以奸罪而言，除强奸罪妇女不坐之外，奸生子责付奸夫收养，奸妇听从夫嫁卖，妇人离异归宗等处罚，整体内容，精简扼要。而奸妇听从夫嫁卖，且不得卖与奸夫，则反映出民间妇女官卖、买休卖休的社会现象。③

---

① 阳龙子辑：《万用正宗不求人》卷十二，《律法门·犯奸律歌》，第446—450页。

② 黄彰健：《明代律例汇编》卷二十五，《刑律·犯奸·犯奸条》，台北：三民书局1979年版，第41页。

③ 吴景杰：《明代妇女买卖案件中的法律推理》，《明代研究》第16期，2011年6月，第107—140页。

其他如《警劝律例歌》《问拟总类歌》《收赎歌》《妇人纳钞歌》《纳米歌》《迁徙歌》等，皆是采用歌谣或口诀的方式，再予以解释说明相关的法律知识，并辅助记忆。

而《金科一诚赋》的内容，主要是完全抄录嘉靖刊本《大明律例附解》的附录，[①] 是以“金科慎一诚、玉律贵无情、夫奸妻有罪、子杀父无刑、不杀得杀罪、流罪入徒荣、出杖从徒断、入徒复杖征、纸甲殊皮甲、银瓶类瓦瓶、伤贱从良断、屠牛以豕名、达兹究奥理、决狱定详明”等14条要旨，主要是强调法律条文的不可更动，因此以“金科玉律”为名。同时，在叙述每一句要旨之下，以“辩疑”的批注方式，来说明每一句的意义。例如第一句的“金科慎一诚”：

> 辩疑云：以金者，刑也、曹也。科者，条也。谓刑曹之官，推断刑狱之际，惟当慎其一心之诚否。则致罪出入，可不慎与。[②]

强调法官审判刑案时，需秉持谨慎、诚正之心，以免出入罪名，陷人入狱。而最后一句的“决狱定详明”则为：

> 若能达并究奥之理，吾知决狱之际，必能齐类以推其余，原情定罪，岂有不详明哉[③]。

《为政规模节要论》亦是抄录《大明律例附解》附录，再予以解释。例如“盖律以明经，则所以验其学者，益广经以通律”句的批注说明为：

> 律与经兼用，内圣外王之道也。故有经无律，则有体而无用；有律而经不明，则有用而无体。二书之理，互相発〔发〕明也。盖学而

① 不著撰人：《大明律例附解·附录》，东京大学东洋文化研究所藏嘉靖二十三年邗江书院重刊本，第1—2页。

② 阳龙子辑：《万用正宗不求人》卷十二，《律法门·金科一诚赋》，第418页。

③ 阳龙子辑：《万用正宗不求人》卷十二，《律法门·金科一诚赋》，第421页。

优则仕，仕而优则学之意也。[①]

以“律、经兼用”的精神，反映出将法律条文提升到经学的地位，因此产生出士大夫“治律如治经”的态度与价值观。[②] 而对于“重则监候待报，轻则即便决刑”句的说明，则为：

> 绞、斩，所谓重罪也，勘问明白，申达宪司，转达刑部，奏问回报，委官覆审，然后处决。徒、流以下，所谓轻罪也，则从各府州县官员决刑，不必申达转奏。[③]

主要是说明，死罪必须奏报，转达刑部覆审后，然后处决；而徒、流以下，则从各府州县官员决刑，不必申达转奏。

以上内容几乎完全抄自嘉靖刊本《大明律例附解》的附录，再予以批注、说明，以方便读者理解。从目录标题来看，这些法律知识，主要是培养读者对法律条文的理解与认识，或是成为诉讼的先备知识。

三 《万用正宗不求人》法律知识内容的特色

从《万用正宗不求人》所收录有关法律相关契约文书的内容来看，大致反映出万历时期日用类书对于知识系统的两种分类。第一类偏重日常实用的法律文书，即各类契约与禁约文书，即卷五《体式门》的收录内容，包含买卖、析分家产、雇佣、禁约等各类文书的使用与应用。第二类偏重基本知识法律的获取与学习，即卷十二《律法门》的收录内容，包含法律的基本知识、用语、理解等。

若从卷次的编排与顺序来看，《万用正宗不求人》将《体式门》置于《律法门》之前，似乎反映出晚明社会较为偏重日常生活使用契约与禁约

---

① 阳龙子辑：《万用正宗不求人》卷十二，《律法门·为政规模节要论》，第422页。

② 邱澎生：《有资用世或福祚子孙：晚明有关法律知识的两种价值观》，《清华学报》第33卷第1期，2003年6月，第1—43页。

③ 阳龙子辑：《万用正宗不求人》卷十二，《律法门·为政规模节要论》，第430页。

文书的实用性质。

（一）日常生活的契约文书

日常生活所需主要有契约文书与诉讼文书，《万用正宗不求人》收录了各类文书与活套，内容格式固定，使用者只需要将姓名、内容等讯息，稍做修改，就能随即使用。卷五《体式门》所收录的28种契约文书格式，可依照类别大致分为呈状类、禁约类、买卖类、财产类、雇佣类、其他类等，反映出日常生活的民事问题与纠纷，以及地方民众与官府之间的互动情形。

其中呈状类与禁约类的内容最多。呈状类文书包含地方里长、总甲呈报地方盗贼事务，以及巡察地方、各项领状与保状等，例如呈报窃盗耕牛的“贼盗呈子”：

> 某都某役某人或里长总甲等，呈为被盗牛只事：有本都某人报私，本月某夜三更时分，被贼人来定家，挑开前栏门锁，盗丢耕牛几头，彼时带领失主眼寻，搜至地方某处某人卧房内，搜获本牛皮、头、蹄，是的系实，惯贼盗事情，不敢擅自私和，理合具呈，须至呈者。①

内容包含失窃的失主、时间、地点、数量以及寻获证物的地点、窃盗者等，由于窃盗耕牛涉及私宰等法律刑责，② 所以不得私下和解，必须呈报官府处置。

买田契式、买屋契、佃田文约、买牛契、买马契等买卖类的契约文书，除了标明田土、房屋、牛马的大小、形状、数量等情形，并确保没有来历不明等欺骗行为，同时为求契约的效力，除了立字为凭证之外，还必须有牙人参与，例如：“情愿托得知识人某为中”“情愿托到某人为中”

① 阳龙子辑：《万用正宗不求人》卷五，《体式门·贼盗呈子》，第205—206页。

② 连启元：《明代禁杀牛只的相关法令与社会风气变迁》，《明代研究》第24期，2015年6月，第1—32页。

“托到某人为牙”等,[①] 说明牙人参与中介买卖情形非常普遍。

禁约类文书，除了“乡约体式”之外，其余皆为日常生活中常见的琐碎事务与纠纷，包含禁止赌博以及禁止窃盗鸡犬、笋竹、田园、果菜、六畜、坟山树木等禁约，反映出日常生活中常见的琐碎事务与纠纷。

“分关”契约文书，涉及财产分配与继承的问题，是地方社会常见的民事纠纷与法律案件，因此对日用类书的读者而言，更具有实用价值。分关书，又称为分家文书或阄书、析产文书、分单、摽书等，通常完整的分家书，包括序言、分家内容、落款等三部分，分家内容则有家产细目、各类附加条件，文书最后则有分家人、受产人以及中见人等落款。[②]《万用正宗不求人》所收录的分关契约文书，分为一般、富者、儒者等三类格式范例。首先是一般常用的分关启式：

> 尝闻唐虞敦睦，九族四海，底一家之休，文武笃厚周古，心不古，则张氏九世同居，忍字之义微矣。兹某郡某县某家……咸以克肖先人，自期创业，规模自立，敢请宗亲族长，开张筵席，而公议将粮米、田园、池塘、屋室、器皿、珍宝之类，一一均分无异，阄落银瓶，祷告天地神祇，金筋空钳，执此为定额。须念先人之旧业，尝崇百堵之家声，有大望于汝辈也，非吾不惜唐虞之风，有周之庆，张氏之义，时以其勤创家，付诸后人，敢不信云。[③]

富者用的富家用分关式则为：

> 尝闻阴骘持家，方裕后昆，宽洪大度，效长者包荒之量，交接谦恭，李儒生巽顺之仪。斯人情得而家道昌，合乎司马氏阴德，为子孙

① 阳龙子辑：《万用正宗不求人》卷五，《体式门》，第199—203页。

② 相关研究可参考张研《对清代徽州分家文书书写程序的考察与分析》，《清史研究》2002年第4期；栾成显《诸子均分制与家庭经济变动：〈乾隆黟县胡氏阄书汇录〉研究》，《中国史研究》2006年第4期；王振忠《清代一个徽州小农家庭的生活状况：对〈天字号阄书的考察〉》，《上海师范大学学报》2006年第2期。

③ 阳龙子辑：《万用正宗不求人》卷五，《体式门·分关启式》，第199—200页。

长久之计也。兹某乡某都某里某姓名，血生男几，兹者成人长大，姻娅已毕，各怀创造之制，营为之谋，厥志不小，实慰残年之乐矣。且待之予家，使其动心忍性，知克勤克俭之思，经历风雨，泯其骄慢骄乐之情，所以出入，云为刚柔并济而不急，遽湮情遏欲，阴隲门开而不苟，简真为子子孙孙，不拔之鸿业者此也。特会宗亲、族长，将计均分几分拈阄定额，永无争竞，各宜体亲之心，以继忘述事云尔。①

儒者用的以晋江刘氏的分关式为例：

晋江刘氏分关序（儒者用）

诗礼传家，钦承先人之志，文章华国，属乎后昆之事。尝闻肖子已享天禄，何须大家厚产，宜人荣膺天位，何必高梁大厦。自古英雄豪杰，每困尘埃而频登紫阁，何今不古，区区以侈靡是尚哉。时泉州府晋江县刘彬，血生四子，长曰九经，次曰九韶，三曰九章，四曰九畴，并例黉门。不思财源有限，朝夕费用无穷，痛吾残年衰弱，诚恐名不成而财已竭，功不就而身已怠。兹特请公明正直朋辈宗亲，将房屋田园，均分四分，凭阄为则付诸儿等，须无黄金满嬴，亦有明经一卷。盖古人以书史作良田，朝耕二典，暮耨三谟，秋成结熟，腰金衣紫，曷不勉诸。②

三种分关文书的起首序言代表三种不同的性质，一般用的强调敦睦笃厚，相忍而能九世同居。富者用的强调阴骘持家，则能富裕后代。而儒者用的则重视诗礼传家，最后更以“须无黄金满嬴，亦有明经一卷”结尾，凸显儒者的书香世家风范。不过，分析家产时都有相关共同点，亦即有宗亲、族长等见证人，作为公议，并用客观的抽签、抽阄来决定家产的最终分配，并不得有异议，说明重视见证人的法律效力。

① 阳龙子辑：《万用正宗不求人》卷五，《体式门·富家用分关式》，第200—201页。

② 阳龙子辑：《万用正宗不求人》卷五，《体式门·晋江刘氏分关序（儒者用）》，第199—200页。

因此，从《万用正宗不求人》所收录的分关契约文书，编者可能依照读者的实际需求，将一般、富者、儒者等三类格式范例同时收录，以方便读者抄录使用，反映出迎合各阶层使用需求的实用特性。

（二）基本知识法律的获取

法律条文内容与用语，有时较为专业而艰涩，为求贴近阅读者，日用类书的《律法门》常以歌谣或口诀的方式，来加以说明、帮助理解。例如《律卷总目条款名歌》，则是以十句歌谣、口诀的方式，帮助读者记诵《明律》条文的卷次与条目：

> 名例戢〔职〕制兼公式，户役田宅与婚姻。仓库课程接钱精〔债〕，市廛祭祀仪制明。宫衙〔卫〕军政关津密，既收〔廄牧〕邮亭〔驿〕贼盗宁。人命斗殴连驾〔骂詈〕置，诉讼受脏〔赃〕诈伪倾。犯奸杂犯捕亡获，断狱营造河防成。
>
> 十句总言三十卷，条有四百六十名。此歌总言三十卷，条有四百六十名，乃大明律条款名也，但律例广多，兹卷难以备载，孝者见大明律者，自宜参考。[1]【按：〔 〕字的内容，皆依照《明律》校正补入】

由卷一的《名例律》开始，依照吏律、户律、礼律、兵律、刑律、工律等顺序，将《明律》30卷，共460条文各卷条目加以缀补成歌，以方便读者背诵与记忆。不过，或许由于刻工的疏忽，或是对律文条目的不熟悉，其中错字甚多，例如：钱精应为“钱债”、宫衙应为“宫卫”、既收应为“廄牧”、连驾应为“骂詈”等，极容易造成读者理解的困难，甚至形成错误的解释。

又有《例分八字西江月》，是将《明律》内法律文书上常用的八个字，加以扼要说明：

---

① 阳龙子辑：《万用正宗不求人》卷一二，《律法门·律卷总目条款名歌》，第441—442页。

以纪文身合死，准言例免难诛，皆无首从罪非殊，各有彼此同狱。其者变于先意，及为连事后随，即如听讼判真虚，若有余情依律。①

所谓的“例分八字”，为法律文书上常用的八个字：以、准、皆、各、其、及、即、若。依据《明律》所规范的“例分八字之义”为：

以　以者与真犯同。谓如监守贸易官物，无异真盗，故以枉法论，以盗论，并除名刺字，罪至斩绞，并全科。

准　准者与真犯有间矣。谓如准枉法、准盗论，但准其罪，不在除名刺字之例。罪止杖一百，流三千里。

皆　皆者不分首从，一等科罪，谓如监临主守，职役同情，盗所监守官物，并赃满贯皆斩之类。

各　各者彼此同科此罪。谓如诸色人匠拨赴内府工作，若不亲自应役，雇人冒名私自代替，及替之人，各杖一百之类。

其　其者变于先意。谓如论八议罪犯，先奏请议，其犯十恶不用此律之类。

及　及者事情连后。谓如彼此俱罪之赃，及应禁之物则没官之类。

即　即者意尽而复明。谓如犯罪事发在逃者，众证明白，即同狱成之类。

若　若者文虽殊而会上意。谓如犯罪未老疾，事发时老疾，依老疾论。若在徒内限内老疾者，亦如之之类。②

另外，《刺字不刺字》则说明，除妇人、军匠、力士等犯罪不刺字外，其余人皆须刺字。而《纳纸不纳纸》则说明除强盗、逃民、逃军、真犯死

① 阳龙子辑：《万用正宗不求人》卷一二，《律法门·例分八字西江月》，第450页。

② 黄彰健：《明代律例汇编》卷首，《例分八字之义》，第41页。

罪之外，其余皆须纳纸。这些都是法律知识的基础，以提供读者理解学习。[①]

（三）劝谕息讼与滥兴诉讼并存

卷十二末尾收录的西江月，共计四首，内容主要是劝人远离是非、诉讼，反映出息讼与止讼的精神。第一首为：

> 鞍弱安身之本，刚强惹村之灾，无争无竞是贤才，亏我些儿何害。铊斧敲金易碎，钢刀劈水难开，世人笑道我痴呆，管取前程自在。[②]

此处与《水浒传》第四十七回，描写宋江率领众人攻打祝家庄时，提及的一首西江月“软弱安身之本，刚强惹祸之胎。无争无竞是贤才，亏我些儿何碍！钝斧锤砖易碎，快刀劈水难开，但看发白齿牙衰，惟有舌根不坏”[③] 内容大致相同，只是文字上稍做修饰而已。《水浒传》刊刻于明初，万历时期的《万用正宗不求人》编纂者，明显受其影响，并挪用了小说的叙述文字，应是藉此吸引读者的兴趣与理解。

其他三首则为：

> 村中一切小事，劝和莫出乡间，省下省米省收监。气□三分要等，莫虑他们亲戚，休犯□里相干。官司不打一家安，此是良人自在。

又

> 村中一切小事，不和要出乡间，信谗出外四〔是〕英雄。逞志夸

① 阳龙子辑：《万用正宗不求人》卷一二，《律法门·纳纸不纳纸》，第422页。
② 阳龙子辑：《万用正宗不求人》卷一二，《律法门·西江月》，第450页。
③ 施耐庵：《水浒传》第四十七回《扑天雕双修生死书　宋公明一打祝家庄》。

能好汉，竹板皮鞭受苦，夹棍撒子心酸。日间对理收监，此是愚人公断。

又

此处处分贵贱，倦人饮食皆同，人若到此鸟投笼。展〔辗〕转番〔翻〕身难动，梦里思□妻子，醒来门锁重重。自古牢狱不通风，笑把是非来弄。①

前两首，主要是强调的乡里和谐，若能以和为贵，不因为一些琐碎小事滥兴诉讼，打扰乡里，自然不会有官司缠身，更不会竹板、皮鞭、夹棍、撒子等刑具加身，以至于遭受审讯时的皮肉痛苦，皆是以“息讼”为目的。而“官司不打一家安”“不和要出乡间”等，则是强调邻里安宁与维护地方社会秩序的重要性。

最后一首则是描写监狱的苦楚，“人生到此鸟投笼”“展〔辗〕转番〔翻〕身难动”“梦里思□妻子”“醒来门锁重重”等，是藉由外在的身体方面等困苦以及内在精神方面的思念；强调“牢狱不通风”的困境，藉由监狱当中凄苦、幽暗的场景，来劝勉世人切勿搬弄是非，妄兴诉讼。无论是息讼、无讼，或是描写监狱的苦楚，都是反映晚明社会滥兴诉讼、风俗炎凉的真实样貌。②

结　语

从万历时期日用类书《万用正宗不求人》中有关法律相关知识的收录情形来看，其内容编排与叙述方面，主要有几个特点：

① 阳龙子辑：《万用正宗不求人》卷一二，《律法门·西江月》，第451—452页。

② 邓建鹏：《健讼与息讼：中国传统诉讼文化的矛盾》，《清华法学》第4辑，2004年5月，第176—200页。

（1）就整体版面架构而言，皆以上、下两层为架构，下层的版面通常较大，内容也较多，上层版面较小，且皆以文字叙述为主，配图较少，仅有少数在卷次前绘制一图，表现出司法官员慎重律例与审判的场景。

（2）就文字内容叙述而言，为了避免法律条文的拘谨、枯闷，日用类书中的相关法律知识，常以歌谣或口诀的方式加以说明与解释，以求贴近阅读者，甚至方便记忆。例如《律卷总目条款名歌》是将30卷的《明律》，共460条文的条目顺序，缀补成歌，以方便读者背诵。而《犯奸律歌》则是将《明律》卷二十五的《刑律·犯奸》总计共11条的内容，编成歌谣。其余诸如《警劝律例歌》等，皆采用此种叙述文字。另有借用或挪用《水浒传》等通俗小说的诗词，增加阅读的理解与接受程度。此外，不少内容是直接抄录嘉靖刊本《大明律例附解》的附录内容。

（3）就法律知识的正确性而言，从《体式门》与《律法门》内容来看，或许由于书肆为求利润的因素、或刻工的疏忽、或对律文条目的不熟悉，其中错字甚多，而且校对不精细，很容易造成读者对法条理解的困难，甚至形成法律知识学习的错误。

此外，若就《万用正宗不求人》所收录有关法律相关契约文书的内容来分析，晚明社会对于法律的知识系统可以归纳为主要两类：第一类偏重日常实用的契约与禁约文书，即卷五《体式门》的收录内容，包含买卖、析分家产、雇佣、禁约等各类活套契约文书，格式内容基本固定，主要功能是直接抄录，即可使用，强调日常实用的性质。第二类偏重基本知识法律的获取或学习，即卷十二《律法门》的收录内容，包含法律的基本知识、用语、理解等，主要功能是用于记忆、背诵，以便学习基础的法律知识。同时，也可能为进行诉讼或培养讼师，提供一定基础的理解与训练。

最后，从卷次的编排与顺序来看，《万用正宗不求人》将《体式门》置于《律法门》之前，似乎反映出编纂者较为偏重日常生活，亦即使用契约与禁约文书的实用性质，以符合晚明社会对于各类契约的实际需求。

表1　万历三十五年刊本《万用正宗不求人》的内容编排

卷次	上层内容	下层内容
卷五《体式门》	〔文契体式〕 买田契式、买屋契、佃田文约、买牛契、买马契、顾船夫契、顾脚夫契、农民呈子、贼盗呈子、地方执结、领农民状、又执结、保状、领状、铺行领状、木匠上梁致语、道士化缘疏式、禁田园山泽约	〔体式门类〕 分关启式、富家用分关式、晋江刘氏分关序（儒者用）、乡约体式、禁赌博约、坟山禁约、禁盗鸡犬约、禁盗笋竹约、禁盗田园果菜蔬约、禁六畜作践禾苗约
卷十二《律法门》	〔律令行移〕 五刑条例、在外纳赎则例、刺字不刺字、纳纸不纳纸、比附律条、警劝律例歌、律卷总目条款名歌、问拟总类歌、监守自盗赃、平常人盗赃枉法赃、窃盗赃不枉法赃、坐赃、收赎歌、妇人纳钞歌、纳米歌、迁徙歌、诬告折杖歌、附犯奸律歌、例分八字西江月、西江月	〔法家要览〕 金科一诚赋、为政规模节要论

表2　《万用正宗不求人·体式门》所收录文书格式的内容

类别	条目	数量	比例
呈稿（状）类	农民呈子、贼盗呈子、地方执结、领农民状、又执结、保状、领状、铺行领状	8	29%
买卖类	买田契式、买屋契、佃田文约、买牛契、买马契	5	18%
财产类	分关启式、富家用分关式、晋江刘氏分关序	3	11%
雇佣类	顾船夫契、顾脚夫契	2	7%
禁约类	乡约体式、禁赌博约、坟山禁约、禁盗鸡犬约、禁盗笋竹约、禁盗田园果菜蔬约、禁六畜作践禾苗约、禁田园山泽约	8	29%
其他类	木匠上梁致语、道士化缘疏式	2	7%

图1 《万用正宗不求人》〈律法门〉卷首图

（作者单位：中国文化大学史学系）

泰山文物所反映的晚明清初华北民间信仰

［日］石野一晴 撰　焦堃 译

笔者迄今为止一直专门从事明清进香史的研究。最近涉及泰山进香的研究逐渐增多，但是专门对这一现象进行研究的论著依然为数较少①。因为中国古代基本上没有专门记录进香活动情况的史料，前人们埋头钻研文献资料，把零零散散的记载凑在一起，才复原出当时一般民众的宗教生活。

但是，涉及民众生活的文献资料，其作者并不是一般民众，这些历史记载不知不觉地反映了士大夫的眼光。在士大夫们看来，前往泰山进香的民众不过是不值一提的愚民而已。笔者多年以来翻阅很多资料后发现，大部分的文献记载千篇一律，这些格式化的记载里很少看到民众进香的具体场面。即使查阅了大量文献，也不一定能接近真实情况，有隔靴搔痒之感。不立足于史料的论述当然毫无意义，但不加批判地接受文献记载的研究也同样不可取，两者都不是进行历史研究的正确态度。尽管如此，笔者一时也没有克服文献资料缺陷的特效药。解读史料是中国古代史研究的根本方法，那么要解决这些问题还是应该在史料上寻找突破口。本文在长久以来的文献研究的基础上，进而彻底分析文物资料，具体探讨香客们留下的石刻题记。近年来，社会史学者开始关注石刻资料，通过实地调查发现了不少重要石刻，《泰山石刻》《北京东岳庙与北京泰山信仰碑刻辑录》

---

① Susan Naquin and Chün-fang Yü eds., *Pilgrims and Sacred Sites in China*, Berkeley: University of California Press, 1992. Brian Russell Dott, *Identity Reflections: Pilgrimages to Mount Tai in Late Imperial China*, Cambridge and London: Harvard University Asia Center, 2004.

《金石铭刻的澳门史》等资料集也陆续出版[①]。但是，这些研究的学术关心还是集中在碑阳的正文，对刻在碑阴的捐款人名单以及刻在石板上的香客名单几乎视而不见。这主要是因为这些资料大多只是开列地名和人名，从中可以得到的信息并不多。我想通过研究证明，彻底分析此类资料也有用处，有时可以从中发现为历史文献所忽视的史实。本文就是此研究的初步报告。

经过前人的多方面研究，在泰山已有大量的石刻被发现，其中最有成就的研究成果之一是叶涛教授的《泰山香社研究》[②]。叶涛教授通过在泰山地区的田野考察，已经发现了近四百块刻石。笔者从此书得知，位于泰山西北麓的灵岩寺集中保存了香客留下的题记，一共有近200块石板，其中记录了17世纪不同香会的进香活动。

在叶涛教授的帮助下，笔者有幸于2007年独自前往灵岩寺等地，亲眼看到了各种各样的题记，并拍摄下了所有石板，然后对其进行了全面的分析。《泰山香社研究》全面收录了这些碑刻，并广泛加以分析，其重要性不容置疑，但是该书对记录香客捐赠情况的石刻不作区分地一律加以分析，因此仍然存在需要进一步考察的地方。笔者经过研究后发现，泰山进香路旁、泰山南麓、灵岩寺等不同地方有不同形式的石刻，各个地方的石刻似乎反映了不同时代、不同群体的进香活动。

这些与香客有关的文物长期以来被置之不理，其中一个重要原因是士大夫对这些不雅的石刻不感兴趣。晚明著名文人张岱曾经说过：

> 山中两可恨者，乞丐其一，而又有进香姓氏，各立小碑，或刻之崖石，如“万代瞻仰”、“万古流芳”等字，处处可厌[③]。

① 袁明英主编：《泰山石刻》，中华书局2007年版；东岳庙北京民俗博物馆编：《北京东岳庙与北京泰山信仰碑刻辑录》，中国书店2004年版；谭世宝：《金石铭刻的澳门史：明清澳门庙宇碑刻钟铭集录研究》，广东人民出版社2006年版。

② 叶涛：《泰山香社研究》，上海古籍出版社2009年版。此书是根据叶涛教授的博士论文（《泰山香社研究》，北京师范大学博士论文，2004年）撰写的。

③ 张岱：《琅嬛文集》卷二《岱志》。

这些“进香姓氏”在张岱眼中和乞丐同样可恶。关于这些如同乞丐一般令人厌恶的香客题名反映了怎样的历史事实，下面将进行具体讨论。

一 灵岩寺大雄宝殿题记概况

照片 1

照片 1 是灵岩寺的大雄宝殿东外墙。这所佛殿看起来平淡无奇，但是外墙的上半部分和下半部分的颜色稍有不同。下半部分因为镶嵌有许多石板而呈浅红色，本文所要探讨的题记就刻在这些石板上。坐北朝南的大雄宝殿的东、西、北三面外墙都镶满了这些石板，为数接近两百。每个石板上有一至五个题记，总数超过 400 个。多数石板的大小几乎相同（高 50 厘米，宽 90 厘米），但是也有无字的细长石条，以及像［194］那样把裂开的石板拼在一起的情况。在部分石板的边缘有用粉笔写上的数字，这可能说明有人曾在不得已的情况下把石板摘了下来，并为了在将来进行复原而在石板上写上数字，以免将顺序弄乱。现在看来复原工作较为困难，有的石板被削掉外缘后勉强镶嵌进墙壁。

从照片 1 可以看出，大雄宝殿的东墙和西墙的石板中有不少被屋顶流下的雨水侵蚀，文字已经无法辨认。一些保存完好的石板上也有最初的文字被削除后，又被刻入新的题记的痕迹。这表明，存留至今的题记曾经在历史的风浪中颠簸，不一定保存着 17 世纪时的原貌。尽管如此，以上这些问题对我们掌握全体题记的概况并不造成致命的障碍。

照片 2

照片 2 是比较典型的题记。这篇题记位于大雄宝殿的西墙，其中香客的现居地情况为“大明国山东兖州府济宁州西乡等各图民见在城西河长口疃里集居住”。带领这些香客来到灵岩寺的会首叫马子才，包括会首在内的香客一共有十六名，都是男性。最后一行写着进香日期和捐赠额。

接下来介绍的例子较为有趣，在一块石板中刻有三个香会的题记。由于题记的字迹不清，通过照片难以辨认，因此将其内容尽量抄录如下。

萬 世 流 芳
江南鳳陽府虹縣進香會首 韓□□
韓門張氏 王門蔣氏
韓門□氏 李門張氏
李門韓氏 韓門朱氏
魏門呉氏 彭門蔣氏
侍門郭氏 韓門魏氏
李門史氏 高門朱氏
康熙二年三月二十日立陳門孟氏 □□□氏

河南開封府扶溝縣各保不同人氏見在城二□
四散居住建醮會首牛□後
趙□營
牛喜諱
薛登高
牛和樂
張尚義
牛心樂
□□則
牛三讓
牛後爵
趙加□
李大立
趙加乘
崇禎元年十一月初一日會衆同立

兗州府濟寧州南城七鋪
會首陳□鳳 劉芳世
李竹 □起鳳
張學文 柒學□
□壞德 陳□□
□□□
張□□
□起鳳
□□□
□ 芳
康熙三年八月吉旦

灵岩寺题记［33－35］

石板左半有被纹饰围绕的崇祯元年（1628）的题记，右半则是康熙二年（1663）的题记，其中的成员看起来几乎都是女性。有意思的是，在崇祯年间的题记上部的空白处，还有用小字刻下的康熙三年（1664）的题记。因为地方窄小，信息也不充分，也许是清代以后石板已经用完，香客难以找到大片空白的缘故。

此次本应将全部题记抄录公开，并加以详细的注释，但由于题记数量庞大，限于篇幅，只能将《灵岩寺大雄宝殿题记一览表》附于文末以陈述概要，并在文中时而列举较有特色的题记。一览表的格式请参照凡例。

关于这些石板为何被镶嵌在大雄宝殿的外墙上，前人没有做出充分的考察，但其实这个问题的答案就在墙上的石板上。

> 盖闻施树祇陀福阴三千之界，布金长者名传万亿之春，欲永无边之福德，须舍有漏之资财，六度四摄，莫不以施为首务也。今兹大佛宝殿内贮皇明藏经在中，年深藏久，椽梠差脱，塼瓦圮拆，风雨侵损，有伤经像，每于晨夕祝延未便，瞻者诚不堪忍也。本寺释子庆珠念自披剃空门，无补于教，道法颠危，不堪坐视，意欲修整，力微无助。幸有青城善人韩邦明，见兹宝殿倾颓，心中不忍，犹念人生福德，皆由夙植善因，感今乐果，今若不修，当来何昌，廼自捐金二百两，遂谋寺僧庆珠。珠忻然而诺曰："兹固余之所顷也。虽自植福则可矣，莫若募众同心共济，庶免小乘独善之诮也。"因此告募十方贵官长者、善信檀越，或管砖瓦者，每窑用银伍两，或管石灰者，每窑用银参两，或舍食米工价，或□疏头转化善信，随心喜舍，不拘多寡。□置字板三百余尺，各各刻题名字，芳名安置殿壁之间，以垂不朽，俾将来者见质思齐，以扬厥休矣。（《灵岩寺重修大佛殿募缘疏》[11]）

修完大佛殿后嵌入此石板的日期是万历三十五年（1607）一月十五日。韩邦明并不是扬名后世的人物，在题记［4］里有"钦依□□施财修殿寿官韩邦明"的字样，"寿官"的头衔说明他只是一个老年士大夫而已。庆珠可能是在灵岩寺地位较高的和尚，他的名字经常出现在万历年间的题记中。题记［4］中还有其他施财僧人的名单。

值得注意的是，虽然明确记载万历三十五年这一年代的题记并不多，但《灵岩寺重修大佛殿募缘疏》显示此年灵岩寺得到了不少资助，估计当时应有很多香客蜂拥而来，并争相出资帮助修理大雄宝殿。如此推论，则万历三十五年前后的题记不应只有现在可统计到的这些。通观所有题记后发现，有不少题记虽然没有写上具体年代，但格式相同，且字体相似。这些题记的年代应该离万历三十五年不远。笔者初步估计，这些没有填写具体年代的题记基本上都应是万历三十五年的。对于在当年进行了捐赠的香客们来说，他们专门为大雄宝殿的重修进行捐赠并留下了姓名，而这一事件发生在万历三十五年是确定无疑的，因此不需要特地写出具体年代。

题记里出现了各种各样的人：对灵岩寺情有独钟的士大夫留下了自己的诗文，王府的成员及内府的宦官留下了自己的姓名，僧侣的名字也被刻在石板上；还有阖家前来的浙江人，以及军人、生员和众多的女性等等。根据募缘疏，似乎留下题记并不需要金钱，但实际上题记中的人们恐怕都会给寺院少许的钱财作为“小意思”。能大方地以几两为单位进行捐赠的香客毕竟还是不多，从［333］可以看出，这一香会向灵岩寺捐赠了二两以上，按成员人数计算，平均每人捐了五分左右，少于当时一人八分的泰山香税，可见一般老百姓也可以留下这些题记。可以说，题记中的香客并不限于特定的社会阶层。

二　对灵岩寺大雄宝殿题记的分析

（一）进香年代

1. 社会形势对泰山进香活动的影响

众所周知，晚明的泰山香火很旺，香客每年络绎不绝。但是对灵岩寺题记的统计显示，17 世纪时的泰山进香情况并没有这么单纯。首先请参看下面的统计图。

万历四十四年（1616）一则题记都没有，这可能和当年遇到的饥馑有关。更明显的空白是崇祯十三年（1640）至顺治七年（1650）间的十年，这一定是明清之际的战乱导致的。当时在中国各地都展开了激烈的战斗，《灵岩志》也有记载说“明崇祯十三年荒旱，土寇蜂起，孙化亭啸聚万人，略青崖山寨，以灵岩为属寇巢穴。寺僧有被害者，亦有为贼所屈者。惟慈舟、古贤二僧不屈贼，亦素知其行而重之，听其看守香火殿宇，保全佛像

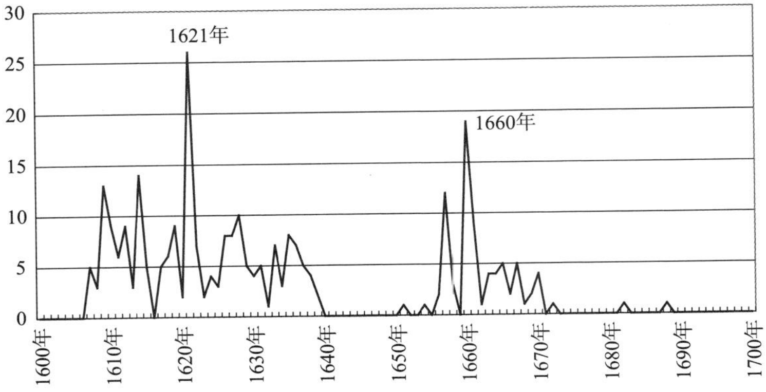

无恙，皆二僧之力。至我朝顺治六年正月内，邑侯吕公力请满汉官兵合攻青崖山寨，风雪中围三日夜，破焉，余寇悉平之。"① 当时这所寺庙已荒凉得旧影全无，岂能接待香客。不合规格的题记的增多也能说明这些情况。例如，崇祯八年（1635）的题记［85］文字拙劣，刻得很潦草，可能是因为当时在山东已很难找到能工巧匠。17世纪50年代题记的数量每年有所增减，到60年代比较稳定，进入70年代以后数量几乎为零。《泰山石刻》等现有大型资料集所收录的题记主要都是康熙年间以后的。此外，为什么不存在18世纪以后的题记？康熙初年，三藩之乱得到平定，郑氏政权放弃抵抗并向清朝缴械投诚，清朝的统治逐渐稳定下来。此后，各地人士致力于复兴荒废已久的名刹，此时朝泰山进香的习俗也得到了恢复。在碧霞元君行宫里遗留着不少康熙年代的香会碑②。据说，在武当山，自康熙二十二年（1683）至乾隆年间是武当山进香的一个高峰期③。乾隆皇帝在即位之初就取消了已经征收了好多年的泰山香税④。张体乾在《东游纪略》里说：

傍午抵泰安，寓城西刘氏客馆，馆可容千人。主人云：邻宋氏且容三千人不止也。颜黄门曰：河北不信万斛之舟，江南不信千人毡帐。谅哉斯言⑤。

① 《灵岩志》卷六《杂述志》。
② 袁明英主编：《泰山石刻》，第618页。
③ 梅莉：《明清时期武当山朝山进香研究》，华中师范大学出版社2007年版，第64页。
④ 《清高宗实录》卷七。
⑤ 张体乾：《东游纪略》，《四库全书存目丛书》，史部第128册，齐鲁书社1997年版。

从旅店的规模来判断，乾隆年间泰安的繁华可以和晚明的进香高峰期相比。可见，康熙、乾隆年间，各地名山香火很盛，按理说泰山灵岩寺也应能吸引许多民众。关于这一问题的答案，目前我有三种推测：（1）到康熙时大雄宝殿的石板已经用完，无法再添加空白的石板。但是，即使如此，刻着明代题记的石板里还是有不少刻字的余地。另外，据叶涛教授所说，大雄宝殿的后面还有五花殿，那里好像有雍正年间以后的题记，但是叶氏没有列举具体文字①。关于这一点，笔者打算以后重新访问该寺亲自调查。（2）康熙以后当地住持对大殿墙壁上的文字弃如敝屣，不准香客再留题记了。（3）不是所有到访的香客都会留下题记，只有特别的群体才会这么做，而他们在康熙以后不再前往泰山。关于此点，这里暂不赘述。

2. 灵岩寺题记和徐鸿儒叛乱的关系

统计图显示，题记数量有两个高峰，一是天启元年（1621），一是顺治十七年（1660）。天启初年是一个很关键的时期。天启二年（1622）五月，徐鸿儒在郓城发动叛乱，到十月被明军镇压之前，他在华北四处肆虐。天启元年正是徐鸿儒叛乱即将爆发之前，宗教情绪正在高涨的时候。仔细观察题记的年代，自天启元年到天启二年的四个月之间竟有多达三十个题记。可见这一时期泰山香火特别旺盛，在大雄宝殿墙上留下自己名字的热情也越来越高。描写明清鼎革事迹的通俗历史小说《樵史通俗演义》第四回中有让人印象深刻的场面：

> 好个丁寡妇，他在三百多人里选了十个能事的，做了香头，造起泰山进香的十面旗来，每一个香头领一面旗去，招那进香的入旗。他又用了三十两分上银子，大有智。央济宁一个翰林封君，与了郓城知县一封书，说连年荒歉、今有善信男女虔诚往泰山进香行礼，保一境太平，那旗上都写着“风调雨顺、国泰民安”八字，求知县每一旗上用一颗红印。你到这样好做情的，那个不依？竟在十面旗上用了十颗红印，这就是他们的护身符了。丁寡妇期定在二月十一二起身，赶三月初一上泰山烧香，哄动了地方。一个小小郓城县里，也有白莲教，

① 叶涛：《泰山香社研究》，第25页。

也有真正进香的，共有二千人往泰安州进发。三十面大锣，五十面小锣，打着锣，高声念佛，一路上好不热闹①。

《樵史通俗演义》的故事比较可信，前往泰山进香的情节也有相当历史依据，可以说反映了那个时代的社会风貌。这一段故事也并不完全是虚构，很多部分都有可靠的史实根据。泰山对民间宗教结社的成员来说也是至高无上的圣地。这一段时期的题记不但数量很多，而且一些有很明显的特色。例如，以吴珮为首的香会留下的题记［225］颇有意思。

大明國直隸徐州城東北江庄村各鄉人氏
吳珮
會首 吳珮 尚文進
彭疇 李時賢
尚文進 彭疇
李時梅 范一連
李應田 李時梅
劉登 李應田
王可大 王可大
吳守□ 范一登
孟世虎 李枝
范一連 郭子□
范一科 王寧
范一登 鄭林
李時賢 馮世龍
王本勝
裴正
王世龍
闞九安
天啓元年十月初五日

灵岩寺题记［225］

大明國直隸徐州城東北江庄村各鄉人氏
會首 吳珮
彭疇
尚文進
李時賢
范一登
范一科
范一連
李時梅
李應田
劉登
□可大
孟世虎
吳守忩
天啓二年三月初三日立石

灵岩寺题记［170］

他们的家乡是位于徐州州城东北的江庄村，天启元年十月初五日他们

① 江左樵子编辑：《樵史通俗演义》，人民文学出版社 1989 年版。

来到灵岩寺进行修醮，初次进香的成员是 13 名。这 13 人的名字下面还刻着以吴珮为首的另一进香团的名单。虽然顺序有若干更换，但两份名单中有不少名字相同，由此可知会首吴珮在第一次进香后，又以第一次的成员为核心组织了第二次进香团。第二份名单没有具体日期，但与第一份字体相同，可能是第一次进香团到灵岩寺后不久，同一个刻工又刻上了第二次进香团的名单。［170］也是吴珮的香会留下的题记，据其中记载，吴珮等人在天启二年三月初三日，也就是徐鸿儒之乱爆发前两个月又结伴而来。这份名单上的人名与天启元年十月初九日的名单几乎一致。一般来讲，普通民众进香最多也就一年一次，不到半年再次进香是非常罕见的现象。由此可以想象，当时在华北地区发生了特殊情况。

此外，［225］天启元年十月的香会成员和［170］中的成员相同，而与没有具体时期的［225］中另一个进香团的 18 名成员有几个人的出入，说明这 18 人是在天启二年三月以后前来的（但从字体比较相似这一点来看，前来的时间应距天启二年不远）。前两次的几个成员的名字在这 18 人中已不见到，应该是停止了进香活动，或者已经在徐鸿儒的大叛乱中丧命。

估计刻于万历三十七年（1609）的［346］中有济阳府夏口镇的香会名单，还有以下的韵文：“弓长助工本无明，者□显有已人通，古今凡圣人难变，龙蛇混杂认不真。”

开头的“弓长”应该是指继承大乘圆顿教的创教人王森衣钵的张某，这显示出在来到灵岩寺的香客当中有不少民间秘密宗教的成员。据刻在一组三块石板上的题记［96－98］记载，天启七年四月二日前后，香客们在灵岩寺举行了大规模的宗教仪式。他们来自济南府历城县的大柳树村，以陈天才和王乙才这两人为会首，聘请和尚，修了三天三夜的醮。香会规模超过五百人，参加者无所顾忌地刻下了此事以留传后世，这是极为罕见的情况。

目前笔者认为顺治十七年也出现了相似情况，但是还没有找到相关资料，只能留待日后再加以考察。

（二）进香时期

据前人研究，进香季节为正月到四月，尤其是四月十八日的碧霞元君诞辰前后，泰安州城会出现人头攒动、川流不息的状况。此外，农历重阳节前后还会出现“秋香”的热潮。这些都是根据方志等文献和现代田野调查得出的结论。诸如下面这样的记载不胜枚举：

> 泰山香税乃士女所舍物，藩司于税赋外资为额费。夫既已入之官，则戴甲马、呼圣号、不远千里、十步五步一拜而来者，不知其为何也？不惟官益此数十万，众当春夏间，往来如蚁，饮食香楮，贾人旅肆，咸藉以为生。视嵩山、芦岳、雁荡、武夷士大夫车骑馆谷、专为邑中之累者，其损益何啻星渊①。

那么从对题记日期的统计中是否也可以得出同样的结论呢？

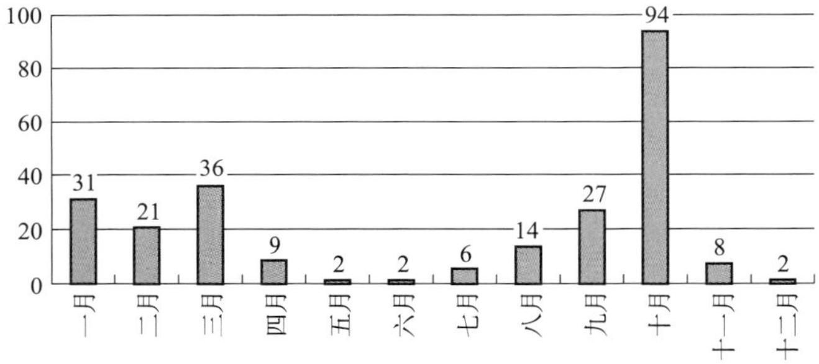

［灵岩寺题记按月统计］

［灵岩寺题记按月统计］显示出了非常有趣的倾向。不出所料，在一月至三月和七月至九月，题记数量明显增加，但是以压倒性的多数排在第一位的月份则是十月。奇怪的是，山志没有直接提到过十月的进香，各地方志的风俗志也从未言及这一点。

但需要注目的是，这一统计和《岱志》中迄今为止遭到忽视的记载非常相符。据《岱志》卷十三中有关嘉靖年间泰山香税的记载所说，香税分

① 王士性：《广志绎》卷三。

两季征收，一月至四月上解到京师的总额为10000两，九月至十二月的总额为12000到13000两，即冬季的税收比夏季多一些[①]。从［灵岩寺题记按月统计］来看，一月至四月的题记数量和九月到十二月的数量的比率为97比131，非常接近香税的比率。这很清楚地显示出题记按月统计反映了晚明泰山的真实情况。

泰山脚下的岱庙里有一块碑刻，由此碑刻可知，康熙五十六年（1717）六月发生的水灾使得当时的官员无法去泰山征收香税。到了十月，一名叫张奇逢的官员接到布政司的命令去泰山顶上的碧霞元君庙征收香税。到了泰山之后，张奇逢好几次看到香客的舍身行为。十月十日山东曹县的李进贤从悬崖跳下去丧命，十五日河南商丘县的韩大小、二十日徐州的张文举分别从高崖上舍身跳下。因此，他拿出自己的俸禄修建了长达三十丈的栅栏，并雇人在旁监视，以防再有香客舍身[②]。由此可知十月份的泰山进香非常狂热，这也是十月份是另一个进香高峰的一个佐证。

这里我们要提出一个问题，即这样的记录为何很少出现在文献资料上。目前我认为，此问题的关键在于十月进香的特殊性。实际上，十月份的题记集中于特定年代，而最为集中的是上文中提及的天启元年和顺治十七年。这两年的题记多半是十月份的，而这绝不是偶然现象。十月一般没有特别重要的祭祀，但是对某些群体来说，十月有着重要的意义。罗祖成道的日期正是成化十八年（1482）的十月十八日。罗教教徒，或是属于罗教宗派的闻香教教徒很可能将这一天视为一年中最神圣的日子。受到这些民间秘密宗教影响的民众有可能会特意在十月份去泰山进香。

包括没有留下题记的香客在内，天启元年十月有相当多的香客来到灵岩寺修醮。此时在泰山周边地区聚集了很多香客，这很可能成为引发翌年的大叛乱的一大契机。大量的民众集合在圣地，特别是在庙会等仪式当天集合时，会自然而然地允许很多人互相交换信息。

此外，天启年间以后的十月份的题记也不少，不过不一定每年出现，

① 《岱志》卷一三《香税志》。

② 《禁止舍身碑》收入袁明英主编《泰山石刻》，第341页。此文还收入康熙《泰安州志》卷四（张奇逢《筑墙禁止舍身碑》）。

这可能意味着邻近的普通民众不一定热心于在十月去进香。像已有的研究所说的那样，信仰碧霞元君的民众从一月到四月热烈地前往朝元君庙参拜。而狂热的民间秘密宗教信徒却在进香淡季的十月份蜂拥而去。幸亏官员往泰山去征收香税是在四月底和九月底，如果不想惹上麻烦的话，只要在官方完成扫殿、离开泰安州城后悄悄地参拜就可以了。

但是，笔者认为，香客也许并不需要躲躲藏藏地来到泰山进香，因为官方也很容易得知十月份的情况。由上述《岱志》的记载可知，官方很清楚地知道跟春天相比，冬天的香税收入要多一些。按照常理，肯定会有人对香税的数额和进香活动的规模之间的矛盾提出疑问。但是，历史文献从不涉及这一问题。或许是因为秘密宗教的思想已经渗透到了生员等知识分子阶层，官方不敢向京师报告，只能隐瞒真相。

管窥所及，士大夫在十月份去泰山的记载几乎不存在，唯一的例外是前面所提到的碑刻。一个原因可能是此时正值旅游淡季，士大夫很少去泰山，另一个可能的原因则是，他们此时故意不去泰山，以免亲眼看到教门信仰的情况。

不管怎样，对于很多民间秘密宗教教徒的进香活动，官方文献只字不提，使得这些在历史上曾经很流行的风俗被逐渐忘却。

（三）地域分布

以下对香客现居地的地域分布加以探讨。本节为阐明泰山香客现居地的分布情况，首先对题记开头部分的文字进行分析。看起来，开头部分的地名中有籍贯和现居地的区别。“徽州府歙县人氏见在临清州居住施财信士”［310］一文最为典型，此文表示原籍徽州歙县、现居山东临清州的信士进行了捐赠。“兖州府曹州曹县人氏见在城内外居住”［15］则是原籍在曹县、现住在县城附近的香客留下的题记。

整体来看，题记中没有“见在”“现在”等字样的占多数，例如“河间府任丘县人氏”［46］“兖州府东阿阳谷二县”［51］等。笔者估计这些文字指的都是香客的现居地。另外还有稍为复杂的题记，如“山东济南府历城齐河二县丘家岸地方居住”［67］中出现了山东济南府历城县和济南府齐河县这两个县。从方志可以得知，丘家岸就是位于齐河县县城东北黄河沿岸的丘家岸集，和历城县并没有统属关系。笔者认为，此文应是“山东济南府历城齐河二县人氏现在丘家岸地方居住”的省略，即本来住在历城县和齐河县、后来移居到了丘家岸集的人们的意思。“大明国山东兖州东昌二府茌平县城东二十里铺迤前居住”［199］中也没有“现在”“见在”等词。二十里铺位于茌平县，明代茌平县属东昌府管辖，与兖州府没有统属关系，而且二十里铺并不位于兖州府和东昌府的边界，因此我认为此文应是“大明国山东兖州东昌二府人氏现在茌平县城东二十里铺迤前居住”的省略。

根据如上的考证，笔者制作了一张图［地图］来试图直观地展示香客现居地的地理分布。只能了解到现居地的府一级的名称时，则将府城视为现居地。现居地分布在复数地点时，则将几个地点均统计在内。

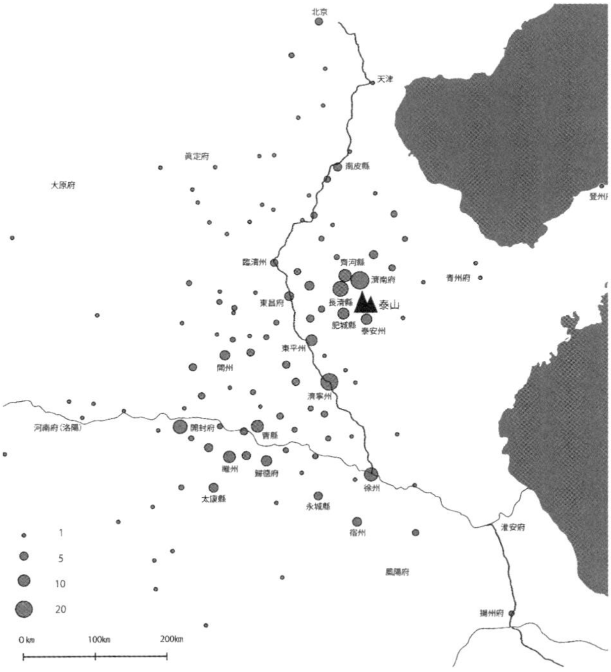

图中圆形面积的大小与现居该地的香客人数成正比。不出所料，来自泰山脚下的泰安州、肥城县、长清县等山东各地的香客为数众多。以今天的行政区划来说，山东省西部、河南省东部的香客最多，河北省南部、江苏省北部和安徽省北部也不少。香客分布不呈同心圆状，而是集中在主要的交通路线，尤其是京杭大运河和开封以东的黄河附近。比如济宁州、东平州等地方香客极为集中。上述［310］中现居临清州的人们原籍歙县，很可能是参与食盐专卖的徽商。

与泰山以西的情况形成鲜明对比的是，泰山以东的香客很少。这一地区交通不便，进香不易，经济也欠发达。由此可以推测，香客较多的多为经济较发达且交通便利的地方。

更有趣的是，明清两代的漕运水手所结成的青帮等秘密结社的分布范围与香客的分布范围非常相似。关于此类组织与泰山进香之间的关系，笔者暂时还未加以探讨，需要日后做进一步考察。

此外，据《明实录》嘉靖二十七年（1548）的记载，白莲教余党“多散处于山东、河南、北直隶、徐凤之间”①。由此可知白莲教等秘密宗教的势力范围与香客的分布范围相同。此外，出现“村”“庄”等字样的题记占多数，这显示居住在乡村的香客数量相当多。这些题记开头经常出现“各庄居住”等字样，表示香会成员的现居地分布在几个村庄。

另外，“四散居住”字样显示的是香会成员的居住状态，例如“直隶大名府开州长垣县东南方四十里兰通集四散居住各里人氏”［110］一文表明文中的人们在长垣县东南四十里的兰通集分散居住。

如上所述，题记里面还有“城内外居住”的香客，这样的例子有33个，再包括居住在关厢等城市近郊的情况在内，其数超过50例。另外，由题记［68］所说的“山东东昌府见在本县西关厢并各庄居住”可以推知，当时也有由居住在从城郊到农村的广泛地域的人们结成的香会。16世纪后半以后的城市的发展恐怕影响到了泰山的进香活动。明末清初的泰山进香不限于由零星小农结成的香会，这是泰山进香的多样性的一个佐证。城市居民基本上在邻里之间结成香会，他们留下的题记中看不到“四散”“星散”等字样，也没有不同城市的居民之间结成香会的例子。

① 《明世宗实录》卷三四〇，嘉靖二十七年九月乙酉。

（四）香会情况

1. 香会的规模

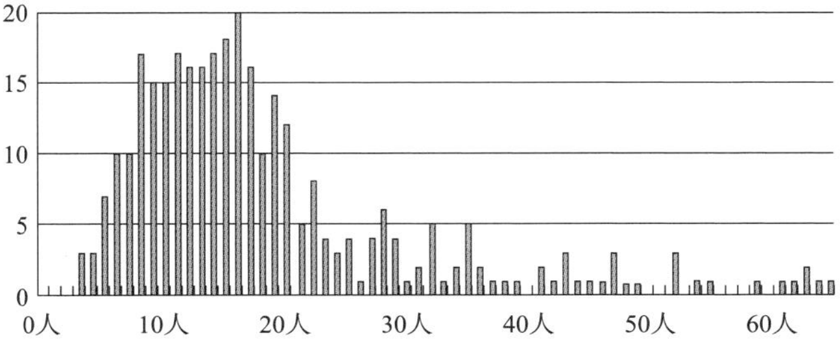

香会规模

上图显示，香会的规模有大有小，各种各样。既有如［96－98］那样，超过一百人的香客一起修醮的例子，也有的只能看到两三个人的名字。但是整体来看，超过半数的香会规模在10人至20人，百分之八十的香会规模在30人以内。这一关于香会规模的统计结果与文献记载相符：

> 一，禁妖妄。白莲教余党多散处于山东、河南、北直隶、徐凤之间。小民无知，易为煽惑，宜设法禁止泰山进香者，毋令聚至二十人以上①。

据笔者推测，“二十人”这一数字可能并不意味着由于官方禁止大规模的进香，导致民众不敢结成20人以上的香社，而是说明官方在对香会的标准规模有所了解的情况下，试图限制超出常规的大规模香会。

2. 香会中的女性

妇女外出进香、入寺礼佛，在明代各地已经成为一个相当普遍的现象。在诸如北京东岳庙、苏州、泰山、武当山等著名圣地，到处都可以看到女性香客的身影。灵岩寺题记中也出现了不少女性。在古代文献上很少出现女性的全名，称呼女性时一般用娘家的姓叫某氏，有时则将婆家和娘

① 《明世宗实录》卷三四〇，嘉靖二十七年九月乙酉。

家的姓组合在一起，如“张李氏”或“张门李氏”等。也有题记在男性的姓名之下顺便刻着“妻某”“母某”等名字（可参照一家浙江人去泰山进香留下的题记）。有的灵岩寺题记中还有很独特的形式，比如［345］就在男性的名字之后接着刻有“某氏”字样。该题记的第一行写着会首“刘世荣单氏”的名字，这个名字该如何解释？如果理解为刘世荣和他的妻子单氏，那么这个香会一共有 14 名成员，其中包括三对夫妻；如果理解为刘世荣的妻子单氏，那么这个香会一共有 11 名成员，由清一色的女性组成，正如《醒世姻缘传》中所写的由道婆组织的城市妇女的香会。“刘世荣单氏”中的“刘世荣”和“单氏”的文字大小一样，并非是在“刘世荣”的后面用小字附带写着“单氏”。从“杭门杨氏”和“张进禄程氏”这两个字样所占的面积差不多来看，同样大小的空间里记载的人数应该是相同的，“张进禄”和“程氏”并不互相独立。在［293］的第 2 行中有“张应尚同母李氏”，第 7 行中有“张应科母周氏”字样，笔者认为，只在前者中有“同”字这一点说明前者意指张应尚与母亲李氏一同前来，而后者意指张应科的母亲周氏单独前来。

長清縣土門店善人　刘世栄单氏
杭門楊氏　刘門王氏　戴氏　辺守才母康氏
張進禄程氏　康門郝氏　刘門陳氏
孟門杭氏　董門賈氏　張門趙氏

假如上述推测不错的话，那么名单中的女性们就是特意在自己的姓前冠上了丈夫的姓名。对此我们还有一个问题要问，那就是为何一部分的女性写上了丈夫的全名，而一部分只写上了丈夫的姓？笔者目前认为，冠上丈夫（或者儿子）全名的女性是正妻，而只写婆家的姓的女性是侧室。通观题记，“某门某氏”的写法占大多数，如果她们都是侧室，则可以做出如下推测，即正妻、特别是有身份的妇女很少去泰山进香，而地位较低的侧室则频繁前往。或许也可以推测说，前来进香的女性多是来自娶得起侧室的富裕家庭。

另外，［211］也较为有趣：香会的会首是“徐门贾氏”“潘子成陈氏”和“男潘京王氏”，这意味着这一香会是由徐家的侧室贾氏、潘子成的正妻陈氏和潘子成之子潘京的正妻王氏这三人共同主持的。

整体来看，题记中所见到的香客中，女性只有 850 人左右。因为字迹漫漶而难以判断男女的题记也不少，因此女性的人数应当更多一些。但即便如此，女性所占的比率也仅有一成多。这一统计结果不符合当代的泰山进香情况。据说，今天的王母池庙会上的香客中有百分之四十是中老年妇女。涉及古代泰山进香的研究也常常强调香客中的妇女群体之多。题名中的女性如此之少，可能说明了她们当时所处的地位：她们不能堂而皇之地前往泰山进香，并毫无顾忌地留下自己的名字。《醒世姻缘传》中描写到，正妻可以比较随意地用家中的钱财来捐赠，而侧室却无权这么做，因此只能把自己的私房钱悄悄地捐赠给道婆。又因为她们不敢在账簿里记名，因此道婆经常私吞她们的捐款。

3. 香会的构成等

从题记中还可以看出其他的情况。如同上述，天启年间以吴珮为首的香会进过三次香，像这样担任过多个香会会首的一共有九人①。他们组织的进香活动有一些共同的特点：同一会首所带领的香会均来自同一地区，换句话说，会首的行动只限于一定地域范围之内，他们并不组织来自不同地区的香会；除了会首以外，还有若干人也多次加入了香会，特别是在第二次及以后的进香团名单的第二、第三个人中，有很多是参加过第一次进香的香客。

此外，有些题记中有一个以上的香会名单，这可能说明几个香会的会首之间私下有联系。比如［131］中有“长清齐河二县张村店河西两岸各里不仝乡居住”字样，其中的香会来自相邻的两县，而［90－92］则是分别来自“泰安州各保不同人氏”“肥城县安宁陆房二社人”“肥城县界首铺”的香会留下的，这三个地方相距甚远，其居民的日常生活圈子绝不可能一致。“河南山东各府州县里都乡保不同人氏见在曹考二县地方星散居住”［320］一文中的香客原籍为分布在河南山东两省的广泛地域，现居地则为山东曹县和河南考城县，在张应芳等几个会首的带领下前来灵岩寺修醮。来自曹县的会首只有一位，他的名字不显眼地刻在石板的最下段，这

① 比如周全［383］［396］、李有全［344］［378］、刘三恕［136］［269］、来思温［212］［334］、曹三善［158］［254］、萧得贵［142］［201］、吴珮［170］［225］、郑自安［77］［220］［243］、刘应登［132］［204］。

表明香客主要来自考城县。黄河流经考城县内，曹县则隔黄河与考城县相对，如此众多的香客跨越黄河结成香会是件颇有意思的事情。会首在零散居住的香客之间起到了桥梁作用，使集体进香成为可能。会首和会员之间、会员和会员之间平时如何保持交流？这是一个值得关注的问题。

附带说一下，笔者发现来自几个特定地点的香客很多，例如龙塘岗这一地名被统计到了四次。龙塘岗是一个市集的名字，这四个来自龙塘岗的香会会首、成员都不一样，说明这样的地区已经形成了赴泰山进香的传统，使得很多香客都会前往特定的寺庙去烧香。

结　语

本文根据灵岩寺的题记对 17 世纪的泰山进香情况进行了讨论。此次对题记进行统计后发现，泰山进香并不单纯是春天里的一道风景。从题记的数量变化反映出的宗教结社的活动情况来看，很多秘密宗教结社成员在十月份前来泰山进香。由此可见当时在华北地区秘密宗教结社的影响特别大，难以分辨其成员与“普通”民众。这些香客的居住地遍及华北的广泛地域，尤其以鲁西、冀南、豫东等地区为核心。此外，从个别题记也可以窥见当时女性生存状态的一端。由此可见，单纯罗列人名、地名的香客名单也可以说明相当的历史事实。

民众的日常生活中既有一成不变的部分，也有随着时代的变迁而改变的部分。一般认为，进香属于前者。但是，进香活动也随着时代的变迁而逐渐变化，有时甚至受到当时所流行的秘密宗教的影响。以往提及进香的研究所依据的资料多为晚明笔记、清代方志以及民国民俗学和现代田野调查的成果，但是很多研究往往对资料各自具有的时代气息置之不理，将这四者混同使用而得出结论。田野调查、采访等方法已经取得了丰硕的成果，然而这些调查所得出的结论和明代以前民众的实际生活情况并不一定能划等号。诸如清末的太平天国起义等重大历史事件引起了中国社会多方面的变化，其对民俗的影响也是不能忽视的。我们是否把在历史文献中找到的记载当成了完好保存至今的传统风俗，从而在不知不觉中扭曲了历史的本来面目？

地方志所描写的民间风俗是作者眼中的民众应有的姿态，和民众日常生活的实际情况相距悬殊，只能作为了解古代老百姓生活的一个侧面，不能囫囵吞枣、全盘接受。那么我们如何来解决史料的这种缺陷呢？一个办法是发掘新史料。但是新史料也不是万能药，单是把少数题记作为旁证意义不大。不经过全面分析的资料会成为毫无意义的词句的堆砌。如果把历史文献比喻为菜肴，典籍资料好像是主菜，题记那样的材料则不过是开胃的小菜而已。这些小菜本身并不能让我们吃饱，我们必须在典籍资料的基础上，对其进行应有的分析才能使其成为有用的材料。因此笔者把收集资料的范围集中到灵岩寺的香客题记，尝试网罗题记里面的所有信息并进行统计后才得出了本文所述的进香情况。虽然本文从事的是统计人数、现居地等极为单纯的作业，但是通过持之以恒地统计这些零碎的信息并深入研究，则可以聚沙成塔、集腋成裘，最终获得相当可观的成果。

如上所述，本文未能公开题记全貌，但是笔者认为在这些录文中有一些很有意思的记载，不敢据为己有。以后各地的研究者或文物工作人员如果对题记进行个别分析，将会发现更为有趣的进香情况。笔者希望将来能够把所有题记的录文公开。

在泰山一带，除了灵岩寺以外还有几个地方有明代的香客题记，例如泰山南麓的万仙楼外墙有大量的石刻，记录着天启年间约三万多人的香客姓名。岱庙的佛塔上也刻着嘉靖年间的捐赠名单。这些时刻只记载香客的姓名和居住地，因而只能用于解明香客的地域分布，但是其中记载的香客姓名远远多于灵岩寺的石刻，作为数据更为可靠。

此外，此次只对灵岩寺的题记进行了分析，其年代只限于17世纪。然而，尽管在数量上无法与灵岩寺的石刻相比，在泰山周边的其他寺庙，如位于泰安西南郊区的碧霞元君行宫中还有不少康熙年间以后的香客碑。通往泰山顶的进香路旁也有许多清末民初的香客碑。通过这些材料也许可以阐明灵岩寺题记以及17世纪泰山进香的特色。除了泰山以外，在中国境内还有很多与进香有关的石刻。武当山的道观背后的悬崖上，许多明清香客用墨留下了自己的姓名，此种墨迹在有名的石窟寺等形式的寺庙中随处可见。普陀山一带发现的这类题记较少，但是也有记载香客捐赠事宜的香炉、石磉等文物。虽然有研究介绍过以上资料，但还没有人对其进行过如本文般的全面分析。笔者希望在今后继续进行收集和分析工作的同时，能有更多同仁，特别是山东等地的从事当地进香研究的学者们对这些资料进行分析。如果能够将中国各地的题记信息收集到一个数据库中，那我们就可以更加系统地把握中国民众的进香情况。

据笔者现在的推测，只有来自特定地区的香客有留下题记的习惯，因为在普陀山发现的几个题记都是山东、河南的香客留下的，而距普陀山不远的江苏、浙江的香客留下的题记反而一个都没有出现。这也许与华北的社会情况以及白莲教等秘密宗教的普及情况有一定的关系。关于其他圣地与秘密结社的关系如何，以及秘密结社给进香带来了怎样的影响，今后还要继续进行研究。

这些石刻据说有的已经在漫长的历史当中被毁，保存下来的有的被粉碎后用作铺路的基石，这样的流失湮灭在今天可能仍在发生。如果忽视对这些题记的保存工作的话，将会造成不可挽回的损失。这一艰难的工作像我这样的海外学人无法独力完成，希望多方面的学者能够积极参与。

如同绪论中所说，本文仅仅是全面考察题记的一次尝试而已，其中对题记的分析方法并未完全成熟。除文中所做分析之外，可能还有一些值得分析的信息，如果对香客姓名加以分析，也许能说明当时华北地区民众的一些情况。对个别数据的处理及图表的使用也有需要改善的地方，希望能得到大家的批评指正。如果本文能起到抛砖引玉的作用，则笔者不胜欣喜。

（作者单位：清泉女子大学文化史学科）

灵岩寺大雄宝殿题记一览表凡例

1. □表示模糊不清而难以辨别的文字（□的数量以空白面积来估算）。斜体字为估计数值。

2. 序号（1）：题记均按其自大雄宝殿东墙起的排列顺序以阿拉伯数字编号。正文中涉及某个具体题记时，均以此序号来指代。

3. 纹饰：石板外周纹饰的情况。○＝有蔓藤花纹等纹饰，△＝有单纯的纹饰，×=没有纹饰。一块石板上有多个题记时，右边的符号表示石板整体的纹饰情况，左边的符号则指单个题记的纹饰情况。例如，［43］的纹饰情况为【○△】。这意味着，石板的外周有比较复杂的纹饰，里面还有被线条围起来的小题记。另外，石板有损毁时标上◆，有严重的侵蚀而难以辨认时标上▼。

4. 序号（2）：题记所在的位置以大写拉丁字母表示，E 代表大雄宝殿的东墙，N 代表北墙，W 代表西墙。字母后的两位数表示该题记位于该面墙上从右数第几块石板。短横后的数字表示该题记在该石板上为从右数第几个（0 表示该石板上只有一个题记）。

5. 年号：题记中所记的年代（原文为干支纪年时换算为年号纪年）。

6. 公历：与年号纪年相对应的公历纪年。为方便起见，不考虑阴历和阳历年份之间的不吻合。

7. 日期：题记中所记的日期以四位数表示。如 0101 指 1 月 1 号，1015 指 10 月 15 号。闰月则在日数上加上 30，如闰 2 月 20 号是 0250。只能辨认月份时，将后两位标记为 00。只能辨认日数时，将前两位标记为 00。

8. 开头：原样抄录题记最右侧的开头文字。主要记录香客的现居地。为保持题记原貌，对题记中的异体字、错别字以及字迹漫漶者，若不产生歧义，则不做改动。

9. 末尾：原样抄录题记最后一行。主要记录进香日期。

10. 上部：若在题记上部有“朝山进香”等从右向左写的文字，则按原样抄录。

11. 省、府、州、县：主要据第一行所记的地名整理，并以《明史·地理志》的行政区划来分类。例如，虽然南直隶于清初改称江南省，但为了数据处理的方便起见，仍用南直隶来代替。每项都只填写地名的开头两个字。

12. 会首姓名：会首（或名单中的第一人）的姓名。

13. 总人数：名单中的香客总数。字迹漫漶而无法估计人数时标上?。诗刻碑中等没有出现香客名字时标上×。

14. 女性：从名单可以统计出的女性人数。

西学出版与东江贸易

——明末徽商汪汝淳事迹补考

郑 诚

《毛大将军海上情形》（以下简称《情形》）（1623）一书，是记述天启初年明朝将领毛文龙（1576—1629）经营皮岛、牵制后金情况的第一手史料。自1968年影印出版以来，该书颇受重视。作者“天都汪汝淳”究竟何许人，早期研究者多谓史籍无载，仅据《情形》文本推测其身份。近年胡金平提出新说，辨明汪氏乃是寓居杭州的徽商，万历年间曾刊刻多种西学书籍。①汪汝淳其人其事，与晚明士商文化、西学传播、明清战争时期的皮岛贸易均有关系，犹可勾稽资料，补充前说。兹考述汪汝淳生平大略，其次梳理汪氏刊刻西书始末，最后辨析《情形》写作意图等问题，讨论《情形》反映之明鲜边境贸易。晚明时期发达的商业活动与宗教、政治的纠葛于此可见一斑。

一 生平大略

汪汝淳（1563—约1635），字孟朴，号穆溟，徽州府歙县丛睦坊人。②

① 胡金平：《晚明“汪汝淳”考》，中国人民大学基督教文化研究所编《基督教文化学刊》第23辑（2010春），宗教文化出版社2010年版，第235—247页。该文侧重讨论汪氏出版事业，略于家世生平，未提及生卒年。

② 黄汝亨：《寓林集》卷五《汪长公孟朴六十寿序》，天启四年刻本，《四库禁毁书丛刊》，集部第42册，第148—149页；吴时行：《两洲集》卷四《穆溟汪公七十序（代作）》，崇祯刻本，《四库禁毁书丛刊补编》，第72册，第633—634页。综合以上两种文献，汪汝淳生于明嘉靖四十二年三月九日。

曾祖一辈开始经商。祖父汪珣，号德润，“蒙故业以赀郎事周王”，为周藩（驻开封）理刑官（“审理”）。娶胡氏，媵杨氏，庶出二子。仲子名可觉（？—1590），字天民，号起莘，早年丧父，从举子业，不事生产，家道中落，万历四年（1576）应天中举，未入仕，病卒。可觉娶同邑岩镇商人方岩耕（字景真）之姊（1542—1631 后）。方氏育四子一女，长即汝淳。①

汪汝淳早年事迹不详，自署“诸生”，他人谓之“太学”，应系捐纳之例监。②季弟汝谦（1577—1655），字然明，赋诗结社，装点湖山，亦因刊印柳如是《湖上草》《尺牍》，牵合钱柳姻缘知名。③ 杭人黄汝亨（1558—1626，万历二十六年进士）谓汝淳、汝谦兄弟“怡怡，既翕和乐，且耽其才能，生产作业，而不营营于利以驰四方；其智略文采，可以班冠绅，建常世之画，而恬然家修，不汲汲于名以鞅掌王事”④。从现有资料看来，汪氏兄弟是移居杭州的徽商。汪汝谦“业盐桐江”，大概都是家族事业。⑤

汪氏兄弟居杭州，家素封，好风雅，与当时名流周旋。南京国子监祭酒冯梦祯（1548—1605）栖隐西湖，万历三十一、三十二年间（1603—1604）尝与汪汝淳宴饮往还，快雪堂落成，邀集宾朋，“汪穆溟以病不

① 汪道昆：《太函集》卷三八《孝廉汪征士传》，万历刻本，《四库全书存目丛书》，集部117 册，第 485—486 页；汪师韩辑：《丛睦汪氏遗书·春星堂诗集》卷一，第 1 页，乾隆三十八年刻本；黄汝亨：《寓林集》卷六《汪母方孺人七十寿序》，天启四年刻本，《四库禁毁书丛刊》，集部第 42 册，第 159—160 页；钱谦益：《牧斋有学集》卷三二《新安汪然明合葬墓志铭》，康熙刻本，《四库禁毁书丛刊》集部第 116 册，第 169—170 页；乾隆《江南通志》卷一二九《选举志》，文渊阁《四库全书》第 268 册，第 797 页；陈智超：《美国哈佛大学哈佛燕京图书馆藏明代徽州方氏亲友七百通手札考释》，安徽大学出版社 2001 年版，第 486—487 页。

② 汪汝淳：《重刻天主实义跋》（“新都后学诸生汪汝淳书”），利玛窦：《天主实义》，天学初函本；谢肇淛：《重刊四名家诗集序》，《“国立中央图书馆”善本序跋集录》（六），“国立中央图书馆”1994 年版，第 608 页。

③ 陈寅恪：《柳如是别传》第四章，上海古籍出版社 1980 年版；朱万曙：《〈丛睦汪氏遗书〉与汪氏文学家族》，《文献》2007 年第 4 期。

④ 黄汝亨：《寓林集》卷六《汪母方孺人八十寿序》。

⑤ 延丰等纂修：《重修两浙盐法志》卷二五商籍二“汪汝谦”，同治刻本，《续修四库全书》，第 841 册，第 560 页。

至”[①]。万历三十八年（1610），黄汝淳提议于南屏山风景最胜处，为释大壑建法华忏堂，成同调雅集之所，一时官绅纷纷捐资，“友人汪孟朴、然明辈闻斯语，欣然以聚材缔构为己任”[②]。汝谦自任设计，筑成园林亭阁，名曰“香严社”。[③]万历四十四年（1616），释大壑纂《南屏净慈寺志》书成付梓。汝淳捐资二两、汝谦捐资一两，列名“修志助刻姓氏”。[④]天启元年（1621）八月，汪母方氏八十寿诞，董其昌（1555—1636）、黄汝亨、沈守正（1572—1623，万历三十一年举人）各撰寿序。[⑤]

天启六年（1626），“黄山难作，兄［汝淳］以宏才遘变应猝，所存济甚多”[⑥]。“黄山难”系当时巨案。歙县富商吴养春因家族仇隙构讼，魏忠贤（1568—1627）借之敛财，造成冤案，惨死多命，办案官员进而压榨歙县绅商，酿成民变。[⑦]汪氏无官无职，如有力施以援手，需具备相当的人脉与资财。崇祯五年（1632），汝淳七十初度，族弟长驭、师挚称其人“儒而侠，隐而章，圭荜而怀廊庙忧，韦带而练习经济略者也”[⑧]。虽系谀辞，仍可略见其性情风度。

万历三十二年（1604）秋，福建藏书家徐[火+勃]（1570—1642）游杭州，

① 冯梦祯：《快雪堂集》卷六〇《日记》（癸卯二月十三日条）、卷六十一《日记》（甲辰二月初九条、八月十五日条“落成快雪堂”），万历四十四年刻本，《四库全书存目丛书》，集部第165册，第69、79、83页。

② 黄汝亨：《寓林集》卷八《香严社记》，天启四年刻本，《四库禁毁书丛刊》，集部第42册，第210—211页。

③ 汪汝淳：《香岩社纪事》，释大壑：《南屏净慈寺志》卷一，万历刻清康熙增修本，《四库全书存目丛书》，史部第243册，第195页。

④ 释大壑：《南屏净慈寺志》，第181页。

⑤ 董其昌《容台集》卷二《寿汪母八十初度序》，崇祯三年董庭刻本，《四库禁毁书丛刊》，集部第32册，第173—174页；黄汝亨《寓林集》卷六《汪母方孺人八十寿序》；沈守正《雪堂集》文集卷四《汪母八十寿序》，崇祯沈尤含等刻本，《四库禁毁书丛刊》，集部第70册，第617—618页。沈守正与汪汝淳友善，又见《雪堂集》卷一《寄怀汪孟朴》。

⑥ 吴时行：《两洲集》卷四《穆溟汪公七十序（代作）》。

⑦ 程演生：《天启黄山大狱记》，民国二十五年铅印本；倪元珙：《黄山大案奏疏》，畲华瑞纂：《岩镇志草·元集》，乾隆间刻本，第44—49页；李之勤辑：《王徵遗著·两理略》，陕西人民出版社1987年版，第121—125页。按，崇祯即位，魏忠贤败死，随后王徵（1571—1644，时任扬州推官）奉命重审黄山案，《两理略》载《查报黄山一案》《擒解叛奴吴荣一案》两牍，曲尽其详。倪元珙案发时任歙县知县，因同情乡民罢官，复起后上疏申述民变原委。惜程演生作《大狱记》之时未得参考王、倪二氏文书。

⑧ 吴时行：《两洲集》卷四《穆溟汪公七十序（代作）》。

尝与汪汝淳等人泛舟西湖，分韵赋诗。崇祯十一年（1638）徐氏再过武林，汝淳已故去。①可知汪汝淳卒年当在1632至1638年间。

二　刊印西书

1607—1614年间，汪汝淳刊刻了最早一批杭州版的西学著作，已知凡六种：②

利玛窦述《天主实义》二卷，万历三十五年重刻本（同年仲秋汪汝淳跋）

利玛窦述《畸人十篇》二卷，万历三十九年重刻本（同年仲春汪汝淳跋）

利玛窦述《二十五言》一卷，万历间重刻本

利玛窦授，李之藻演《圜容较义》一卷，万历四十二年重刻本

利玛窦授，李之藻演《同文算指前编》二卷《通编》八卷，万历四十二年刻本

庞迪我述《七克》七卷，万历四十二年刻本（同年季夏汪汝淳跋）

前四种著作先有北京刻本，汪氏为之重刊，后两种则是杭州初刻。

崇祯初年，李之藻（1565—1630）编定《天学初函》，收书二十部，以上六种俱采入。《天学初函》本《畸人十篇》署“后学汪汝淳较梓”，

① 徐𤊹：《闽游诗纪序》，汪师韩辑：《丛睦汪氏遗书·春星堂集》卷四，乾隆三十八年刻本，第2—3页；徐𤊹《鳌峰集》卷一二《新秋胡仲修汪孟朴吴非熊吴德符仲飞招游西湖同王玉生王永启陈伯全分得凉字》，天启五年南居益刻本，《续修四库全书》，第1381册，第195—196页。徐𤊹《红雨楼集·寄汪然明（［崇祯十二年］五月）》略云“不肖忆与长公孟朴先生游也，历星霜三十五秋”，参见《上海图书馆未刊古籍稿本》第42册，复旦大学出版社2008年版，第97—99页。

② 万历三十一年秋（1603），李之藻借主考福建乡试之机，将北京所刻《坤舆万国全图》版片携归杭州。《全图》大概是在杭州最早印刷的西学出版物。参见海野一隆：《利瑪竇『坤輿万国全図』の諸版》，《東洋學報》第87卷第1期，2005年，第111—112页。六种西书，胡金平《晚明“汪汝淳”考》列出五种，缺少《圜容较义》。

避启祯帝讳。《二十五言》卷首汪汝淳署名又冠“新都”二字。另据《天主实义》《七克》二书汪汝淳跋、《圜容较义》李之藻序，知其余四种亦为汪氏所刻。[①]《天学初函》所收者当是据汪汝淳本翻刻而成。万历间杭州汪氏初刻书版，或毁于天启元年杭州大火。[②]汪汝淳原刊本似已失传。

上述西书六种，除《七克》书稿乃汪氏得自杨廷筠（1557—1627），其余五种大概皆由李之藻发动。[③]万历三十三年（1605）八月，李之藻自北河分司任上贬官返乡，至三十六年岁末补官进京，三年间多在杭州家中，先后为《天主实义》《畸人十篇》作重刻序（丁未十月、戊申十月）。《二十五言》（万历三十二年［1604］北京初刻）杭州本刊行或在同时。此时李之藻尚未皈依天主教，但与利玛窦（Matteo Ricci，1552—1610）的交往，已令其成为“天学”的热情支持者。万历三十八年（1610），李之藻从利玛窦领洗，三十九年至四十二年初（1611—1614），丁父忧，居乡著述，四十二年春（1614），完成《同文算指》，与《圜容较义》同授汪氏梓行。[④]万历四十二年，庞迪我（Diego de Pantoja，1571—1618）《七克》杭州本刊行后，汪汝淳似未继续参与西学出版活动，恐系万历四十四年南京教案的后果。

《天主实义》与《畸人十篇》属于护教著作，利玛窦采用“合儒易佛”的传教策略，强调天主教与上古儒家相通，勇于实践，为救世药石，

---

① 李之藻辑：《天学初函》，台湾学生书局1965年版。影印原金陵大学藏《天学初函》明刻本。

② 中国国家图书馆藏天学初函本《天主实义》留存内封，题“西国利先生著/天学实义/燕怡堂藏版”，卷首刊“燕怡堂较梓”。论者多以为即万历三十五年杭州刻本，然既避讳启祯帝讳（“较”字），当系重刻。又，《绝徼同文纪》（约1615）卷一载汪汝淳《畸人十篇后跋》（无年月）。然天学初函本《畸人十篇》，如金陵大学、中国国家图书馆、原国立北平图书馆（今在台北故宫博物院）、傅斯年图书馆（两部）所藏诸本，均无汪跋。若用汪氏原版刷印，当不至如此。参见余施霖《李之藻〈天学初函〉之研究》，台北市立师范学院2005年硕士论文，第242—249页，“台湾所藏《天学初函》内容考订表”；《绝徼同文纪》，法国国家图书馆藏明刻本。按，道光二十七年（1847）刊本《畸人十篇》，有汪汝淳跋，文同《绝徼同文纪》，且加署年月“万历辛亥仲春日”。道光本或系据汪汝淳本重刻。录文参见朱维铮编《利玛窦中文著译集》，复旦大学出版社2001年版，第506页。

③ 参见汪汝淳《七克后跋》，庞迪我：《七克》，天学初函本。方豪已论及此五种为汪汝淳刻于杭州。参见方豪《李之藻研究》，台湾商务印书馆1966年版，第68页。

④ 郑诚《李之藻家世生平补正》，《清华学报》新39卷第4期，2009年12月。李之藻《圜容较义序》（甲寅三月）云：“近友人汪孟朴氏因校《算指》，重付剞劂。”

同时着重驳斥佛教义理。作为出版者，汪汝淳对传教士之说作何表示？汪氏《重刻天主实义跋》（1607），赞扬利玛窦“挽虚而归之实”，绝弃末流“虚幻之谈”，但并未接受利氏对佛教的全盘否定。跋云：“然竺乾居士予以正觉，超乘而上，庶几不堕于迷涂。盖化实而归于虚，欲人人越诸尘累，不谓于世道无补也”。《七克后跋》（1614）则誉天主教克罪之论“骎骎乎先圣遗言，名儒耿论”，“是与利子之书并刻，以为世人药石云”。上节论及，同一时期汪氏赞助僧徒造园、刻书（1610、1616），当时固属附庸风雅之举。看来其人并未在信仰层面接受天主教，充其量誉之为“身心修证”“羽翼圣真”之学（《畸人十篇后跋》）。汪汝淳对天、释二家的态度，在明季士绅中有一定代表性。

胡金平指出，《毛大将军海上情形》（以下简称《情形》）述及天妃信仰灵验，有违天主教义；同时《情形》一文逢“天”字提行，且描述毛文龙呼天祈祷，海水为之分开，类似《出埃及记》，似又为天主教痕迹，故而难以判断汪汝淳此时是否信仰天主教。按，逢天字提行，明人行文常见，如《情形》内“天意顺”“天亡奴”“天垂怜”“精忠可以格天”种种皆如此，大多与天主教无关；海水分开之类神迹，不排除受天主教故事影响，尚不足成为信教的证据。

汪汝淳所刻书，除西学外，尚有数种可考。万历三十七年（1609），浙江参政陈邦瞻（1557—1623）编成明初四家诗四十一卷。谢肇淛（1567—1624）《重刊四名家诗集序》，称“天都汪孟朴太学，树的藻林，授之剞劂”。据汪汝淳《合刻国初四先生全集后序》（1609），陈邦瞻嘱其物色高启、张羽、徐贲、杨基四家诗集旧本：“会匡左陈先生秉宪于浙，特属淳物色”，“期年乃得报命。高季迪集，先生已得之洪给谏。张来仪、徐幼文二集寻得之吴兴杨氏。独杨孟载集，历吴、越、荆、楚，遍访之词林诸宿，竟寥寥也。抵金陵，乃闻许石城先生家有藏本焉，昔为文征仲所赠，百余年而归之淳。”[①]可见其活动范围，在长江中下游一带。陈继儒

① 汪汝淳：《合刻国初四先生全集后序》，《“国立中央图书馆”善本序跋集录》（六），“国立中央图书馆”1994年版，第613页。全帙南京图书馆存一部（八千卷楼旧藏）、台北“国家图书馆”存两部。他处间藏零种。按，洪给谏当即洪瞻祖，钱塘人，万历二十六年进士（陈邦瞻、李之藻同年），曾任兵科给事中。许石城即许谷（号石城），上元人，嘉靖十四年进士。

《长者言》的多种刻本中，其一卷首题“汪汝淳校阅”。[①]李腾芳辑《阳明先生集抄》，有汪孟朴等刻本。[②]此外尚有一种万历三十年刻《圣贤图像》，署汪汝淳绘。[③]

李之藻、陈邦瞻，以及前述黄汝亨，皆为万历二十六年进士，且有交游之迹。[④]汪汝淳前后所刻诸书，或不无连带人脉因缘。

1611年杭州“开教”，在李之藻与杨廷筠的鼎力支持下，杭州很快成为中国天主教一大中心，直到雍正初禁教令下，欧洲传教士在杭州的公开活动方完全终止。万历晚期至康熙初叶六七十年间，杭州也是天主教群体编译西学著作的出版中心。汪汝淳所刻六种实开其滥觞。值得注意的是，南京教案（1616）以降，杭州新刊西学作品，特别是教理类著作开始纳入教会管理，藏版之处题作“慎修堂”“超性堂”“武林天主堂”之类，罕见书坊痕迹。崇祯年间，天主教会的书籍审查与准印制度，亦渐次严格实行，西学图书出版活动的主导者，进一步由奉教士大夫或教外人士向外籍传教士转移。康熙中叶成型的《杭州天主堂刊书目》，开列汉文作品三十六部，格物类著作寥寥无几。[⑤]这一系列现象总是传教形势发展、各方关系变化之反映。笔者拟另文专门探讨。

三 《毛大将军海上情形》与战时明鲜贸易

《毛大将军海上情形》署“天启癸亥仲秋朔日天都汪汝淳书”。根据其内容与措辞，特别是“生以季夏既望归”一语，李光涛（1968）认为，汪

① 陈继儒：《长者言》，《水边林下》丛书本，《北京图书馆古籍珍本丛刊》第78册，书目文献出版社1998年版，第689页。

② 王守仁撰，李腾芳辑：《阳明先生集抄》十六卷，华东师范大学图书馆藏汪孟朴等刻本。参见《中国古籍善本书目·集部上》，线装书局2005年版，第1389页。未见原书，不详究竟。

③ 傅惜华编：《明代版画书籍展览会目录》，北京中法汉学研究所1944年版，第24页。傅氏碧蕖馆自藏之《圣贤图像》一册，折装，未题撰人，明吴从诚订，汪汝淳绘，万历三十八年刻本。

④ 郑诚：《李之藻家世生平补正》，《清华学报》新39卷第4期，2009年12月。

⑤ 《浙江杭州天主堂刊书目》，原件藏梵蒂冈图书馆（Vat. Estr. Or. 2之附件）。参见张西平《欧洲早期汉学史》，中华书局2009年版，第306页。该目与《天学初函》相同者仅七种，属“器编”者仅《泰西水法》《天问略》两种，其余三十四种全为宗教、伦理作品。

氏系“毛文龙之门客”，该文“可能出于毛文龙之授意，藉门客为之宣扬，并刊印成册”[①]。李尚英（1990）点校《毛大将军海上情形》，按语部份称《情形》“作者汪汝淳（今安徽歙县人）”；虽未详论，当据“天都”二字推之。[②] 王锺翰（1993）赞同李光涛之说，并提出“天都”代指杭县，汪氏为毛文龙（仁和人）同乡。[③]乔治忠（2001）则指出“生”并非面对毛文龙的自称，“归”者当指返回京城，进而推测“汪汝淳可能是支持毛文龙的大臣派去视察的下级官员，《毛大将军海上情形》即视察后的书面报告”。[④]胡金平（2010）首先提出《情形》作者与刊印西书之汪汝淳当为同一人，“天都”亦即歙县。[⑤]按，天都一指黄山天都峰，常用作歙县或徽州的别称。歙县汪汝淳，谢肇淛《重刊四名家诗集序》即称之“天都汪孟朴”。[⑥]杭州则为汪氏居所。

关于《情形》作者之身份。笔者另见一旁证。按《情形》现存林罗山钞本，内封摹写题名“由庚堂梓”四字。南京图书馆藏《明初四家诗》（索书号 GJ/EB/11200），书末载汪汝淳《合刻国初四先生集后序》。“汪序数页上书口钤有‘由庚堂后叙’朱文楷体长方印”[⑦]。目验所见，汪氏后序凡四叶，各叶板心最上部边框下皆钤该印。此外，清华大学图书馆藏汪汝淳刊《重刻杨孟载眉庵集》（《明初四家诗》本），全书经重装，无内封。书前副叶，贴一钤有“由庚堂印”白文方印之小方纸，或系重装时自残损之内封剪下保存者。[⑧]汪孟朴之本名、乡贯、居所、年龄、身份地位，与《情形》作者均无捍格。“由庚堂”一名三见，自非偶然。《情形》的作者

① 李光涛：《跋〈毛大将军海上情形〉》，《“中央研究院”历史语言研究所集刊》第三十八本，1968 年。又载李光涛《明清档案论文集》，联经出版有限公司 1986 年版，第 251—274 页。

② 汪汝淳撰，李尚英点校：《毛大将军海上情形》，《清史研究通讯》1990 年第 2 期，第 44—50 页。

③ 王锺翰：《毛大将军海上情形跋》，《清史余考》，辽宁大学出版社 2001 年版，第 141—142 页。该文初刊于《淡江史学》第 5 期，1993 年。原刊未见。

④ 乔治忠：《〈毛大将军海上情形〉与中日两国学者》，《中国典籍与文化》2001 年第 2 期。

⑤ 胡金平：《晚明“汪汝淳”考》。

⑥ 参见《清史研究通讯》1990 年第 2 期，第 44—50 页。

⑦ 颜庆余：《高启集版本考》，蒋寅、张伯伟主编：《中国诗学》第十辑，人民文学出版社 2005 年版，第 23 页。

⑧ 索书号：庚 456. 1/6380。卷端署“新都汪汝淳孟朴同校”。

可以确定是歙县汪汝淳孟朴甫。按《毛诗序》：“由庚，万物得由其道也。”“由庚堂”或系汪氏堂号。

《情形》作者身份既明，成书过程与写作意图便易于理解。《情形》开宗明义：

> 往二三乡人，从海上归者，略述彼中情形，极称将军将略。［中略］今秋，将军犹子维新，亦自海上来，备述将军英武，进驻方略，颇与传者吻合。第衣甲器械，尚未凑手；火药糗粮，更属不支。因合纪之。［中略］生以季夏既望归，将军亦于是日将兵五万众，进屯镇江、宽奠间，逼奴老寨，以窥进取。

“从海上归”，当指自皮岛一带返回杭州。“乡人”者，当即徽人。“因合纪之”，足见汪氏未尝亲赴辽东，实综述乡人与毛维新之说[①]。“生以季夏既望归”，乃指毛维新。天启三年（1623）六月十六日（季夏既望），乃是全文涉及毛文龙事迹的时间下限。是日毛维新离皮岛，返回杭州。八月一日，汪汝淳即撰成《情形》，全文约七千字，可谓速矣。[②]

《情形》一文，主体分两部分。前半对一般读者而发，“小册纪将军之实功，俾宇内晓然”，分条缕述皮岛、建州、朝鲜三方动静消长，渲染毛文龙攻守之艰险勇毅，细节之丰富，非局内人不能道。后半为汪氏议论，针对朝廷决策，列举明军优势“可以卜其成功者”五条，“以决当事之疑”，并开列皮岛所需粮饷、火药、衣甲器械之数量、银价，代毛氏呼吁。是书实即小册形式的揭帖，乃一宣传品。《情形》之刊布，或许也是杭人毛文龙主动争取舆论支持的手段，毛维新返回杭州的任务之一。

汪汝淳并非毛文龙的门客，但无疑是毛氏的同情者。二人早年是否相

---

① 毛维新生平不详。按明末小说《镇海春秋》第十六回（5a—b），将毛维新称作毛文龙的堂侄（“二老爷的大相公”），甲子科浙江中式武举，“因上京会试不第，就顺便到岛中来谈望伯伯与伯姆”。参见《古本小说集成》，上海古籍出版社1994年版影印明刊本，第184—186页。毛维新初访皮岛，按小说情节推测当在1625年，与《情形》记维新1623年自皮岛返回杭州之说已有矛盾。小说家言本出虚构，附记于此。

② 按，《情形》公文书馆藏林罗山本凡廿一叶，内封一叶，正文二十叶，半叶十行，行十八字，平写十七字。有装订错页。

识，有何私人关系，史料所限，未见记载。然而毛文龙与徽商群体确实存在交集。

天启二年（1622），毛文龙晋东江（即皮岛）镇总兵，独占朝鲜贸易。松浦章（2009）对皮岛之经济基础有专门讨论：毛文龙控制的一系列海岛大约有十万亩耕地，辽东逃亡而来之民众则达数十万，即便丰产之年，仍不足自给。明朝政府海运粮食，每年十余万石。天启三年四月后，朝鲜王国每月向皮岛运送粮食一万石。尽管如此，对于辽东逃难而至的百姓，此地乃是食不果腹之所。天启四年三月，即有因饥饿逃至朝鲜之难民。①赵世瑜、杜洪涛深入分析了毛文龙东江集团所掌控的海上贸易，勾连清初广东藩王、江东旧将尚可喜、耿继茂在华南的海上贸易，且指出汪汝淳撰写《情形》的素材源于参与皮岛贸易的同乡徽商。②以下略作补充。

关于皮岛之明鲜贸易，文秉（1609—1669）《烈皇小识》称“通行商贾，南货缯币，北货参貂，咸于文龙处输税挂号，然后敢发。不数年，遂称雄镇”③。《情形》则云：

> 登、津商货，往来如织，货至彼，一从帅府挂号，平价咨鲜易粮，以充军实。公自给价还商，市参以归。此一转移，每岁亦不下数万［石］矣。

辽东大部被后金占领后，位于鸭绿江口附近的皮岛成为明朝与朝鲜之间大宗贸易的唯一孔道。皮岛等辽东沿海岛屿作为军事基地，人口众多，远离后方，海路危险，运输补给困难。明廷调拨之军需银两、粮食、布匹，存在巨大缺口。岛上粮食尤其匮乏，需要从朝鲜大量买米，供养军民。

---

① 松浦章：《毛文龍の椴島占拠とその経済基盤》，追悼記念論叢編集委員会编：《明代中国の歴史的位相：山根幸夫教授追悼記念論叢》下卷，汲古書院2007年版，第165—180页。中译参见松浦章《天启年间毛文龙占据海岛及其经济基础》，《明清时代东亚海域的文化交流》，江苏人民出版社2009年版，第105—120页。

② 赵世瑜、杜洪涛：《重观东江：明清易代时期的北方军人与海上贸易》，赵世瑜主编：《长城内外：社会史视野下的制度、族群与区域开发》，北京大学出版社2016年版，第69—94页。

③ 文秉：《烈皇小识》卷二，上海书店出版社1982年版，第42页。

天启六年（1626），姜曰广（1583—1649）、王梦尹出使朝鲜，沿途巡视皮岛，十月十六日上《海外情形疏》，谓毛文龙“以银易中国之货，以货易该国［朝鲜］之米”。述皮岛商情：

海外商人，不下五六百人，半在登州，半在海外。据册借欠计九十余万。有登州理饷官，亦有还过者，即过海算明，约借欠不下五六十万［中略］毛文龙虑饷弁之多弊，欲移商人海外以就银，如商人畏风波之险远，欲在登株守以待颁，政尚未决。①

纺织品乃是明方的大宗货物，茅元仪（1594—1640）有云：

而鲜人亦苦乏布，我帅毛文龙居彼，欲专其利，遂乞布数十万及他绘缯，与鲜为市。鲜因于奴，奴得不乏绝者此也。②

对朝贸易的货物，主要来自民间商人。华商将棉布等货物运往皮岛，卖与东江镇官方，折价登记，换得红票。③毛文龙以货换取朝鲜之米。商人持票，在登州等待领取朝廷下发皮岛的军费白银，兑现货款。如长期拖欠，即会出现高额债务。与此同时，华商也在皮岛与朝鲜商人直接交易，或以物易物，或用白银，购入人参、貂皮等特产。

在这种多角贸易中，毛文龙作为皮岛军政首脑，具有垄断地位，既是监管者，又是交易方，控制物价、税收，也可以通过亲信，直接参与贸易。朝鲜商人在皮岛获得明方产品，本土消费外，亦通过走私，进入与后金、日本的贸易流通。④至于华商之目标，一为明廷下发之官银，一为人参、貂皮之类受辽东战事冲击、国内市场供不应求的特产。虽困难重重，

① 沈国元：《两朝从信录》卷三一，明末刻本，《四库禁毁书丛刊》，史部第30册，第631—632页。

② 茅元仪：《暇老斋杂记》卷二，清钞本，《四库禁毁书丛刊》，子部29册，第490页。

③ 毛承斗辑，贾乃谦点校：《东江疏揭塘报节抄》卷五《天启六年八月初九日具奏》，《东江疏揭塘报节抄（外二种）》，浙江古籍出版社1986年版，第79页。赵世瑜、杜洪涛：《重观东江：明清易代时期的北方军人与海上贸易》，第87页。

④ 赵世瑜、杜洪涛：《重观东江：明清易代时期的北方军人与海上贸易》，第45—46页。

必有大利可图，商贾方渡海涉险为之。

皮岛孤悬海外，物资匮乏，牵制后金，前后支撑十五年（1622—1637），必有其生存之道。华商的贸易活动，对于保障朝鲜粮食的输入，发挥了重要作用。借助市场手段进口朝鲜粮食，效率优于官方征集调运物资。抽取关税也为皮岛增加了额外收入。至于垄断贸易产生的大量财富，则落入毛文龙及其亲信之手，人参、貂皮也成为毛文龙贿赂朝野要人的工具。

傅衣凌很早便注意到，毛氏召集之商贾，有徽人在内。[①]徽商北游皮岛，在毛文龙保护下获得利益，如寄籍杭州，则又与毛文龙多一层乡梓关系。商人如欲分享朝鲜贸易，自需依仗毛文龙。支持毛氏，固在情理之中。汪汝淳本人是否涉足皮岛贸易？文献不足，难下定论。不过汪汝淳身为寓杭徽商群体中颇具声望之人，撰写、刊印《情形》，其支持毛文龙的立场无可置疑。

《毛大将军海上情形》仅一宣传小册，无力转移庙堂决策，犹可影响民间舆论。井玉贵发现，崇祯年间为毛文龙纪功鸣冤的时事小说《镇海春秋》，即采用了《情形》的若干记述。[②]

四　结论

汪汝淳本非知名历史人物，因所撰《毛大将军海上情形》关系明清易代史事，为后世研究者连带注意。所幸明代文献，特别是明人文集存世尚夥。随着史料的批量影印与数字化，今日的研究空间大为拓展，从各种零散材料中，尚可拼凑出汪汝淳较为立体的人生脉络。本文讨论的个案，再次见证了晚明民间社会的旺盛生命力，尤其是权力、商业与出版之交融。

政府管制的松弛，社会思潮的活跃，无疑为西学的传播提供了舞台。万历以降民间出版业的空前繁荣为之推波助澜。在士大夫阶层的宽容氛围

---

① 傅衣凌：《明清时代商人及商业资本》，人民出版社1956年版，第59—60页。引用柏起宗《东江始末》。

② 井玉贵：《历史上的毛文龙及其在时事小说中的反映——以颂毛小说问世背景之考察为中心》，《明清小说研究》2008年第3期。

下，二三官绅即可凭私人力量，藉助坊刻，传播“天学”。作为出版者，汪汝淳一面赞扬以儒家之友面目出现的天主教，一面赞助佛教僧侣，并无矛盾之处。李之藻编成《天学初函》，汇总三十年西学译著二十种，恐亦受到当时丛书出版热潮的启发——如此方能增强影响，传世长久。

至于《毛大将军海上情形》，本是注定短命的宣传小册，机缘巧合，流传至今，一旦解明作者的身份，我们便可得到更为丰富的信息。毛文龙派遣亲信，返回家乡杭州，借机与同情者合作，表发小册，向读书人宣传战功，鼓动舆论；向当权者进言，寻求支持。而《情形》的作者汪汝淳便是寓杭徽商，与参与皮岛贸易之徽商存在千丝万缕的联系。在这个案例中，皮岛不仅是王朝对抗的舞台，也是东亚世界贸易网络的重要节点，值得从多个角度审视其复杂性，由商业利益引发的政治诉求仅为一端而已。

附记：关于《毛大将军海上情形》的版本

《毛大将军海上情形》（以下简称《情形》）原刊本迄未发现。日本国立公文书馆（原内阁文库）见藏江户初年钞本，内封摹写“由庚堂梓”字样，正文提行犹作明人格式。该本钤有德川幕府儒官林罗山（1583—1657）收藏印记，足见早在17世纪中叶，《情形》问世不久，即东传日本。北京大学图书馆藏有钞本，制作时代较为晚近，应是日人据林罗山本传写。[①]此外，1929年傅增湘访书东瀛，于内藤湖南恭仁山庄见得“毛大将军海上情形一卷”[②]。“据云自内府钞出者”[③]。所谓内府当即内阁文库。该钞本现藏关西大学图书馆内藤文库，一册，行款同林罗山本，且“书写形态”与之极其相似。[④]可知《情形》北大、内藤二钞本皆源于林罗山本。1968年，林罗山本影印发表于《历史语言研究所集刊》第38本，当时偶然遗留二页未拍照，以至影本不全。1990年，《清史研究通讯》发表《情

① 乔治忠：《〈毛大将军海上情形〉与中日两国学者》，第100—103页。

② 傅熹年整理：《〈藏园日记钞〉摘录》，《文献》2004年第2期。1929年“九月廿八日”条。

③ 傅增湘：《藏园群书经眼录》，中华书局1983年版，第83页。记作“日本内藤虎藏书。己巳十月二十八日阅”。按，“十月”当系误书，参照《藏园日记钞》，应作“九月”。

④ 松浦章：《毛文龍の椵島占拠とその経済基盤》。

形》点校本，乃据北大钞本录文，参用林罗山本完整影印件校补。惜此本未能完全纠正北大本错叶，且无校记，排印又增手民之误。①今日利用《情形》一文，公开出版物中，仍需依据《集刊》之缺叶复印件。另有徐志豪《毛文龙生平研究》附录《情形》校注，据林罗山本完整影印件录文，参校《清史研究通讯》所载标点本，改正错叶，并出校记，相对可靠。②本文援引《情形》处，参用《历史语言研究所集刊》影印本及徐志豪校注本。

补记：

公文书馆藏《毛大将军海上情形》钞本目前可在线浏览、下载全书高清图像，参见 www. digital. archives. go. jp。

（作者单位：中国科学院自然科学史研究所）

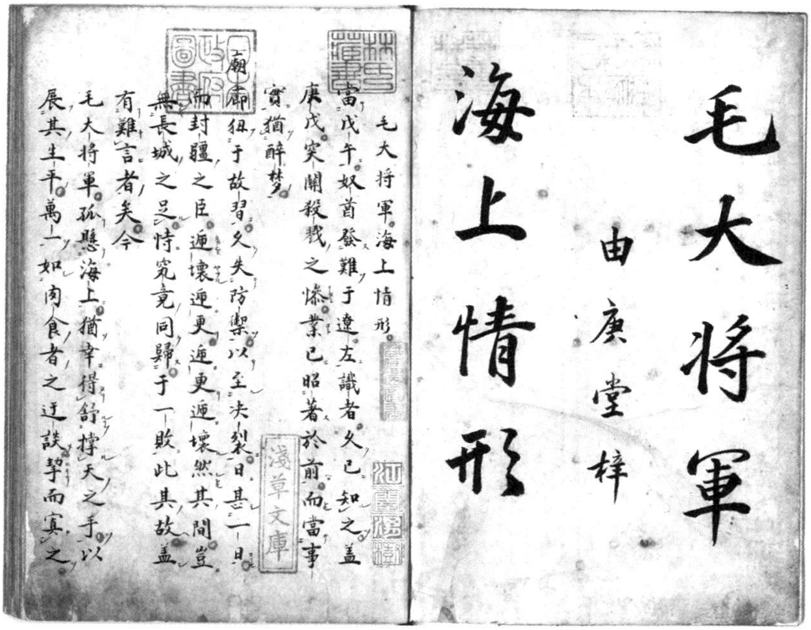
毛大将軍
由庚堂梓
海上情形

毛大将軍海上情形
當戊午奴酋發難于遼左識者久已知之蓋
庚戌突闌殺戮之慘業已昭著於前而當事
實猶醉夢
朝廷狃于故習久失防禦以至决裂日甚一日
而封疆之臣逓壞逓更逓更逓壞然其間豈
無長城之足恃究竟同歸于一敗此其故蓋
有難言者矣今
毛大将軍孤懸海上猶幸得舒撑天之手以
展其生平萬一如肉食者之迂談拏而實之

《毛大将军海上情形》，日本国立公文书馆藏钞本

① 乔治忠：《〈毛大将军海上情形〉与中日两国学者》。

② 徐志豪：《毛文龙生平研究》，硕士学位论文，清华大学（新竹），2001 年，第 111—120 页。

略论黄宗羲《明儒学案》传记镕裁的旨趣

——以《文正方正学先生孝孺》为中心

余劲东

黄宗羲（1610—1695）所著《明儒学案》（以下简称《学案》）集中记载了明代学术史上重要学者的生平梗概以及黄宗羲对这些学者及其学术的评价，此书的重要性早已为学界所熟知。[①] 在这部著作中，黄宗羲给予方孝孺（1357—1402）格外的重视，不仅将其名列卷首《师说》的第一篇，[②] 亦将其传记作为《诸儒学案》的开卷之作。[③]《明儒学案》在编次各学者传记时主要以其所处的年代先后为序，[④] 然而生卒年皆早于方孝孺的赵谦（1351—1395）在《诸儒学案》中的排序却位列方孝孺之后，可见黄宗羲对方孝孺的重视与推崇。在这种推重之下，黄宗羲采用哪些史料来撰写方孝孺传记、对方孝孺的传记又进行了哪些镕裁、进行镕裁的原因是什么，这些镕裁又体现出黄宗羲《学案》传记镕裁时的何种旨趣，便成为值

---

① 业师朱鸿林先生对《明儒学案》多有研究，其研究可参氏著《〈明儒学案〉研究及论学杂著》，上海三联书店 2016 年版；赵文会的研究也有相关参考价值，参氏著《〈明儒学案〉研究》，黑龙江人民出版社 2018 年版。其他学者以单篇论文的形式讨论《明儒学案》的学术价值、版本问题等内容的更多，在此不一一赘述。

② 黄宗羲著，沈芝盈点校：《明儒学案》卷首《师说・方正学孝孺》，中华书局 2008 年版，第 1 页。

③ 有关《诸儒学案》中的方孝孺传记，见黄宗羲《明儒学案》卷四三《诸儒学案上一・文正方正学先生孝孺》，第 1041—1042 页。

④ 其中，《王门学案》以年代排序与地域排序相结合，但黄宗羲编写《王门学案》有其特殊的旨趣，因此从整体上看，该书在编次时主要还是以传记年代为序。

得关注的问题。尽管学界已有为数不少的文章探讨过黄宗羲写作《学案》时的传记镕裁,[①] 但却较少有学者关注到方孝孺的个案在《学案》中的特殊性，因此本文以《学案》中的方孝孺传记切入对上述问题的探讨。

一 《文正方正学先生孝孺》的史源探寻

方孝孺，字希直，明台州宁海（今浙江省宁海县）人，明初著名文学家、政治家，在“靖难之役”后期被成祖（1360—1424）俘获，不屈而死。其死事在同时诸臣中最为惨烈,[②] 故通常被后之学者视为靖难逊国诸臣的代表而加以记载。目前可见的方孝孺传记文字，仅《明人传记资料索引》一书所统计便已达 24 种,[③] 黄宗羲的传记亦为其中之一。《学案》中的方孝孺传记虽然一如该书通常体例：先述传主生平，后论传主学术，但相较于《学案》中的其他传记而言却有其特殊之处：尽管黄宗羲在书写方孝孺生平时保持撰写《学案》一贯的生动笔法与言简意赅，却在关乎方孝孺节义的细节方面记之颇详；虽对方孝孺的学术有所评价，但更多的却是为所谓“庸人之论（方孝孺）有二”进行辩驳,[④] 这或许是想通过辩驳的方式来见方孝孺之生平与学术。[⑤]

为知悉黄宗羲对方孝孺传记的镕裁详情，找出其书写该传记时的史源

① 仅举其要者言之，便至少有如下数篇。李一禾：《“不拘”与“纵情”——论〈明儒学案〉中黄宗羲对邓豁渠形象的建构》，《南京师大学报（社会科学版）》2020 年第 1 期；金春花：《罗钦顺性论新诠——〈明儒学案〉商兑》，《社会科学》2018 年第 8 期；庄兴亮：《黄宗羲对聂豹政治形象的构建——以〈明儒学案·贞襄聂双江先生豹传〉为探讨中心》，《国学学刊》2016 年第 3 期；黄涛：《初探黄宗羲对“递相出入”于湛、王二家之弟子的处理》，《明史研究论丛》2015 年（第十四辑），第 178—186 页；陈文新、王冯英：《由唐顺之由文入道看文学史与哲学史之相关性——〈明儒学案〉视野下的唐顺之》，《哈尔滨工业大学学报》2015 年第 4 期。此外，刘勇、钟治国、朱曦林等人亦不乏相关探讨。

② 有关方孝孺死事惨烈的考证，可参李谷悦《方孝孺殉难事迹的叙事演化与“诛十族”说考》，《史学月刊》2014 年第 5 期，第 37—47 页。

③ “国立中央图书馆”编：《明人传记资料索引》，台北：文史哲出版社 1978 年版，第13 页。

④ 黄宗羲：《明儒学案》卷四三《文正方正学先生孝孺》，第 1042 页。

⑤ 黄宗羲在《明儒学案》的序言中称：“其人一生之精神未尝透露，如何见其学术？”可见其一向强调“知人论世”，这也是《学案》先述传主生平再述其人学术的原因所在。见黄宗羲《明儒学案》卷首《明儒学案发凡》，第 14 页。

便成为首要问题。黄宗羲在进行相关撰述时通常会参看《明实录》与《国朝献征录》,[①] 但此二书在记述方孝孺生平时却有着明显不足。永乐时诸臣对《实录》中的建文史事做过大量删改，因此《实录》中关于靖难之役的记载很难作为信史被黄宗羲所采用;[②]《国朝献征录》中的方孝孺传记作者为郑晓（1499—1566）,[③] 但郑晓的这篇传记在有关廖镛劝降方孝孺及姚广孝劝说明成祖这两件事情上的细节远不如《学案》详尽，恐难成为黄宗羲为方孝孺作传的底本。考诸《明人传记资料索引》并对相关资料逐项检索及比照，最终发现黄宗羲撰写方孝孺传记时所用的资料主要来源于宋端仪（1447—1501）编写的《革除录》。[④]

在明代中前期，出于避讳“政治敏感”的考量，少有学者专门撰书来议论靖难史事。据李谷悦考证，有关方孝孺之事较早的几部著作分别为佚名《奉天靖难记》、李贤（1409—1467）《天顺日录》和祝允明（1461—1527）《野记》。[⑤] 但这三本书都是笔记而非传记性质，对方孝孺皆仅有只言片语的记载，因此难以作为黄宗羲写作传记时的重要史源。明代中期，朝臣开始试探性的议论靖难史事并为靖难逊国诸臣作传，其中较早也非常重要的一部著作即是宋端仪的《革除录》，该书被学者称为“明代建文朝史修撰的开山之作”,[⑥] 其地位的重要性可见一斑。在《革除录》中，宋端仪记载方孝孺的传记多达1580字，其后明清古籍中的方孝孺传记，其字数

① 据《黄宗羲年谱》记：“忠端公（黄尊素）被逮时，途中谓公（黄宗羲）曰：‘学者不可不通知史事，将架上《献征录》涉略可也。’公至是发愤，自明十三朝《实录》上溯《二十一史》，每日丹铅一本，迟明而起，鸡鸣方已，两年而毕。”见（清）黄炳垕著，王政尧点校《黄宗羲年谱》，中华书局1993年版，第15页。

② 以一例证之。《实录》称：“时有执方孝孺来献者，上指宫中烟焰谓孝孺曰：‘此皆汝辈所为，汝罪何逃？’孝孺叩头祈哀。”若按《实录》所载作传，如何突出方孝孺死事之激昂？相关引文，见杨士奇等《明太宗实录》卷九，建文四年六月乙丑条，第129页。

③ 《国朝献征录》的方孝孺传记摘录自郑晓《吾学编》卷五二《文学博士方孝孺》,《续修四库全书》，第424册，第616—618页。

④ 该书收录于宋端仪《立斋闲录》卷二，《续修四库全书》，第1167册，第560—588页。

⑤ 李谷悦：《方孝孺殉难事迹的叙事演化与“诛十族”说考》,《史学月刊》2014年第5期。其中，《奉天靖难记》是站在明成祖的角度去写的，但是仍然不明署作者姓名，当时的忌讳之深可以想见。

⑥ 潘忠泉、李怡：《明代建文朝史修撰的开山之作：〈革除录〉》,《图书馆论坛》2007年第1期。

及内容基本与宋端仪接近，只在若干细节上有增删。[①] 尤其是宋端仪在写作《革除录》时，对重要事件都标明了史源出处，具有较高的可信度。尽管如此，但因为没有直接证据，所以笔者无法断言黄宗羲是否看过《革除录》；但可以确定的是：因为《革除录》中的方孝孺传记非常详尽，也因之成为其后学者撰写方氏传记的蓝本。[②] 即使黄宗羲未看过《革除录》，其能够看到的有关方孝孺的传记史料，也应当由《革除录》延展而来。[③]

黄宗羲写作方孝孺传时参阅的文献应当不少，但对黄宗羲影响较大的文本应当是其同门卢演所编的《方正学先生年谱》（以下简称《年谱》）。[④] 做出这一判断，基于以下两个考虑：一是黄宗羲比较看重“同门冥契”，[⑤]

① 紧跟宋端仪之后的方孝孺传记的内容，依作品年代排序为：张芹（1466—1541）《备遗录》838 字，黄佐（1490—1566）《革除遗事》1011 字，许相卿（1479—1557）《革朝志》1314 字，廖道南《殿阁词林记》1869 字。可见宋端仪所写的内容，实际上已经较为全面，基本囊括了方孝孺的主要事迹。以上字数据《中国基本古籍库》及相关电子资源统计，或有微小出入。以上传记，分别见张芹《备遗录》不分卷《翰林侍讲方公》，《丛书集成初编》第 3355 册，商务印书馆 1936 年版，第 2—4 页；黄佐：《革除遗事》卷一《方孝孺》，《续修四库全书》，第 432 册，第 607—608 页；许相卿：《革朝志》卷三《方孝孺传》，《四库全书存目丛书》，史部第 47 册，第 164—166 页；廖道南：《殿阁词林记》卷六《直文渊阁侍读学士改文学博士方孝孺》，文渊阁《四库全书》，第 452 册，第 246—249 页。

② 在宋端仪之后，已有前述的张芹、黄佐、许相卿、廖道南撰写过方孝孺传记。在此之后，郑晓（1499—1566）《吾学编》、雷礼（1505—1581）《国朝列卿记》、李贽（1527—1602）《续藏书》、邓元锡（1529—1593）《皇明书》、李乐（1532—1618）《见闻杂记》、徐学聚（1556—1607）《国朝典汇》、何乔远（1558—1632）《名山藏》、朱国祯（1558—1632）《皇明逊国臣传》、张朝瑞（1567—1628）《忠节录》、屠叔方（1577 年进士）《建文朝野汇编》、过庭训（？—1629）《本朝分省人物考》等明代学者的著作中都有方孝孺的传记，但相关传记基本都是在宋端仪《革除录》基础上的修补，因此笔者认为宋端仪所写的方孝孺传记可称其后方氏传记的蓝本。

③ 在《革除录》之后的《备遗录》，其记事反倒不及《革除录》详尽；在《备遗录》之后的《革除遗事》中，作者黄佐坦言：“是编也，本莆田宋君端仪《革除录》、清江张君芹《备遗录》，旁采诸家传记，稍增饬之，然犹有阙焉。”在黄佐之后的许相卿，其所写传记的篇幅亦未超过宋端仪。《殿阁词林记》中的方孝孺传记字数虽以宋端仪为多，但《殿阁词林记》是由黄佐和廖道南共同完成的；虽然该书当中的方孝孺传记应该主要由廖道南所写，但廖道南本人亦不讳言：“臣道南尝读中秘书，与泰泉黄君佐纂《翰林杂记》六册”，可见《殿阁词林记》虽然较之《革除遗事》晚出 25 年，但黄佐所作的翰林诸臣传记肯定对廖道南写作《殿阁词林记》有相当程度的影响。相关引文，见黄佐《革除遗事》卷首《序》，第 605 页；廖道南：《殿阁词林记》卷首《序》，第 123 页。

④ 卢演：《方正学先生年谱》，“北京图书馆藏珍本年谱丛刊”第 37 册，第 421—450 页。

⑤ “宜其同门冥契，而先生必欲议白沙为禅。”“宜其”“必欲”二词显然有黄宗羲的感情倾向在其中。见黄宗羲：《明儒学案》卷五《文敬胡敬斋先生居仁》，第 30 页。黄宗羲即使是对与自己学术见解有出入的同门恽日初（1601—1678）曾经颇有微词，但在《学案》的传记中仍然流露出“惜当时不及细论，负此良友”的慨叹，可见黄宗羲本人还是看重师门之情的。见黄宗羲《明儒学案》卷六二《蕺山学案·序》，第 1510 页。

同门之学说若有可取之处，黄宗羲向来不吝给予适度关注；二是经过逐句对比，发现黄宗羲所写的内容与《年谱》所载在某些细节处竟只字不差。但必须承认的是：《年谱》已是明末的作品，卢演编《年谱》时不得不借诸其他相关史料，因此有必要对《学案》中方孝孺传记的史源作逐句的回溯。

二 《文正方正学先生孝孺》与史源的比对

以上对黄宗羲写作方孝孺传记的史源做出了探究，认为其史源是宋端仪《革朝录》，写作时重点参考了卢演《年谱》，以下试结合传记逐句证明之。须特别说明的是：宋端仪《革朝录》有关方孝孺的传记实则是过往史料的汇编，因此笔者拟在宋端仪的基础上，尽可能考订黄宗羲所用材料的源头。

1. “方孝孺，字希直，台之宁海人。自幼精敏绝伦，八岁而读书，十五而学文，辄为交友所称。二十游京师，从学于太史宋濂。”① 该句黄宗羲主要引用自《年谱》，因为“八岁而读书”这一细节，在所见文献中仅有《年谱》详加记载。其中“辄为交友所称”6 字，最早见于宋端仪记载：“早有盛名，自童时乡人即呼为‘小韩子’”，② 黄宗羲略有修改。

2. “濂以为游吾门者多矣，未有若方生者也。”此句应经过黄宗羲的删削。宋端仪最初引用的是方孝孺老师宋濂（1310—1381）的文字，宋濂

---

① （清）黄宗羲：《明儒学案》卷四三《文正方正学先生孝孺》，第 1041 页。在第二节每段开头凡是加引号的文句，皆从《学案》中不间隔的抄录，因此不重复标明出处。

② 宋端仪：《立斋闲录》卷二《革除录 · 方孝孺》，第 578 页。宋端仪自述“小韩子”的称谓来自王绅（字仲绅）的跋语，但王绅仅为《逊志斋集》做序而未做跋，即使在王绅的《逊志斋集序》中，也未见到其称方孝孺“小韩子”的记录。查《逊志斋集》后，附有王绅《正学斋记》，王绅先是列举了古代的诸多贤人，其中就有韩愈；后称：“今公才足以振俗，德足以服人，生逢圣明之世，而又遭遇贤王之眷。顾则所追诸子而遡三代者，公其可无意乎？”不知宋端仪是否因为此句而有“小韩子”之论。查王绅写给方孝孺的其他文字，亦无“小韩子”之说，其称方孝孺：“今执事之才之美，固将固将轹马（司马迁）、刘（向），驾扬（雄）、班（固）而底孟、荀也”，亦无“小韩子”之说。可见方孝孺“小韩子”的称谓，应当是宋端仪结合自己的体会而写。见方孝孺《逊志斋集》附录《正学斋记（王绅撰）》，美国伯克利大学图书馆藏嘉靖辛酉（四十年，1561）刻本，第 15—16 叶；姚履璇：《逊志斋外纪》卷上《上侯城先生书（王绅撰）》，《四库全书存目丛书》，史部第 85 册，第 673 页。

称："洪武丙辰，予官禁林，宁海方生希直以文为贽，一览辄奇之，馆置左右，与其谈经，历三时乃去。明年丁巳，予蒙恩谢事，还浦阳。生复执经来侍，喜动于中。仅越四春秋而已……以近代言之，欧阳少师、苏长公辈姑置勿论，自余诸子与之角逐文场，不识孰为后先也。"[①] 宋端仪之后，张芹、黄佐皆未记录此事，至许相卿《革朝志》始记录："（宋濂）曰：'吾数年备位禁林，得阅天下士，若子可谓无双矣。"[②] 廖道南《殿阁词林记》进一步丰富相关内容为："（宋濂）谓孝孺曰：'吾备位禁林数年来，阅天下之士亦多矣，而未有如子者。子之文，非当世之文也。"[③] 相关说法流传甚广，至《年谱》中，有"同门多天下名士，一旦尽出其下"句。[④] 黄宗羲应该是在此基础上加工而来。

3. "濂返金华，先生复从之，先后凡六岁，尽传其学。"该句出处如上。宋濂亦仅记"越四春秋"，后人记载也多言方孝孺在宋濂返回浦阳后学习四年的情况，而黄宗羲能够知悉"先后凡六岁"，应当是黄宗羲结合《年谱》自行删削。《年谱》明确记载：方孝孺洪武九年从学于宋濂，洪武十四年与宋濂分别，[⑤] 前后即为六年。

4. "两应召命，授汉中教授。蜀献王聘为世子师，献王甚贤之，名其读书之堂曰'正学'。建文帝召为翰林博士，进侍讲学士。"该句经过了多层次的加工，在宋端仪的文本中仅记载"逊志先生自号'正学'，蜀献王所命"，[⑥] 但未标记出处。查其出处，应为方孝孺的同门好友王绅《正学斋记》："（蜀王）曰：'公今之贤者也'，遂赐名其读书之斋曰'正学'。"[⑦] 值得一提的是，无论是王绅抑或宋端仪，都没有提到方孝孺曾为"世子师"。在张芹的文本中，有"蜀献王延之，处以宾师，使之讲经论文无虚晷"的记载，[⑧] 亦未明确说明方孝孺是"世子师"；黄佐、廖道南亦不明言

---

① 宋端仪：《立斋闲录》卷二《革除录·方孝孺》，第579页。此句原为宋濂所说，见宋濂：《宋学士文集》卷七〇《送方生还宁海（并序）》，《四部丛刊初编》第1514册，第7叶。

② 许相卿：《革朝志》卷三《方孝孺传》，第164页。

③ 廖道南：《殿阁词林记》卷六《方孝孺》，第247页。

④ 卢演：《方正学先生年谱》，第429页。

⑤ 卢演：《方正学先生年谱》，第430页。

⑥ 宋端仪：《立斋闲录》卷二《革除录·方孝孺》，第580页。

⑦ 姚履璇：《逊志斋外纪》卷上《正学斋记（王绅撰）》，第663页。

⑧ 张芹：《备遗录》不分卷《翰林侍讲方公》，第3页。

其为“世子师”。在许相卿的文本中，始有“蜀献王聘为世子师”的说法，[①] 并为其后的一些学者所采用。黄宗羲未必明悉这些细节，相应文句疑为其根据《年谱》“蜀献王闻先生贤，聘为世子师”[②] 而来。

5.“帝有疑问，不时宣召。君臣之间，同于师友。”该句宋端仪记为：“一时倚重，凡将相间所谓，惟先生之咨”，并标注该说法引用自“天顺间同郡赵洪《正学文集序》”。[③] 张芹记为：“太孙即位，召为翰林侍读学士。每臣僚奏事，必命公就房前批答，言听谏行，近古所无。”黄佐记为：“日侍左右备顾问，德望素隆，以时倚重，凡将相所行，惟孝孺之咨。”许相卿记为：“日直内阁，备顾问。朝廷大制作皆出其手，将相所行必以咨之。”廖道南所记较张芹更简，郑晓亦不过言“日召谋议”。[④] 郑晓以前的学者，都没有强调“不时宣召”，因此“帝有疑问，不时宣召”应当是黄宗羲据《年谱》所记“上好读书，每有疑，即召使讲解”而写。此外，各书在描写建文帝和方孝孺的交集时，皆不见“君臣之间，同于师友”的说法，即使《年谱》中都未做此记载；仅有明朝崇祯年间编修的《宁海县志》始有“东宫待以宾友礼”的说法。[⑤] 因此这一句大概率为黄宗羲自行提炼后的结果。

6.“金川失守，先生斩衰，哭不绝声。”该句宋端仪据李贤《天顺日录》记：“文庙初即位，欲诏天下……召之数次，不来。以势迫之，不得已，孝孺持斩衰而行。见文庙，即命草诏之。举□大哭曰：将何为辞？”[⑥] 但宋端仪明确表示：“此一段未甚得其实，姑存之。”[⑦] 而到张芹之时，则

① 许相卿：《革朝志》卷三《方孝孺传》，第164页。

② 卢演：《方正学先生年谱》，第436页。

③ 宋端仪：《立斋闲录》卷二《革除录·方孝孺》，第580页。笔者未见赵洪之序，不做过分推究。

④ 相关引文见张芹：《备遗录》不分卷《翰林侍讲方公》，第3页；黄佐：《革除遗事》卷一《方孝孺传》，第607页；许相卿：《革朝志》卷三《方孝孺传》，第164页；廖道南：《殿阁词林记》卷六《方孝孺》，第247页；郑晓：《吾学编》卷五二《文学博士方孝孺》，第617页。

⑤ 宋奎光：《宁海县志》卷七《方氏列传》，《中国方志丛书》第503号，台北：成文出版社有限公司1983年版，第477页。

⑥ 宋端仪：《立斋闲录》卷二《革除录·方孝孺》，第580页。“□”，李贤《天顺日录》作“声”。李贤的相关记载，见李贤《天顺日录》，《续修四库全书》第433册，第231页。

⑦ 宋端仪：《立斋闲录》卷2《革除录·方孝孺》，第580页。

已不再考订该句的真伪，径自采信了李贤的说法，并加上“恸哭不止”[①]的描述，后之记载多本于此。

7. “文皇召之，不至。使其门人廖镛往。先生曰：‘汝读几年书，还不识个是字。’于是系狱。”有关廖镛劝降之事，最早见于郑晓《吾学编》中的廖镛传记；[②] 其后焦竑《献征录》中的廖镛传记亦记载此事。[③] 如前所述，黄宗羲一定读过《献征录》，因此无法确其记载此事时到底取材于《献征录》抑或《年谱》。

8. “故姚广孝尝嘱文皇曰：‘孝孺必不降，不可杀之；杀之，天下读书种子绝矣。’”有关“读书种子”事，宋端仪未载；最早见于张芹：“姚广孝尝启文庙曰：‘殿下入京，慎勿杀方孝孺；杀此人，天下读书种子绝矣。’”[④] 其后的学者包括卢演也大多沿用了这一说法。可以一提的是：紧随张芹之后的黄佐在《革除遗事》的方孝孺传记中并未载“读书种子”事，而是将其记录于魏泽的传记之下。[⑤] 其后许相卿因张芹的记载而在方孝孺传记中录入此事，但廖道南完全不记“读书种子”的说法；郑晓《吾学编》同黄佐一样，将此事记于魏泽条下；焦竑《献征录》亦未记此事。此事最能显示方孝孺的“精神”，但撰写靖难殉国人物传记的部分学者要么不记此事、要么将此事记入其他人的传记当中，不知是否因为这些学者对张芹的说法存疑。考诸宋、元乃至明初，都有将人形容为“读书种子”的说法，但却并不是以此来形容方孝孺。由于未能知悉张芹的史源为何，无从确定张芹是看到了格外罕见的史料，还是以讹传讹将形容他人的“读书种子”之说加到方孝孺身上，导致谬种流传[⑥]。

---

① 张芹：《备遗录》不分卷《翰林侍讲方公》，第3页。

② 郑晓：《吾学编》卷五三《都督廖镛》，第626页。

③ 焦竑，《国朝献征录》卷一〇六《都督廖镛传》，文渊阁《四库全书》，第531册，第187页。

④ 张芹：《备遗录》不分卷《翰林侍讲方公》，第3页。

⑤ 黄佐：《革除遗事》卷四《魏泽》，第632页。

⑥ 宋、元学者绝对不会以“读书种子”来形容当代的人物，姑置勿论。查询“中国基本古籍库”，明代最早使用“读书种子”的学者为杨士奇（1366—1444），在其为他人所作的墓志铭中，有“（陈孟京）曰：‘不可令断绝读书种子耳。’”在写给家人的嘱托中，杨士奇亦言：“家中子孙，不可断绝读书种子。”相关引文，见杨士奇《东里续集》卷三八《陈孟京墓志铭》，文渊阁《四库全书》，第164页；《东里续集》卷五三《示长新妇》，第385页。

9. “文皇即惭德此举，欲令先生草诏，以塞天下之人心。”其中，“令先生草诏”事，最早见于宋端仪的记载。[①] 但“惭德此举”“塞天下之人心”应非出自明人手笔。明代的官员和士人很难公开作出“文皇惭德此举”的陈述，如果文皇“惭德”则说明靖难师出无名；而“塞天下之人心”更是抹黑明成祖形象的言辞。因此本句大概率出自易代之后的士人记载，或是黄宗羲自行添加的内容。

10. “先生以周公之说穷之。文皇亦降志乞草。先生怒骂不已，磔之聚宝门外，年四十六，坐死者凡八百四十七人。”其中，明成祖令方孝孺书写诏书事，宋端仪即已引用了李贤的记载，[②] 虽然宋端仪认为此事的真实性存疑，但李贤熟知朝内掌故，虽然在某些细节上可能会夸张或省略，但是在事件的有无方面应该还是比较审慎，因此其记载成祖令方孝孺草诏之事应当不虚。但“周公之说”一句，最早出于张芹记载：“文庙践祚，求代草者，广孝荐公。文庙曰：‘吾欲效周公辅成王而来。’孝孺曰：‘既称周公辅成王，今成王安在？且成王既没，当立成王之子。’”[③] 其后的相关描写在张芹的基础上越来越详尽，甚至营造出了明成祖与方孝孺就“周公辅成王”之事反复问答的“现场感”，这难免让人怀疑方孝孺与成祖的“对话”经过了后人某种程度的加工。

11. “崇祯末，谥文正。”考方孝孺追谥文正，事在南明弘光朝。因此沈芝盈校本此处并不准确。《四库全书》本记为“南渡，谥文正”，[④] 更符合实际情况。黄宗羲曾入仕于南明政权，此事或为黄宗羲亲身经历。

《学案》中有关方孝孺的生平记载到此为止，其后为黄宗羲对方氏学术的品评。通过以上逐句的比对，不难发现黄宗羲对《年谱》的借鉴，而《年谱》的写作毫无疑问参看了之前学者的有关著作；黄宗羲写作是篇传记时，可能只引用了《年谱》，但从客观上说，也是对有关史源的间接引

---

① 宋端仪：《立斋闲录》卷二《革除录·方孝孺》，第 580 页。

② 宋端仪：《立斋闲录》卷二《革除录·方孝孺》，第 580 页。原始出处，见李贤《天顺日录》，第 231 页。

③ 张芹：《备遗录》不分卷《翰林侍讲方公》，第 3 页。

④ 黄宗羲：《明儒学案》卷四三《文正方正学先生孝孺》，文渊阁《四库全书》，第 457 册，第 735 页。

用。查清黄宗羲所用的史源之后，便可根据黄宗羲对史源的删改来探究黄宗羲进行传记镕裁的旨趣所在。

三　黄宗羲对史源的镕裁及其旨趣

作为黄宗羲同门的卢演，在方孝孺辞世的200多年后，综合多方文献才最终撰写出了《年谱》。在《年谱》中，不厌其详的记载方孝孺在洪武朝与明太祖的两次交集和在建文朝的政治作为，塑造出一个深受两朝宠信、于朝政贡献颇多的文学重臣方孝孺形象。而在黄宗羲笔下却仅用寥寥数字便概括了方孝孺的仕宦生涯，对一个自己非常重视的桑梓先贤却采取如此简短的刻画，这种现象颇不寻常。将黄宗羲所作的方孝孺传记和卢演的《年谱》乃至《年谱》所使用的史源相比较，不难看出黄宗羲传记的镕裁体现在哪些方面。

黄宗羲在写作方孝孺字号、籍贯以及20岁之前的经历时可称惜墨如金，仅用了33字，但其他明代学者所写的方孝孺传记却尤其突出方孝孺的早年经历。卢演《年谱》一开始就描写方孝孺出生时“木星坠其家”的异像，[①] 其后又述其年幼时“双目炯炯如电”的体貌特征以及幼年时的精敏绝伦的诸多表现。然而黄宗羲一概弃之不用，仅以“自幼精敏绝伦”几字概括。而对于方孝孺成长的关键时间段8到20岁，卢演和其他学者大多详细描绘方孝孺此时便已胸怀经济大志、自比于古之贤哲的形象，黄宗羲却只不过近乎白描的陈述：“八岁而读书，十五而学文，辄为交友所称。”从这些删削中，可以看出黄宗羲仅强调方孝孺的天赋禀异和读书经历，对其他怪力乱神、难以考证的内容弃而不谈。

对于方孝孺跟随宋濂求学的经历，黄宗羲以46字加以描写。黄宗羲在《明儒学案》卷首的《发凡》中指出：“儒者之学，不同释氏之五宗，必要贯串到青原、南岳。夫子既焉不学，濂溪无待而兴，象山不闻所受”[②]，

① 卢演：《方正学先生年谱》，第424页。这一异像最早由张芹记载，见张芹《备遗录》不分卷《翰林侍讲方公》，第2页。

② 黄宗羲：《明儒学案》卷首《发凡》，第15页。

可见其对师承并不过分看重。因此此处看似强调方孝孺师出名门，实则有其深意。宋濂被称为“开国文臣之首”，[①] 在文词上的造诣堪称一代宗工，方孝孺游于宋濂门下且获得宋濂的极力赞誉，其学问自然纯粹；黄宗羲还格外强调方孝孺尽传宋濂之学，无疑是突出方孝孺的学术成就足以与宋濂等量齐观，满足“儒”的基本条件。尚可一提的是：《学案》中有方孝孺的传记，却没有方孝孺老师宋濂的传记，这无疑也透露出黄宗羲的某些取舍。

黄宗羲对方孝孺在洪武十五年（1382）到二十七年（1394）之间的经历仅用“两应召命，授汉中教授”这 9 字扼要陈述。实际上，方孝孺在此期间的经历非常坎坷。洪武十六年，27 岁的方孝孺因为当时东阁大学士吴沉、揭枢的推荐进入明太祖的视野中，但明太祖与方孝孺见面后，却以“此庄士也，当老其才”的理由将方孝孺弃而不用[②]；洪武二十五年，方孝孺再次由廷臣推荐进京，太祖又言：“今非用孝孺时”，[③] 仅任命其为从九品的将仕佐郎，赴汉中担任府学教授。朱元璋是才略雄浑的开国君主，以其识人之能，如果方孝孺果真才能出众，为何始终不获朱元璋青睐？明时人对此也有过思考。黄佐记：“（朱元璋）锡之宴，几稍攲，（孝孺）必正而后坐，上使人觇之，善其举动端肃，谓皇太孙曰：‘此庄士也，当老其才以辅汝。’”[④] 揆诸常理，如果太祖已认可孝孺为“庄士”，又何需“老其才”？朱国祯（1558—1632）解释称：“上喜举动端整，而犹嫌其傲。”[⑤] 可见方孝孺虽然言行符合古礼，但这种过分的“端整”反而给明太祖以傲慢之感，虽然这是朱国祯一家之言，但也有其合乎情理之处。黄宗羲对这些难辨真伪的说辞一概不加录用，足见其传记书写的慎重。

至于方孝孺与蜀献王的交集，黄宗羲特别突出了两点，一是“世子

① （清）张廷玉，等：《明史·宋濂传》，中华书局 1974 年版，第 3787 页。

② 张芹：《备遗录》不分卷《翰林侍讲方公》，第 3 页。吴沉、揭枢推荐方孝孺，事在洪武十五年十二月，但方孝孺由浙江进京时，已是洪武十六年。相关细节见卢演《方正学先生年谱》，第 431 页。

③ 张芹：《备遗录》不分卷《翰林侍讲方公》，第 3 页。

④ 黄佐：《革除遗事》卷一《方孝孺》，第 607 页。

⑤ 朱国祯：《皇明逊国臣传》卷一《文学博士方先生》，《续修四库全书》，第 431 册，第 543 页。

师”，一是“正学”。如果方孝孺有资格做世子师，那是否具备做“帝王师”的资格？读者自有判断；而“正学”无疑仍是强调方孝孺的学术之“正”，而这种“正”的体现，后文将作探讨。

《学案》中方孝孺传记的“重头戏”，是方孝孺在建文朝的作为。这部分的书写凸显出极强的逻辑性。黄宗羲首先格外突出方孝孺在建文朝受到信任的情况，建文帝不仅为方孝孺加官进爵，更重要的是：“不时宣召”“同于师友”，这凸显了建文帝提拔方孝孺绝非“附庸风雅”，而是对方孝孺真心信任。这便易于解释方孝孺“金川失守，先生斩衰，哭不绝声”的哀恸绝非矫揉造作，而是对“师友”亡去的吊唁。整个传记的点睛之笔，便是“汝读几年书，还不识个‘是’字”，这句最见方孝孺之节义，黄宗羲写得也最为传神。至于其后的内容，包括成祖命方孝孺草诏、“读书种子”之论、方氏死事之惨，是大多数学者撰写方孝孺传记时都会涉及的寻常内容，而且真假难辨，[①] 笔者不再详加考订。

结合黄宗羲所写的方孝孺传记，可以看到方孝孺天资聪颖、文学冠绝一时、深受建文帝宠信的情况，尤其是方孝孺对“忠节”的看重。[②] 尽管方孝孺在“品格”上毫无疑问可称完人。但方氏的实际行政能力究竟如何，对建文朝的政治究竟做了哪些贡献？

卢演《年谱》中的方孝孺显然经过“美化”，即便如此，方孝孺的施政亦无太多亮点。建文帝即位后，方孝孺迅速进入中央任职，除参与文教活动之外，承担的具体政务有以下几项。一是按照《周礼》来改订官制，[③] 但这主要是变更官员职名，其实际意义见仁见智；二是协助筹备战守事

---

① 有关成祖命方孝孺草诏之事，笔者已于前加以阐释，认为李贤所记基本可信。关于“读书种子”之论，笔者也在前文做过考辩，认为难以确定真伪。

② 而这种“忠节”也恰恰是黄宗羲最强调的内容，其在《学案》开篇即有：“同门师友，多归忠节”的慨叹。见黄宗羲《南雷文定四集》卷一《明儒学案序》，《续修四库全书》，第 1397 册，第 516 页。据业师朱鸿林先生考证，该篇应为黄宗羲于康熙三十二年所作的原序。相关考证，见朱鸿林《〈明儒学案〉选讲》，生活·读书·新知三联书店 2018 年版，第 61 页。

③ 朱国祯：《皇明逊国臣传》卷一《文学博士方先生》，第 543 页。该书记方孝孺所谏，“先生治宋学甚固，曰‘治先制作，经制在《周官》。’建文帝虚己以听”。

宜，但效果并不明显；[①]至“燕师渡淮，乘胜而下”之际，方孝孺甚至建议“许以割地，稽延数日”[②]。通过方孝孺的政治表现，可见方孝孺文学上的造诣对其经邦济国的帮助并不明显，明太祖一见方氏时认为“当老其才”；再见时又认为“今非用孝孺时”，其眼光可称独到。

黄宗羲不可能不知道方孝孺的实际情况，但却一直对方孝孺曲加回护。在对评价方孝孺时开宗明义的指出：“先生直以圣贤自任，一切世俗之事，皆不关怀。朋友以文辞相问者，必告之以道，谓文不足为也。”[③] 对“世俗之事”的不关怀，是不想关怀还是没有能力关怀尚可两说，但即便为乡先贤多所曲笔的宋奎光都直言方孝孺“日与讨论经史，为文辞”[④]；十数年后，方孝孺任官汉中儒学教授时，“每昧爽升席，为诸生讲解文义，至暮谆谆无惰容”[⑤]，可见其对文辞绝非没有兴趣。

如果说以上只是黄宗羲的间接辩护，那么后文辩护的色彩则更加明朗。黄宗羲云：“庸人论先生者有二：以先生得君而无救于其亡。夫分封太过，七国之反，汉高祖酿之；成祖之天下，高皇帝授之。一成一败，成祖之智勇十倍吴王濞，此不可以成败而誉咎王室也。况先生未尝当国，惠宗徒以经史见契耳。”[⑥] 黄宗羲认为建文失国是由于朱元璋分封太过导致埋下祸乱之根源，而成祖智勇远胜常人，相关论说不无道理。但“先生未尝当国，惠宗徒以经史见契”一句，与前文的“帝有疑问，不时宣召；君臣之间，同于师友”是否有抵牾之处？此外，黄宗羲认为方孝孺的得祸“但可委之无妄之运数耳”，但黄宗羲本人恐怕是很难认同所谓“运数”之说的。[⑦]“但可”二字难免透露出些许无奈。

---

① 方孝孺的建议，一是让燕王罢兵，但“燕王不奉诏”；二是行反间计，但是“间不得行”，可见其军事谋略囿于当时的情况并未发挥作用。相关引文，见万斯同《明史》卷一八三《方孝孺》，《续修四库全书》，第327册，第397页。

② 卢演：《方正学先生年谱》，第442页。

③ 黄宗羲：《明儒学案》卷四三《文正方正学先生孝孺》，第1042页。

④ 宋奎光：《宁海县志》，第476页。

⑤ 朱国祯：《皇明逊国臣传》卷一《文学博士方先生》，第543页。

⑥ 黄宗羲：《明儒学案》卷四三《文正方正学先生孝孺》，第1042页。

⑦ 黄宗羲对佛、道的辩驳贯穿于《学案》始终，尤以辟佛为要。上述引文的前一句，便是赞许方孝孺对佛教的驳斥。其称：“先生以叛道者莫过于二氏，而释氏尤甚，不惮放言驱斥。一时僧徒俱恨之。”而辩驳所谓“庸人”之论时，又认为“可委之无妄之运数”。

总的来看，黄宗羲对方孝孺持极高认可的根源并不在于方孝孺的政治作为，而在于方孝孺以自己的性命来践行了所谓“是”。在《学案》开篇的《师说》中，黄宗羲便引用老师的说法，称赞方孝孺“以九死成就一个‘是’，完天下万世之责”①；在本传中又格外强调方孝孺对学生的训斥“汝读几年书，还不识个‘是’字”，都强调了黄宗羲对“是”的看重。而这个“是”，又作何解释？这能从《学案》当中找到端倪。黄宗羲在《诸儒学案》的引言中说：“诸儒学案者……上卷则国初为多，宋人规范犹在……下卷多同时之人，半归忠义，所以证明此学也，否则为伪而已。”黄宗羲所说的“归忠义”，与其在《学案》原序里面所说的“归忠节”一样，② 都是以生命来论证“忠义”“忠节”；需要以“归忠义”来证明的“学”，毫无疑问便是古人所强调的“舍生取义”之学。因此“以九死”所成就的“是”，无疑是传统理学所讲的“取义成仁”。黄宗羲作为王阳明（1472—1529）的忠实拥趸，尤其强调“知行合一”，而以身证“学”、以死证“是”无疑是“知行合一”最高程度的体现。这便易于理解黄宗羲为何会对方孝孺有关的史料进行大幅删削，既不讲其在太祖朝的曲高和寡，也不讲他在建文朝并不完满的政治作为，而是侧重于描述方孝孺的学术造诣、“正学”称号以及证“学”实迹，从而呈现出一个以身殉“学”的大儒形象。

四　黄宗羲推重方孝孺的原因

如前所属，黄宗羲对方孝孺格外推重，尤其赞许其“忠节”；这在很大程度上受到其师友言行的影响，但也应与当时的学术风潮息息相关。

作为黄宗羲的老师，刘宗周对方孝孺的学术和殉国都给予了极高的评价。在其论及方氏的学术时称：“旧刻《逊志斋集》二十四卷，余反复卒业，无一言不合于道”③；在论及孝孺的殉国时，称其“以九死成就一个

---

① 黄宗羲：《明儒学案》卷首《师说·方正学孝孺》，第1页。

② 黄宗羲：《南雷文定四集》卷一《明儒学案序》，《续修四库全书》，第1397册，第516页。

③ 刘宗周：《方逊志先生〈正学录〉序》，《刘宗周全集》第4册，浙江古籍出版社2007年版，第8页。

'是'，完天下万世之责"[①]、"先生之节，千古一人"[②]。对与方孝孺同时殉国者，刘宗周同样持肯定态度。他在呈给万历帝的奏疏中说："'靖难'之役一籍奸党，而贤人、君子诛夷略尽；'三杨'徒以容悦，养成王振之乱……乃知国家之有贤人、君子，犹人之有元气也。"[③] 对于殉身之人，不论贤否一概称之为"贤人""君子"，这与黄宗羲书写《学案》时的感情基调非常接近，可见老师对黄宗羲的影响不浅。除此之外，刘宗周与方孝孺虽然所处时代不同，但二人却颇有几分相似，尤其是以身证"学"的行为绝无二致。黄宗羲自述刘宗周对其"有罔极之恩"，[④] 因此在他推尊方孝孺时，应当也蕴含着对老师刘宗周的追崇。除老师之外，众多同门也对黄宗羲的思想有所影响。卢演撰写《方孝孺年谱》用以纪念，祁彪佳（1602—1645）、金铉（？—1644）、陈子龙（1608—1647）等人则与方孝孺一样身殉社稷。同门师友"冷风热血洗涤乾坤"[⑤] 的言辞举动，难免会让黄宗羲有思昔伤今之感。

如果我们将视线从黄宗羲及其师友身上扩展开来，转而关注黄宗羲所处的时代，不难发现其时的重要史家都会对以方孝孺为代表的靖难逊国之臣抱有格外的追思，这应当与其时的学术风潮有关[⑥]。如果说明代史家对于方孝孺评价仍因政治伦理上的顾忌而有所隐晦，[⑦] 明朝之后的学者在论及方孝孺时则呈现出近乎"一边倒"的积极态势。查继佐（1601—1676）在《罪惟录》中不仅将靖难逊国诸臣列入《抗运诸臣列传》，也为靖难降于成祖之人立《荒节诸臣列传》[⑧]，其中蕴含的"春秋"之意不言自明。

---

① 黄宗羲：《明儒学案》卷首《师说·方正学孝孺》，第1页。

② 刘宗周：《方逊志先生生死事存疑》，《刘宗周全集》第4册，第11页。

③ 刘宗周：《修正学以淑人心以培国家元气疏》，《刘宗周全集》第3册，第18页。

④ 黄宗羲：《思旧录·刘宗周》，收入《黄宗羲全集》第1册，浙江古籍出版社1985年版，第338页。

⑤ 黄宗羲：《明儒学案》卷五八《东林学案序》，第1376页。

⑥ 明清鼎革之际的学者和士人在反思明朝灭亡的原因时，大多会将靖难之役后的"壬午殉难"和明亡之后的"甲申殉难"相提并论，这样的学术风潮应当也对黄宗羲的传记书写有明显影响。

⑦ 如李贽（1527—1602）在论述靖难史事时，将逊国者与归附者并称为"名臣"，但也难免感慨"为臣不易，读之真令人心疚矣"。见李贽《续藏书》卷五《逊国名臣记序》，《续修四库全书》，第303册，第115页。

⑧ 相关传记参查继佐《罪惟录》卷九《抗运诸臣列传上》，卷二〇《荒节诸臣列传》。杭州：浙江古籍出版社1986版。

傅维鳞（？—1666）写《明书》时，将方孝孺等靖难殉国臣子列入《忠节传》大加褒赏，而对因靖难发迹的大臣则多不立传，即便立传也仅放入《奸回传》《异教传》[①] 中，诛心之意于兹可见。谷应泰（1620—1690）的《明史纪事本末》专列《壬午殉难》一节，[②] 称赞殉国诸臣“三千同周武之心，五百尽田横之客”[③]。即便是对建文帝更改制度颇不以为然的张岱（1597—1679），[④] 仍认可逊国诸臣“乘人之敝车者，不以析辕不救；登人之漏舟者，不以遇溺不拯”[⑤] 的节义观；就连因出处选择而导致操守有亏的钱谦益（1582—1664）也承认“至大臣如铁铉，词臣如方孝孺……皆有功无罪”[⑥]。他者诸如谈迁（1593—1657）等史家，所持态度皆大体一致。

在了解以上情况后，我们便不难理解黄宗羲为何在写作方孝孺传记的学术部分时并非专注于学术内容的评骘，而是使用大量篇幅来论述靖难之役的成败原因。实际上，黄宗羲正是在将方孝孺当作靖难逊国诸臣的代表加以描写：其中不仅蕴含着对“忠节”可观、以身证“学”者的赞许；也有对在山河破碎的政治背景下，究竟如何对学者进行恰当评价的反思。

五　从传记镕裁看黄宗羲的“才”“守”观

“才”与“守”是评价中国古代士人的常用标准，二者兼得之人尤其受到赞许；但在“才”“守”不能得兼的情况下，以何为重便成为见仁见智之事。结合黄宗羲对方孝孺的传记镕裁并参阅《学案》中其他人物的传记，我们可以发现黄宗羲在写作《学案》更为看重的显然还是“守”，亦

---

① 相关传记可参傅维鳞《明书列传》卷一〇一—一〇五《忠节传》，卷一五七《奸回传》、卷一六〇《异教传》，《明代传记丛刊》第78—79册，台北：明文书局1974年版。

② 谷应泰：《明史纪事本末》卷一八《壬午殉难》，中华书局1977年版，第291—308页。

③ 谷应泰：《明史纪事本末》卷一八《壬午殉难》，第308页。

④ 张岱对建文帝更改制度颇不以为然，认为“变古乱常、不死则亡……且所以变政易令者，徒区区名号位分之间，未尝深求古先圣王精意之所存”。见张岱《石匮书》卷七三《逊国诸臣列传》，《续修四库全书》，第319册，第13页。

⑤ 张岱：《石匮书》卷七三《逊国诸臣列传》，页14。

⑥ 钱谦益：《牧斋初学集》卷八九《策·第四问》，《续修四库全书》，第1390册，第474页。

即能否在关键时刻秉持初心、维持操守，维护学人的气节。

以方孝孺为例，其政治、军事才能似未见明显过人之处，但因其以身证“学”，秉持了学者忠孝节义的操守，黄宗羲便给予其较高的评价。方孝孺的案例并非孤证：在《明儒学案》中，黄宗羲往往会给这些以“守”为胜者稍加几笔重彩。例如江西学者陈九川（1492—1562）在正德、嘉靖两朝任官时间较短、品级较低，很难在朝政上发挥重要作用；但陈九川为谏止武宗南巡，即便被廷杖也无所顾惜；在世宗即位后，陈九川短暂回朝任职，持身守正一如从前，最终因排挤而被去职。在王门后学中陈九川的“才”很难称得上突出，但其孜孜求学、执一不迁的精神则令黄宗羲颇为赞许，因此黄宗羲撰写的陈九川传记也颇为精彩。[①] 在欧阳德（1496—1554）的传记里，黄宗羲亦详述其不避上讳、力言“国本”之事，以此来凸显“先生立朝大节”；[②] 万历、天启年间颇为活跃的东林党人虽然在政治舞台上的贡献不多，但黄宗羲尤其强调东林党人“勇者燔妻子、弱者埋土室”[③] 的忠勇行为，描写出一个个生动的孤臣形象；[④] 黄宗羲的老师刘宗周（1578—1645）学问、道德几无瑕疵，但恐怕算不上能臣，[⑤] 黄宗羲便格外强调其绝食而亡的事实，并称其为“醇乎其醇”[⑥] 的大儒；与之相同的还有金铉（？—1644），其于崇祯十七年（1644）二月任兵部主事，三月北京陷落时便投河自尽，根本没有时间去表见其“才”，但黄宗羲却为其盖

① 黄宗羲：《明儒学案》卷一九《江右王门学案卷四·郎中陈明水先生九川》，第456—457页。

② 黄宗羲：《明儒学案》卷一七《江右王门学案卷二·文文庄欧阳南野先生德》，第357—358页。

③ 黄宗羲：《明儒学案》卷五八《东林学案序》，第1376页。

④ 有关黄宗羲对东林党人的记述，可参黄宗羲《明儒学案》卷五八至六一《东林学案》，第1376—1510页。

⑤ 黄宗羲：《明儒学案》卷六二《蕺山学案》载：“上（崇祯帝）诘以军需所出，先生对曰：‘有原设之兵，原设之饷在。’上终以为迂阔也……上问人才、粮饷、流寇三事。对曰：‘天下原未尝乏才，止因皇上求治太急、进退天下士太轻，所以有人而无人之用。’上又问兵事，对曰：‘臣闻御外亦以治内为本，此干羽所以格有苗也。皇上亦法尧、舜而已矣。’上顾温体仁曰：‘迂哉！刘某之言也。’”刘宗周在时事孔急之时面对皇帝的问策，却只能提出空洞无谓的“法尧、舜”，甚至委过于君王，可见其救时才能、政治才智皆有可议之处。黄宗羲：《明儒学案》卷六二《蕺山学案·忠端刘念台先生宗周》，第1510—1511页。

⑥ 黄宗羲：《明儒学案》卷六二《蕺山学案序》，第1509页。

棺定论："都中缙绅之士，清修如先生者，盖仅见耳"，[①] 这无疑都是对以身证"学"者的褒扬。究学案性质，更多是"理学"之书而非纪传体史书，因此其中对学者生平的描述通常较为简略，但如果相应学者有突出的言行能够印证其学术，黄宗羲绝不会在传记书写时吝于笔墨。

以"才"见长的学者在《学案》中的传记却并不总是精彩，最为突出的案例莫过于王廷相（1474—1544）。王廷相为嘉靖时期的要员且政绩显赫：巡抚四川时讨平叛乱令西陲晏然，任兵部尚书上疏裁革御马监勇士二万五千人，在都御史任上制定的"申明宪纲"条文作为此后数十年间御史回道考核的法则，[②] 其行政才能毋庸置疑。但王廷相对"守"的看法与黄宗羲稍有出入，[③] 因此黄宗羲在书写其传记时仅提供了一张王廷相的简历，几乎没有表见上述重要成就。至于其他"守"不可称之人，即便确有才华亦不可列名《学案》。例如靖难后归附成祖的胡广（1370—1418）是方孝孺所取之士，[④] 其主持编撰的《性理大全》是颁行全国的重要典籍；黄宗羲在其他著作中记载了弘光朝对胡广夺谥的情况[⑤]，但绝不强调其学术与仕宦成就。由此可见，在黄宗羲眼中"守"胜于"才"者，才更符合"儒"的规范。在黄宗羲写作《学案》的年代，因为明朝已经灭亡，导致对明代学者"才"的评价标准越来越模糊，但是"守"的分野却日益明晰。能否在无力救时的情况下以身殉国，是对其"守"进行检验的有效方式之一，正所谓"以九死成就一个'是'"。

必须说明的是：虽然黄宗羲对于以身证道的有"守"士人给予高度认可，但他更欣赏的显然还是在国家已亡时仍力图挽狂澜于既倒的"才""守"并重之士。在其笔下的文字中对不死之"遗民"充满敬意，认为

---

① 黄宗羲：《明儒学案》卷五七《诸儒学案下五·忠节金伯玉先生铉》，第 1356 页。

② 焦竑：《国朝献征录》卷三九《太子太保兵部尚书都察院左都御史赠少保谥肃敏浚川先生王公廷相墓表（于慎行撰）》，《续修四库全书》，第 527 册，第 87—89 页。

③ 若了解王廷相对于方孝孺的态度，或能为黄宗羲作此处理提供一种解释。王廷相论："方逊学忠之过者与。……从容就死，不其善耶？几而至于覆宗，义固得矣，如仁、孝何哉？轻重失宜，圣人岂为之？"可见其对方孝孺的行为并不完全认同。这种取舍观的不同加之学术上的差异，或是造成《明儒学案》中王廷相传记索然寡味的原因所在。有关王廷相对方孝孺之议论，见谈迁《国榷》第 1 册，中华书局 1958 年版，第 858—859 页。

④ 卢演：《方正学先生年谱》，第 439 页。

⑤ 黄宗羲：《弘光实录钞》卷二，《黄宗羲全集》第 2 册，第 52 页。

“宋之亡也，文（天祥）、陆（秀夫）身殉社稷，而谢翱、方凤、龚开、郑思肖彷徨草泽之间，率与文、陆并垂千古……谢、方、龚、郑，皆天地之元气也”①，对谢翱等在宋朝灭亡后为故国存信史的遗民加以赞誉，无疑有劝谕明代遗民的意图蕴含其中。在徐石麒（1578—1645）意欲殉国时，黄宗羲劝其“避地四明山”来暂全有用之身，② 明显透漏出黄宗羲倾向于在“守”已有证的前提下，留有用之身为有用之事的态度。而其师刘宗周在决意殉国时却是另一番景象，“门人以文山（文天祥）、迭山（谢枋得）、袁阆故事言”，劝其勿死，而刘宗周却大加反驳，认为此说不经。③对比老师的态度，黄宗羲更加务实，这无疑是黄宗羲“青出于蓝”的表现。

结合以上种种，不难发现在黄宗羲看来：在“才”“守”不可兼顾的情况下，以“守”为重；但若能“守”“才”兼得，亦不妨全有用之身。④ 同时，黄宗羲所认可的“守”绝非务虚之词，而是追求对“守”的具体印证；只有将“才”落到实处方才算作“守”的真实体现，亦即以事功来证明学术，这也恰是《明儒学案》作为“为学方案”⑤ 的旨趣所在。在了解这些之后再回头审视方孝孺，不难发现虽然其救时之“才”或许还可商榷，但其“守”则无可非议，就不会对黄宗羲给予方孝孺如此高的评价感到意外。

---

① 黄宗羲：《余恭人传》，《黄宗羲全集》第10册，第597页。

② 邵廷采：《东南纪事》卷五《徐石麒》，《续修四库全书》，第332册，第47页。原书记：“乙酉四月，大清兵渡淮，黄尊素之子宗羲劝石麒避地四明山，石麒不可。”邵廷采（1648—1711）作为黄宗羲的弟子，记载其师之事应当不诬。

③ 刘宗周反驳的论据是：“北都之变，可以死、可以无死，以身在削籍也；南都之变，主上自弃其社稷，仆在悬车，尚曰‘可以死、可以无死’；今吴越又降，区区老臣，尚何之乎？若曰身不在位，不当与城为存亡，独不当与土为存亡乎？”黄宗羲：《明儒学案》卷六二《蕺山学案》，第1513页。

④ 陈宝良认为，明代士大夫对“德才”的看法经历了一个由“重德轻才”到“重才轻德”再到“德才合一”的演变，并将黄宗羲归于第三阶段。通过本文的分析，也可以发现黄宗羲虽然十分赞许节义，但确实也是并重于德才的儒者。参见陈宝良《德才之辨：明代士大夫的精神世界》，《安徽史学》2012年第4期。

⑤ 朱鸿林：《〈明儒学案〉选讲》，第28页。

结语

以上，笔者从黄宗羲《明儒学案》中对方孝孺的传记镕裁问题出发，讨论了黄宗羲书写方孝孺传记时的史源问题，认为后世撰写方孝孺的传记的蓝本多来源于宋端仪的记载，黄宗羲还重点参阅了其同门卢演所作的《方正学先生年谱》。其后逐句考订了《学案》传记的史源问题；并在此基础上讨论了黄宗羲的传记镕裁旨趣，认为黄宗羲在书写相关传记时，着重描述方孝孺的学术造诣、“正学”称号及证“学”实迹，是为了凸显其以身殉“学”的儒者形象。而黄宗羲这种思想的形成，深受其同门师友的言行以及当时学术风潮的影响。在山河破碎之下，学者在评价士人时，往往会注重其“才”与“守”的问题，而黄宗羲在两者不可兼得的情况下显然更推重于“守”。而方孝孺无疑显示出一位学者以“守”证“学”的实迹，符合《学案》对学有所“证”、通过见“精神”而见“学术”的强调和“理学之书”的性质，这应当是黄宗羲在《学案》中为方孝孺作一佳传的原因所在。

（作者单位：长江大学历史系）

试论王船山“与时进退”的易学观

刘永霞

《周易》被誉为“万经之源”，也是儒家的“六经之首”。《周易》的六十四卦，以“卦象”的形式生动地揭示了中国古代的“帝王之道”。相传，伏羲氏创八卦，之后又重为六十四卦。到了周朝，周文王和周公又附之以卦爻辞。而后孔子作《十翼》（即《易传》，是孔子及其儒家学者对《易经》所作的解释，包括十个部分，指《彖传》上下，《象传》上下，《文言》，《系辞》上下，《说卦》，《序卦》，《杂卦》）则是《易经》儒学义理化成熟的象征。可知，《周易》包括《易经》与《易传》两个部分。《周易》从产生到儒学义理化的定型与成熟，都是古代圣人“经世致用”与“穷理尽性”之学的智慧结晶。

在数千年的传承中，历代大儒对《周易》都作了注释，而明代儒学大家王船山的《周易内传》，对“易学”阐释得尤其明晰与生动。王船山即王夫之，字而农，号姜斋，湖南衡阳人。他是明末清初的著名思想家、经学家、史学家、文学家。由于他晚年隐居在衡阳石船山，因而被尊称为“船山先生”。他生于明万历四十七年（1619），卒于清康熙三十一年（1692），享年七十四岁。他的一生可谓是命运多舛，自从明亡之后，就颠沛流离、惶惶度日。他还组织过义军抗清，失败后就亡命天涯。最后，在家乡隐居直至终老。作为中国历史上杰出的思想家，他虽然穷困潦倒，但却坚持著述不辍，著有《周易内传》《周易外传》《尚书引义》《诗广传》《礼记章句》《春秋家说》《世论》《续左氏传博议》《读四书大全说》《宋论》《永历实录》《楚辞》《姜斋诗文集》等等涉及经、史、文、哲等诸多领域的著述。可以说，他对儒家经典的研究与领悟已经达到了很高的水平与境界。

王船山在其“易学”代表作《周易内传》和《周易外传》里，对《周易》的解释原则进行了理论总结，提出了全面、深入理解“一个卦”及其“六爻”之含义的多项因素，而把握好“与时进退”的原则就是其中的一个重要因素。为了便于理解，下面我们主要以举“卦例”的方式来展开论证。

一　如何识“局”

《易经》的“六十四卦”是有关天道、人事与物情的综合体系，每个卦都代表一个具体的“时局”，每个时局都有其特定的危机与矛盾，如何破局正是《易经》的智慧所在。上古“三皇五帝”之一的伏羲氏就是依据“仿天道、治人事”的原理而创制了“八卦”及其六十四卦，而“识时局、知进退”则是《易经》的应用价值，关于这一点，《周易内传》里有详细论述。

既然每个卦都代表“一个时局”，那么，如何“识局”便成了“重中之重”。我们知道，不管是在“治国理政”中，还是在个人的“家庭生活”中，如果对自身所处的局面没有一个清晰、正确的认识，那么，“麻烦事”与“危机”可能会如影随形。比如，“水雷屯”卦就代表王业草创的艰难时期。这个时期只宜干一些如积聚实力、访贤任能等等的事业，而不宜有诸如“一统天下”等等的大举措，否则则会失败；还有如“地水师”卦就代表“帝王专任老将征伐”的时局；“地天泰”卦则代表“天下初平”的时局，诸如此类的多种时局，不胜枚举。下面，我们以“地水师”卦为例来论证如何“识局”及其“识局”的重要性。首先来看看王船山在《周易内传》里对“地水师”卦的解释。

师：贞，丈人吉，无咎。

上六：大君有命，开国承家，小人勿用。

六五：田有禽，利执言，无咎。长子帅师，弟子舆尸，贞凶。

六四：师左次，无咎。

六三：师或舆尸，凶。

九二：在师中，吉，无咎，王三锡命。

初六：师出以律，否臧凶。

师：贞，丈人吉，无咎。①

王船山在《周易内传》里认为，师卦只有一阳，在下居中，为大将受钺专征之象。师卦阴盛而聚集，象征着杀伐之事。“贞”，指六五柔静居中而不好争斗。只有杀伐之事，目的在于正人，需要命将专征，并非黩武。“丈人”指九二刚健居中，为将领中的元老，命其征战，则必胜，故得吉。如果君王能够顺从天意讨伐，则得征战之正道，而且还得任将得当，这样便可避免凶危的结果。

《彖》曰：师，众也。贞，正也。能以众正，可以王矣。刚中而应，行险而顺，以此毒天下，而民从之，吉又何咎矣。②

“《彖》曰”是对一个卦的整体解释，“地水师”卦可作以下这样的理解：人多了，其中必然有桀骜、贪婪与残暴者。兵强则易于逞能而黩武，只有柔静居中、顺天理而无争斗之心的王者能够做到用众而从正。这说明用师之道必得正当，而后可得无过。九二刚中，有克胜之才，并且有六五的相应与专任，它虽然只身行险，但能够上承六五之顺理而讨罪伐民。因而九二能够不战而敌服，或一战而定大局。这说明六五之君必须任用有才

① 王夫之：《船山全书》第一册，岳麓书社2011年版，第117页。

② 王夫之：《船山全书》第一册，岳麓书社2011年版，第118—119页。

华而稳重的大将，才可得吉。出师正义，则民心向服。任将得当，则军民不会有失败与死亡的担忧。以此征伐，则民乐从，虽然会使民众受苦，但没有过失。

《象》曰：地中有水，师。君子以容民畜众。[①]

这里的“《象》曰”是“大象”，是对一个卦的“上下卦”所代表的自然物象及其“合体”的解释。王船山写道：

地中之水，不见于外，而自安于所润。君子用此道以抚众民，以静蓄动。

士藏于塾，农藏于亩，贾藏于市。智愚顽廉皆兼容并包，养之以不扰。以之行师，有闻无声；驭众如寡亦此道也。[②]

地中之水，在外面看不到，并且能安心润物。君子用此道安抚民众，以静蓄动，智愚顽廉皆兼容并包，养而不扰。以此道行师，可以达到有闻无声、驭众如寡的境界。

从上可知，“地水师”卦一阳五阴，坤卦在上、坎卦在下，这样便形成了一个君主专任大将征伐的时局。在有行动之前，必须得认清时局，不管是在治国理政，还是为人处世中，这都是首先要解决的要事。在《易经》的六十四卦中，有一些局面的辨识难度较大，比如，“山风蛊”卦就是一个子承父业后面临改制的局面；“水天需”卦则是一个君主有难、急需刚健有为的臣子救援脱险，而后君主才能按功论赏的局面。诸多时局都需要我们用娴熟的“易理”去分辨与把握。

① 王夫之：《船山全书》第一册，岳麓书社2011年版，第119页。
② 王夫之：《船山全书》第一册，岳麓书社2011年版，第119页。

二 “进退有据”——“中正”与“守德”

“与时进退”是很重要的解《易》原则之一，以上阐明了恪守这一原则的第一个步骤，即“识时局”。那么，辨明了“时局”后，我们该如何进退呢？或者说，我们能够从容进退的依据是什么？王船山在《周易内传》里对这一问题进行了详细论证，并提出“进退”的首要依据便是“尚中守正”。我们还是以“地水师”卦为例，首先来看看其“九二爻”的含义。

> 九二：在师中，吉，无咎，王三锡命。①

王船山认为，九二一阳统群阴，而处于险中，象征着“将”在军中。九二刚健得中，得制胜之道，故吉。但用兵非君子事君之正道，虽然获吉，但只能免于无过而已。九二之所以能够专制师中，是由于上有六五柔顺虚中之君与其相应而赐命，这是九二能立功的原因。九二将打了胜仗的缘由归为天子的任命得当，因而，九二并不居功。

> 《象》曰：“在师中，吉”，承天宠也。“王三锡命”，怀万邦也。②

在这里，六五居于天位，掌握着天命和讨伐之权。九二唯有承六五赐命之宠，才可获吉而无过。君主的赐命，是由于心怀万邦所致，因而其代表“天命”令有德者讨伐罪逆，九二因明晓此理，所以才不会去做邀宠侵权之事。

“九二”代表着君主专任的德高望重的大将，“九二”为什么能做到“进退有据”而颇受上下信服呢？因为“九二”不仅能恪守臣子的本分，

① 王夫之：《船山全书》第一册，岳麓书社2011年版，第120页。
② 王夫之：《船山全书》第一册，岳麓书社2011年版，第120页。

而且还处于下卦坎卦的中位，他的位子是“中位”，因而从“处位”上就很大程度地规避了行事极端的可能性。这就是“推进有据”的“中正”原则。我们还可以以《三国》里“孔明挥泪斩马谡”的故事为例，来更深入地理解这一点。我们可将孔明看作是“九二”，他颇懂“君臣之道”，做事大多能恪守“中正”原则，因而，深受刘禅的信任。而“六三”可被比作参军马谡，由于他的重大军事决策失误而导致了街亭的失守，最后，连带主帅诸葛亮都被降了三级（尽管《三国演义》里认为降级之事是诸葛亮自己提出的，但一场战役的失败，主帅肯定难辞其咎）。这便是“六三”不能遵守“中正”与“守德”的原则而导致大败的例子。

在《周易》里，王船山认为，是由“爻位”决定是否“位中”，而处于“位中”的就是二、五爻。当然，也不能说，处于“中位”了就绝对能行“中正”之事，能不能做到恪守“中正”的原则，还得看这是一个什么样的“局”，比如，在“山地剥”卦中，“六二”处于中位，但六二在下卦里，而且上下皆是阴爻，这便导致了“六三”更能遵从“中正”原则的事实。因为“六三：剥之，无咎。”六三起码没什么过失，而“六二：剥床以辨，蔑，贞凶。”而六二反而得到了“凶”的结局。因而，可以说，处于“中位”容易恪守“中正”的原则，但到底能不能按此原则行事，还得看这是一个什么样的“局”。

三 “与时进退”的应用

懂得了“与时进退”与“中正”、“守德”原则的关系后，我们就应该进行到“应用”这一步了。在前面已经谈到，如果“进退”时不能遵循“中正”原则，则会导致“大败”或不好的后果，在这里，更进一步谈谈不处于“中位”的爻是如何做到“尚中守正”并得到善果的。因为，在《易经》的三百八十四爻里，不处于“中位”的占三分之二，这三分之二所代表的不同职位的官员怎样行事，便是一个颇有普遍性的问题。下面我们以“地山谦”卦为例：

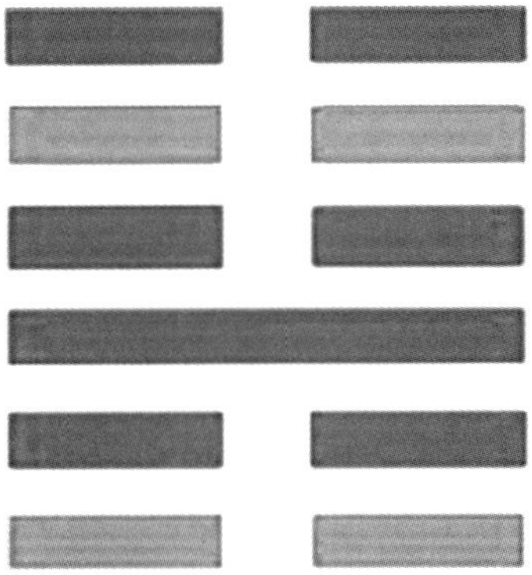

谦：亨，君子有终。

上六：鸣谦，利用行师，征邑国。

六五：不富，以其邻。利用侵伐，无不利。

六四：无不利，撝谦。

九三：劳谦君子，有终，吉。

六二：鸣谦，贞吉。

初六：谦谦君子，用涉大川，吉。

谦：亨，君子有终。①

“谦”，指不足。谦卦唯一阳浮寄于众阴之中，阳还未趋于泯丧而止于内。阳以其不足，伏处于三阴之下，安止而顺受，为能受益进善之象，君子观此则有可取之处。

谦卦的喻意在于，若以一人之身，孤处于天地万物之中，就算是圣人，而不能知、不能行之事不在少数。君子观此，应明白道无穷而知能不足、教而知困之理。作为帝王，就是对于匹夫匹妇，也不忍心以骄亢之心伤害他们。虽然已是圣人，也应该不自以为是圣人，应该进德不息、虚受万物而广施仁爱，这就是“谦而有终”。

> 《彖》曰：谦，亨，天道下济而光明，地道卑而上行。天道亏盈而益谦，地道变盈而流谦，鬼神害盈而福谦，人道恶盈而好谦。谦尊而光，卑而不可踰，“君子”之终也。②

“天道”，指九三之阳。谦卦唯一阳处于内卦而伏处于三阴之下，因内卦外卦而分上下，故谦卦为“下济”。“光明”指艮卦之德。地道上行，阳降阴升，是阳退让使阴得升的缘故。阳知其不足，而下降济阴之匮乏，其光明的志向，被众阴共堵，而“卑而上行”，无所不顺，这就是谦卦亨通

① 王夫之：《船山全书》第一册，岳麓书社 2011 年版，第 168 页。

② 王夫之：《船山全书》第一册，岳麓书社 2011 年版，第 169—170 页。

的原因。

“亏盈而益谦”，指物壮则衰，稚嫩才能增长。“变盈而流谦”，指山阜高危，弄平随流才可以充谷壑。天地人神皆好谦，为情理自然之事，君子体之以修德，小人窥测以获利，皆为亨道。

“尊而光”，指艮卦之德。谦卦一阳为群阴之主，处于内卦之上，止阴爻之淫佚，其道则尊。阳爻退伏于三阴之下，是由于自见不足而非媚物。“卑而不可踰”，指坤卦之德。坤德顺从，但其道上行，顺理以升，山虽高，终在地中而不可逾越地。君子以养己之德，顺天下之情，志正而量大，以谦为始并以谦为终。

> 《象》曰：地中有山，谦。君子以裒多益寡，称物平施。①

地之中有山，“山”为地之高者。地势有高有下，山也为地所有。“裒”，指聚。“施”指惠民之事。地道周行于天下，多者聚集之而使其更多，寡者增益之而使其不匮乏。并非厚高薄下、损高补下，按物本来的所值而无私施化。故高者自高，卑者自卑，这就是所谓的“均平”。

以上是“地山谦”卦整体卦的含义。这同样是由“一阳与五阴”构成的卦，但却大大不同于“地水师”卦的情形。这两个卦的“六五”均代表着阴柔，即力弱的君主，因而二者均象征着君弱臣强的局面。但在“地山谦”卦中，代表强臣的“九三”非常谦虚，他的功业就如“一座山”，而他的品性很谦虚，因而他能够以“吉”而终。我们来看看九三的爻辞：

> 劳谦君子，有终，吉。②

“劳谦”，指有功劳而不居功。九三以一阳止于其位，当群阴在贫寡之时，九三尽己之力而匡济阴爻，并退居三阴之下而不居功，即所谓君子以谦终其德业。

---

① 王夫之：《船山全书》第一册，岳麓书社 2011 年版，第 170 页。
② 王夫之：《船山全书》第一册，岳麓书社 2011 年版，第 172 页。

《象》曰："劳谦君子"，万民服也。①

"民"指阴。九三劳而能谦，谦而不避其劳，下济而光明，群阴皆顺从，所以有终而吉。

从上可知，"九三"是一位德高望重、谦虚谨慎的大将，纵观中国历史上的很多名将，可能唐代大将郭子仪及其事迹与"九三"的"时"与"位"都非常相似。郭子仪是唐代中兴时期的一代名将，在安史之乱中，他因讨伐叛军与收复两京而立下了汗马功劳，因而被加封为司徒、代国公。之后受奸人进馋而失去了兵权，但他并不十分在意。而后，唐代宗又启用了他，于是他再次收复了长安。他从不居功，曾有三次上表辞去"尚书令"的举动，唐代宗因而命令将此事写进了国史。历代史学家对他都有很高的评价，而王船山在《周易内传》里也是赞赏有加。

我们来看看，为什么可将"九三"比作郭子仪呢？因为，首先，谦卦是一个君弱臣强的时局，很符合"安史之乱"时的唐代；其次，郭子仪立功后从不居功骄纵，因而深受上下拥戴，就如高山在平地上矗立一样。在谦卦中，山体虽然高大，但又不能离开大地，它毕竟得附着在地上，就如"君臣"关系那样。臣子再有才、有功，也是君主的"臣子"，无君则无臣，僭越只会导致倾危。郭子仪能够遵从"尚中守正"的原则，是基于他对于时局与自己所处之"位"的清醒认识与判断。当然，不管是"与时进退"，还是"尚中守正"，均需要"修德"贯穿其间。

综上所述，"与时进退"是王船山的解《易》原则之一，而且，这个原则与"尚中守正""以德为本"等其他原则也是互为条件的。要全面地把握这个原则的蕴含，就必须掌握其与"尚中守正""以德为本"等原则的关系，而举出具体"卦例"的方式，不失为达到这一目标的有效途径。

（作者单位：中国社会科学院古代史研究所）

① 王夫之：《船山全书》第一册，岳麓书社2011年版，第173页。

明代中国海上力量研究述评

杨紫东

14 世纪末至 17 世纪初，明代中国始终面对着来自海洋的挑战，而古老的明王朝也在努力回应着来自海上的新问题，并一步步跨入全球化的历史浪潮中。以往对明代中国海上力量问题的研究成果颇为丰富，本文从海上国际事务、海上军事与海上商业三方面对明代中国海上力量的研究成果加以梳理，并对海上力量的形成问题提出自己的看法。

一　引言

14 世纪末至 17 世纪初的近三百年中，“海洋”是一直是明代中国无法回避的关键词。海上朝贡贸易鼎盛时却伴随着严厉的海禁政策；鼓浪而来的倭寇海盗与海防体系建设交替兴衰；隆庆开关时，全球化浪潮正紧随殖民帆船扑向东亚；晚明时期，中国海商控制了东亚海上贸易秩序，他们既能在不同国家间折冲樽俎，又有令各方忌惮的先进海上武装。这些以海洋为载体的崭新现象，无不深刻影响着古老的明代中国，而明代中国也努力回应着来自海洋的冲击。那么，明王朝究竟有着怎样的海上力量，在以大航海为中介的时代中，明代中国海上力量又是如何表现？本文拟根据以往研究，对这些问题加以总结评述。

正式进入述评之前，笔者认为有必要对本文的逻辑框架有所交代，包括本文关注的时段、区域、海上活动的基本类型以及观察明代中国海上力量的基本维度等。首先，本文将关注的时段限定在明代中国所处的 14 世纪末至 17 世纪初，区域则定位于东亚与东南亚海域，本文也将之统称为

“东部亚洲海域”。“海上力量”应该在“海上活动”中体现，这是本文讨论的前提，也是一个普遍共识。而“海上活动”内含了“活动类别”与“参与者”两个方面。本文主要关注以海洋为基础而开展的政治性的、军事性的和商业性的三类活动。首先是作为政治性活动的海上国际事务（以下简称海上国际事务），主要关注依托于海洋的国际政治体系的构建、维持与转变，以及通过海洋而开展的国家间政治交往。其二是海上军事活动，包括海上国防建设，与海盗的军事对抗以及国家间海上战争等。其三是海上商业活动，包括东部亚洲的官方与私人海上贸易活动。诚然，前现代海上活动多具有综合因素性质，以明代中国为例，明朝政府出使海上的外交船只中，也要配备一定的军事力量，不免开展商业活动；沿海卫所的军士也间或参与海上贸易；而明代中国海商也有兼任外交信使，调停国际争端的事例，晚明海商更以先进的火器与西方殖民者展开海上军事争夺。但就性质而言，外交活动本质上是政治活动，这就意味着其包含的军事与商业因素根本上需服务于政治目的。同样，军事与商业目的也根本上制约着后两种海上活动中的各种因素。这种总体上制约海上活动的根本目的，是本文对海上活动进行分类的根本依据。本文也着重关注三个类别海上活动，即国际事务中的、军事活动中的以及贸易活动中的明代中国海上力量。

海上活动的参与者方面。在海上国际事务中，明廷与东部亚洲各政治实体，以及16世纪东来的具有政府背景的欧洲殖民者均是参与者，他们在不同时期的国际秩序中发挥着不同的影响力。在海上军事活动中，明廷主要以其所掌握的水军（海军）参与，[①] 其在海防事务中，与倭寇、海盗以及欧洲殖民势力互为对手，在海战中，与参战国家展开海上军事合作或对抗。在海上商业活动中，明廷与东部亚洲国家开展官方的海上贸易；包括明代中国在内的东部亚洲各个国家的私人海商以和平手段或“掳掠——贸易”一体手段开展私人海上贸易。16世纪后，欧洲殖民者以各自国家为依托，参与到东部亚洲海洋的贸易活动中，这些官方与私人的贸易参与者可

① 明代中国并没有专职的海上作战的水军或海军编制，为叙述简明，本文将具有海防功能的明朝军队概称为“水军”。

被统称为“贸易体”。由此可以看到，在14世纪末到17世纪初的东部亚洲海上活动中，来自东部亚洲各个国家的官方与民间力量，以及16世纪东来的欧洲殖民者，均是这一时期海上活动的参与者。特别是明朝政府与民间社会均是海上活动的参与者，代表着明代中国海上力量的两个层面。①本文将以如上框架为基础，总结明代中国海上力量的研究成果。

在确定了海上活动的类别与参与主体后，海上力量如何体现是接下来要确定的问题。海上国际事务层面，其政治属性规定了这一层面的海上力量应是政治力量的体现，而政治力量体现为支配、强制、扩张、排他等特性。14世纪末至17世纪初的东部亚洲海域中，最主要的国际政治体系是明王朝所构建与主导的朝贡体系②，有学者也称之为“华夷秩序”③。诚然，朝贡体系对东部亚洲国际关系的规范作用时有强弱，但却一直在调节

① 关于明代海上力量的“政府”与“民间”二分的观点，以往的研究中已有学者加以论述，如何锋《明代海上力量建设中的官民互动》一文中提到：“一个国家的海上力量一般由本国民间的海上力量和政府主导的国家海上力量两部分构成。政府负责的那部分海上力量是海上军事力量的主体，它对维护国家海洋权益和国家利益负主要责任，所以又被称为‘第一海军’。民间部分的海上力量在一个国家的海上力量构成中居于辅助地位，这部分海上力量平时从事海上生产和海外贸易活动，战时则可以为第一海军提供急需的航海人员和装备，甚至直接从事海上战争，它是海军的后备军，所以又被人形象地称为‘第二海军’。”见何锋《明代海上力量建设中的官民互动》，《厦门大学学报》2008年第5期。万明《商品、商人与秩序——晚明海上世界的重新解读》：“从世界大变迁的视野来看，海上力量，可以从两个层面来理解，一是国家政府层面，一是民间社会层面，国家与社会不是皆然两分的”，见万明《商品、商人与秩序——晚明海上世界的重新解读》，《古代文明》2011年第3期。

② “朝贡体系”概念最早由学者费正清（John King Fairbank）、邓嗣禹于20世纪40年代提出（参见：J. K. Fairbank and S. Y. Teng, “On the Ch'ing Tributary System”, *Harvard Journal of Asiatic Studies*, Vol. 6, No. 2, 1941；J. K. Fairbank, “Tributary Trade and China's Relations with the West”, *The Far Eastern Quarterly*, Vol. 1, No. 2, 1942.），后世学者多有修正，但基本继承了这个概念。代表性研究著作包括：Tan, Chung, *China and Brave New World*. Carolina Academic Press, 1978. 浜下武志：『近代中国の国际的契机——朝贡贸易システムと近代アジア』，東京大学出版会1990年版（此书中文版有中文版有［日］滨下武志著，朱荫贵、欧阳菲译，虞和平校订：《近代中国的国际契机——朝贡贸易体系与近代亚洲经济圈》，中国社会科学出版社1999年版）；黄枝连：《亚洲的华夏秩序：中国与亚洲国家关系形态论》，中国人民大学出版社1992年版。李云泉：《朝贡制度史论——中国古代对外关系体制研究》，新华出版社2004年版；付百臣：《中国历代朝贡制度研究》，吉林人民出版社2008年版等。

③ 信夫清三郎编：『日本外交史——1853—1972（全2卷）』，每日新聞社，1974年（本书中文译本有［日］信夫清三郎编，天津社会科学院日本问题研究所译《日本外交史》，商务印书馆1980年版）。何芳川：《“华夷秩序”论》，《北京大学学报》1998年第5期。

东亚国际关系中发挥着不可替代的作用[①]。就明代而言，东部亚洲海上诸国也不可避免的在这个以明王朝为核心的朝贡体系影响之下开展国际事务，因而对朝贡体系的接受与运用情况，也就反映着明王朝的海上力量在东部亚洲海域国际交往中的规范作用。这一时期，朝贡体系也并非唯一的国际秩序体系。15 世纪伊始，一方面，明王朝国家政策转而内向，朝贡体系的影响范围开始缩小，另一方面，来自伊斯兰世界和欧洲的政治力量逐渐进入并影响东南亚地区，为这一区域注入了新的国际政治因素。16 世纪末至 17 世纪初，日本也以战争与外交的方式谋求在东亚海域建立新的国际政治秩序，明代中国的对外政策收缩，以及新的国际政治秩序因素的出现，均导致了朝贡体系政治作用的弱化。综上所述，笔者认为可以从朝贡体系的影响范围以及朝贡体系与其他国际体系的关系两个维度，衡量明代中国在国际事务中的海上力量。

海上军事活动层面，明代中国的海防问题是近年来为学者所关心的主要问题之一，无论是从明代中国整体的海防角度，还是对各海防区域的研究，均有大量成果出现。[②]明代中国的海上军事力量主要包括两个层面，其一是明廷主导的承担作战职能的正规海防军事力量，包括明代初期以沿海卫所为载体的水军，以及明中后期的以募兵制为主要征集方式而组成的水军。水军承担着海上剿寇、抗倭、护航以及对外的正规军事作战等职能；其二是以沿海卫所巡检司为主体的海上巡防力量，主要承担平时的海上警备职能，以及在战时辅助正规军事作战。作为国家军事体系的一部分，明代中国的海上军事力量自然承担着相应的军事职能，包括国家安全保卫，

① 作为东亚国际体系的朝贡体系，其作用贯穿至清代，直到 19 世纪中叶，朝贡体系才逐渐被条约体系所取代。

② 通史方面代表性成果有：杨金森、范中义《中国海防史》，海洋出版社 2005 年版；驻闽海军军事编纂室编《福建海防通史》，厦门大学出版社 1990 年版；黄百鸣：《厦门海防文化》，鹭江出版社 1996 年版；卢建一：《闽台海防研究》，方志出版社 2003 年版；《广东海防史》编委会编：《广东海防史》，中山大学出版社 2010 年版。断代史方面代表性著作包括：何峰：《明朝海上力量建设》，厦门大学出版社 2015 年版；宋烜著：《明代浙江海防研究》，社会科学文献出版社 2013 年版；张金奎：《明代山东海防研究》，中国社会科学出版社 2014 年版；赵树国：《明代北部海防体制研究》，山东人民出版社 2015 年版；陈贤波：《重门之御——明代广东海防体制的转变》，上海古籍出版社 2017 年版。易泽阳：《明朝中期的海防思想研究》，解放军出版社 2008 年版。此外还有大量研究论文不在此枚举。

为相应的国家海洋政策提供均是支撑，以及对外战争的参与。因此，笔者认为，衡量明王朝海上军事力量，可以从明朝海上军事力量在维护海疆安全中的作用、支撑明代国家海洋政策中的作用，以及参与海上战争中的作用三个维度加以衡量。

海上贸易活动层面，14 世纪末至 17 世纪初，国际贸易是东部亚洲海域的最主要商业活动之一。在近年来颇具影响力的关于亚洲海洋的研究中，“贸易”成为审视东部亚洲海上国际交流的关键视角。20 世纪 80 年代，日本学者提出了“亚洲贸易圈”的理念①，而明代中国被认为是“东亚贸易圈”的中心。②同一时期，澳大利亚学者安东尼·瑞德（Anthony Reid）将 1450—1680 年间的时段称为东南亚的“贸易时代（The Age of Commerce）”③，对东南亚而言，明代中国是“贸易时代”的最重要贸易体之一。学者弗朗索瓦·吉普鲁（François Gipouloux）将 13—21 世纪的东部亚洲海域称为“亚洲的地中海”④，将中国、日本与东南亚的贸易活动看作这一时段历史的中心议题，而明代中国亦身处这一时段的开始时期。而对于海上贸易活动的把握，也需要贸易理论的支持。

---

① 相关代表著作与论文集包括：浜下武志：『近代中国の国际的契机——朝贡贸易システムと近代アジア』，東京大学出版会，1990 年。浜下武志、川勝平太編：『アジア交易圏と日本工業化 1500—1900（社会科学の冒険）』，リブロポート，1991 年；杉原薫：『アジア間貿易の形成と構造』，ミネルヴァ書房，1996 年；杉原薫：『アジア太平洋経済圏の興隆』，大阪大学出版会，2003 年。川勝平太編：『アジア太平洋経済圏史——1500—2000』，藤原書店，2003 年等。

② 学者滨下武志认为：“自 14、15 世纪以来，亚洲区域内的贸易在逐渐扩大，存在着一个以中国为中心的东亚贸易圈，以印度为中心的南亚贸易圈，及以此两个贸易圈为两轴，中间夹以几个贸易中转港的亚洲区域内的亚洲贸易圈。欧美各国为寻求亚洲的特产品，携带着白银也加入到这个贸易圈中来”。见［日］滨下武志著，朱荫贵、欧阳菲译，虞和平校订《近代中国的国际契机——朝贡贸易体系与近代亚洲经济圈》，第 59 页。

③ Anthony Reid, *Southeast Asia in the Age of Commerce, 1450 - 1680*: Volume One: *The Lands below the Winds*, Yale University Press, 1988. And, *Southeast Asia in the Age of Commerce, 1450 - 1680*: Volume 2: *Expansion and Crisis*, Yale University Press, 1988. 中文译本有［澳］安东尼瑞德著，吴小安、孙来臣、李塔娜译《东南亚的贸易时代：1450—1680 年》（全两册），商务印书馆 2010 年版。

④ François Gipouloux, *La Méditerranée asiatique, villes portuaires et réseaux marchands en Chine, au Japon et en Asie du Sud - Est, XVIe - XXIe siècle*, CNRS Éditions, 2009. 英文版见 Francois Gipouloux, *The Asian Mediterranean: Port Cities and Trading Networks in China, Japan and Southeast Asia, 13th - 21st Century*, translated by Jonathan Hall and Dianna Martin, Edward Elgar Publishing, 2011. 中文译本有［法］弗朗索瓦·吉普鲁著，龚华燕、龙雪飞译：《亚洲的地中海：13—21 世纪中国、日本、东南亚商埠与贸易圈》，新世纪出版社 2014 年版。

贸易活动无不围绕着对商品的供给与需求而展开。在一定的时间与空间背景下，由需求与供给所引发的商品与货币的对流，形成最基本的市场结构，其中有效的供给与供给方对关键商品的生产能力相关，有效需求也内含着需求方充分的购买能力。通过货币所体现的价格，调节着需求量与供给量，反映着市场中需求方与供给方之间的张力。商品、货币的种类与交易量是最基本的市场内容，也牵动着交易活动中的物流与人流的流动，从而构成市场规模，形成纷繁复杂的贸易图景。贸易过程中，交易规则规范着各个贸易体的交易活动，通过激励和惩罚某些行为而构建贸易秩序。贸易秩序与直接的商品生产和商品使用无关，而是专注于商业活动的中间过程。贸易秩序可使贸易的参与者对交易过程形成稳定的预期，从而降低交易过程中的不确定性风险，这是活动可以长期进行的必要条件。因此，对贸易体而言，以让渡部分利润为代价换取加入贸易秩序中，总体而言是合意的，也是必要的。作为“看得见的手”的贸易秩序与作为“看不见的手”的价格，共同调节着整体市场。所以，商品、货币与贸易秩序构成贸易框架的基本支撑。

在基本的贸易框架下，笔者认为可以由大宗商品贸易、货币结算体系、贸易依存以及贸易秩序四个维度，对贸易活动中的海上力量进行观察。大宗商品贸易的特点是商品交易的数量与交易额巨大，且牵动大额货币流动，因而也对整体市场有巨大影响力。无论大宗商品是必需品抑或奢侈品，都反映着市场中对某种商品的需求的强劲，因而需求方也对大宗商品有着某种程度的依赖关系，供给方可以通过对大宗商品供给的控制，进而在交易活动中传递自身的贸易力量。货币结算体系控制着国际贸易的交割环节。传统时代，作为结算体系标的物的货币通常以金属形式出现，而金属以相应国家或地区的矿产资源为基础，由于作为货币基础的金属有特定产地，因而货币金属产地所属的国家与地区就会对国际货币结算体系产生巨大影响。贸易依存主要衡量国际贸易与国家整体运行的关系，而特定国家的产业结构是国家整体对于国际贸易关系的重要基础。农业、制造业发达的国家，其国家政府与民间社会运行所需要的资源，可以从本国农业与制造业中获取，相反则需在国际市场中通过的贸易活动获取，对国际贸易的依赖，本质上就是对参与国际贸易的其他贸易体的依赖，优势地位的贸易体可以通过商业活动带动其他贸易体的经济繁荣，也可通过紧缩贸易政策对其他贸易体产生负面影响。贸易秩序直接规范着贸易体的交易行为，为贸易活动提供安全环境与规则体系。贸易体也必须让渡部分利润以换取秩序环境，这内含着贸易体对贸易秩序的服从关系。因而，对贸易秩序有关键影响的贸易体，也对其他贸易体有支配性力量。

二　国际事务中的明代中国海上力量

朝贡体系的影响范围以及朝贡体系与其他国际政治体系的关系，是本文讨论国际事务中的明代中国海上力量的两个维度。明初，明政府的外交船只频繁游弋于东亚与东南亚海洋，在与日本、朝鲜、琉球与东南亚诸国的外交往来的基础上，构建了以明王朝为主导的朝贡体系。而朝贡体系也成为亚洲诸国开展海上活动所无法回避的基础秩序之一，诸国可依之协调纷争，规避冲突，维持安全稳定的海上环境并获取商业利益。作为朝贡体系的主导者，新生的明王朝也得以强势的国家姿态出现在东部亚洲海域，实际参与到调停各国矛盾，靖平海寇的活动中。这种在国际关系中的海上力量展现，也经历了一个过程。明初“明太祖决定不向海洋发展，尤其不要用兵，海外政策完全采取消极的主义”①，对海上力量的资源投入克制且有限，主要以名义上的“天朝上国”角色出现在海洋国家间，而并不对海上各国的内部事务作实质干预，学者陈梧桐称之为“睦邻外交”②，这一反元代中国大范围用兵海上的政策。明成祖时期，通过积极的海洋政策与海上活动，明政府在海上国际事务中表现得颇为强势。尤其是当郑和所率领的庞大舰队赫然张帆西洋，足以使周边国家预期到如果选择对抗明王朝须付出的巨大代价，以及参与朝贡体系的可能收益，这激励着东部亚洲海上各国自觉归入朝贡体系中，明政府主导的朝贡体系也因之成为东部亚洲海上国际秩序的重要基础。

在朝贡体系的影响范围方面，据《中国海防史》一书统计：“在洪武

① 张奕善：《东南亚史研究论集》，台湾学生书局1980年版，第114页。
② 陈梧桐：《明洪武年间的睦邻外交与海禁》，《史学集刊》1988年第2期。

年间与17个海外国家建立了贡赐贸易关系，永乐年间增至37国”，使臣出访海外的数字是，“洪武的31年间，22次派使臣出访，到达的国家有9个；永乐的22年间，40次派使臣出访，到达的国家有37个”①，从中可以看到参与朝贡体系的国家数量的增加。15世纪初，永乐皇帝“成为仲裁者与保护者。他的外交势力已经扩展到了科泽科德、苏门答腊与马六甲等地的商贸港口”②，将明王朝的政治影响力扩展到印度洋。在国际事务的实质作用方面，学者Wang Yuan-kang认为，15世纪初，明王朝“凭借其超群的力量寻求陆上与海上扩张，并建立朝贡体制，成为其管理政治实体间互动关系的‘游戏规则’”③。陈尚胜认为，在东亚海域，“由明朝在东亚地区构建的朝贡体系，已成为15世纪维护东亚海域秩序的主要机制”④。东南亚海域，学者Shu Min认为，在前殖民时代，朝贡体系提供了三种机制，将中国与东南亚紧密连接在一起，“首先，对东南亚的君主而言，获取中华帝国的承认是他们在东南亚区域层次体系中获取政治合法性的关键；第二，以中国为中心的朝贡贸易与东南亚商业性国家的利益契合；第三，东南亚国家也乐于在处理国家间冲突时，寻求中国的仲裁与保护”⑤。在印度洋海域，万明在《明代中国国际秩序演绎》一文中认为：“重新审视明初拓展至印度洋的国家航海外交行为，中国人以前所未有的规模走向海洋，全面贯通了古代陆海丝绸之路，史无前例的将中华秩序的理想在印度洋付诸实践，作为平衡区域国际政治经济势力的大国角色，作为负责任的海上强国形象，维护和保证了东亚乃至印度洋区域的和平与秩序”⑥。由此可

① 杨金森、范中义：《中国海防史》上册，第146页。

② Haraprasad Ray, “An Analysis of the Chinese Maritime Voyages into the Indian Ocean during Early Ming Dynasty and their Raison d’ Etre”, *China Report*, Vol. 23, 1987, p. 76. 原文为：“He became an arbiter and protector through physical involvement. He extended the boundaries of Chinese diplomacyup to Kozhikode, Semudera and Malacca as commercial ports”。

③ Wang Yuan-kang, “Managing Regional Hegemony in Historical Asia”, *The Chinese Journal of International Politics*, Vol. 5, 2012. 原文为：“The country’s overwhelming power allowed it to pursue continental and maritime expansions in the early 15th century and to set up tributary ‘rules of the game’ that governed interactions among political units”。

④ 陈尚胜：《东亚海域前期倭寇与朝贡体制的防御功能》，《中国边疆史地研究》2017年第1期。

⑤ Shu Min, “Balancing in a Hierarchical System: Pre-Colonial Southeast Asia and the Tribute System”, *Waseda Global Forum*, No. 8, 2012.

⑥ 万明：《明代中国国际秩序演绎》，《新疆师范大学学报》2016年第5期。

见，在14世纪末至15世纪前期，一方面，明廷主导的朝贡体系影响范围不断扩大；另一方面，东部亚洲海域没有可与朝贡体系争衡的其他国际政治体系。据此，这一时期明代中国在海上国际事务中的力量是颇为强劲的。

自明代中期始，随着国家政策的转向，明政府的海上活动全面收缩，朝贡体系的影响范围开始缩小。与此同时，新的国际政治体系也在东部亚洲海域出现，这些均导致了明王朝在国际事务中的海上力量的弱化。在朝贡体系的影响范围方面，据《中国海防史》统计，自正统至正德（1449年—1521年）的86年间，明政府派使节出访海外只有18次，到达国家只有4个，这表明明王朝“国家威望在降低，国际影响在缩小，这对建立安全的海上环境和巩固海防均带来不利影响”①。明代中后期，只有暹罗与琉球维持着自海上向明王朝出使，而明王朝也只从海上向琉球派遣使节，维系海上册封制度，而对其他区域的海上国际事务不再做实质干预。在朝贡体系与其他国际体系的关系方面，15至16世纪，东南亚与东亚海域都有新的国际政治力量注入，使得朝贡体系的影响力减弱。东南亚海域，15世纪至16世纪初，与明王朝海外政策收缩在同一时期，伊斯兰教在印尼地区进入了传播高潮，②16世纪初，在从马六甲至文莱的马来群岛地区出现了一系列伊斯兰教国家。③1501年与1526年，伊斯兰背景的萨法维王朝与莫卧儿帝国分别在伊朗高原与印度次大陆建立，1517年，奥斯曼土耳其控制了埃及、叙利亚与包括圣城麦加和麦地那在内的阿拉伯半岛。来自伊朗、阿拉伯与印度的政治影响力，也随着贸易体系与宗教因素波及东南亚地区，“这三个强大的穆斯林帝国与中国一并，构成了东南亚地区的宗教、经济与政治背景的线索，形塑了东南亚地区这一时期的历史”④。随着葡萄牙、西班牙以荷兰先后进入马来群岛，并以武装建立殖民据点，东南亚海

① 杨金森、范中义：《中国海防史》上册，第146页。

② 廖大坷：《1511年前伊斯兰教在印度尼西亚的传播》，《南洋问题研究》1995年第3期。

③ 新兴的伊斯兰教国家包括马六甲王国（1402年建立）、淡目王国（1478年建立），1500年左右，苏门答腊地区的米南加保王国、文莱王国摩鹿加群岛的国王皆先后信奉伊斯兰教。

④ Barbara Watson Andaya, Leonard Y. Andaya, *A History of Early Modern Southeast Asia, 1400 – 1830*, Cambridge University Press, 2015. p. 133. 原文为：“Together with China, these three mighty Muslim empires form a backdrop to religious, economic, and political trajectories that helped shape Southeast Asian history in this period”。

域开启了殖民时代。明代中国主导的朝贡体系，在被新的来自伊斯兰世界政治力量冲击之外，又受到欧洲的新的国际力量影响。陈尚胜在《“怀夷”与“抑商”：明代海洋力量兴衰研究》一书中将朝贡体系影响力的减弱和欧洲殖民势力的兴起过程称为“中退西进”①。

东亚海域，16 世纪末的日本以侵入朝鲜的方式，开始对以明代中国为中心的国际秩序发起挑战。日本学者信夫清三郎在其《日本外交史》一书中提到，“日本，足利时代（1336—1537 年）曾作为藩属加入华夷秩序，但自从丰臣秀吉挑起了对明朝的战争，断绝了对中国的藩属关系之后，德川幕府就形成了以自己为中心的特殊的国际秩序，即‘大君外交体制’”②。具体而言，丰臣秀吉发动的朝鲜之役，可以看作日本建立新国际格局的一种尝试，彼时“对朝鲜来说，处在中国主导的国际关系规则中，并且从中寻求国家安全，总体而言是合意的。但丰臣秀吉却想推翻这个系统”③。在朝鲜之役结束后，1607 年，德川幕府与朝鲜恢复了外交关系，朝鲜向德川幕府派遣使节，而日本的国书则由对马蕃代任使者，呈交朝鲜国王。德川幕府将朝鲜使臣的到来解释为“入贡”，而朝鲜则将之解释为“交邻”，并且继续维持着与明王朝旧有的朝贡关系。1609 年，在德川幕府的准许下，萨摩藩以武力侵入并控制了琉球。德川幕府一方面以正式文件确认萨摩藩主领有全部琉球，另一方面又按照“异国”关系对待琉球，“规定对‘异国’琉球的关系与日朝关系一样，即是一种具有正式邦交意义上的‘通交’关系”④，而琉球也同时保持着与明朝的朝贡关系。东亚之外，日本也以海上贸易为基础，积极发展与东南亚以及欧洲殖民势力的关系。法国学者吉普鲁在其《亚洲的地中海：13—21 世纪中国、日本、东南亚商埠与贸

① 见陈尚胜《“怀夷”与“抑商”：明代中国海上力量兴衰研究》，山东人民出版社 1997 年版，第 70 页。

② ［日］信夫清三郎编，天津社会科学院日本问题研究所译：《日本外交史》，商务印书馆 1980 年版，第 10 页。

③ *The Cambridge History of Japan*, Vol. 4, *Early Modern Japan*, John W. Hall, ed. Cambridge University Press, 1991. P. 266. 原文为：“Korea, in short, was comfortable with the international order of East Asia headed by China and sought security from it. Hideyoshi, however, wanted to overthrow that system”。

④ ［日］信夫清三郎著，天津社会科学院日本问题研究所译：《日本外交史》，第 22 页。

易圈》一书中认为，“日本的这些亚洲海外经济关系确立了一种国际秩序，是中国在亚洲建立国际秩序的复制”[①]，而这种独立于朝贡体制之外的国际秩序的出现，一方面受到明朝的朝贡模式的影响，一方面也减弱了明朝廷在国际事务中的作用，可以看作明代中国在国际事务中的海上力量弱化的体现。

三　军事活动中的明代中国海上力量

明朝海上军事力量在维护海疆安全、支持海洋政策以及参与对外战争中的作用，是本文讨论军事活动中的明代中国海上力量的三个维度。维护海疆安全方面，开国伊始，明王朝便面对着来自海上的安全威胁，包括元末曾与朱元璋争锋江南，战败退避入海的地方割据势力、为患日剧的倭寇以及抢掠沿海的海寇。尤其前二者具有准军事组织性质，不但熟知海情海况，且具备专业海陆作战能力，这对新兴的明王朝的国防安全构成严重威胁，明廷也不得不在沿海投驻成建制的军事力量加以对抗。明太祖时期即着手建立沿海防御体系，包括建立沿海卫所，设置水军，整编领导指挥体制等。[②]洪武时期，明王朝在辽东、山东、南京、浙江、福建、广东陆续设置沿海卫所，以地方巡检司配合中央直属水军巡航海面，由此，明政府的军事力量正式以制度化形式进入海洋。谭立峰在《明代沿海防御体系研究》一文中总结，“洪武一朝三十余年的建设奠定了明代中国沿海卫所的基本布局，由此形成了我国历史上第一个较为完整的沿海防御体系”[③]。永乐时期，明王朝海上政策更加积极，在进一步巩固沿海防务之外，随着郑和船队的出海，明王朝的军事力量也正式进入大洋，辐射到自东南亚以至印度洋的广大地区。从海上国防的安全效果方面看，经过60年左右的经营，至宣德时期，“沿海的倭患基本平息”[④]，杨金森，范中义在《中国海

---

① ［法］弗朗索瓦·吉普鲁著，龚华燕、龙雪飞译：《亚洲的地中海：13—21世纪中国、日本、东南亚商埠与贸易圈》，第100页。

② 见杨金森、范中义：《中国海防史》上册，第82—101页。

③ 谭立峰：《明代沿海防御体系研究》，《南京林业大学学报》2012年第1期。

④ 范中义：《明代海防述略》，《历史研究》1990年第3期。

防史》中认为："永乐至宣德年间，倭寇之所以没有酿成大祸患，原因当然很多，但就明朝本身来讲最主要的是两条，一是水陆军抵御，一是加强海防建设，而且都卓有成效"①。而且，经过永乐朝的积极开拓，"南海的安全形势也得到巩固"②。由此可见，经过洪武时期的整备经略，到永乐至宣德时期，明王朝军事力量可以有效维护海疆安全。

自宣德时起，明王朝国家政策渐趋内向，明政府的海上力量也相应收缩。政府主导的远洋航海活动的终止，使得明王朝的海上军事力量由印度洋与东南亚地区撤出，退归到沿海地区。何锋在其博士论文《中国的海洋——明朝海上力量建设考察》中将正统之后的海军情况形容为"内缩"，"'内缩'指的是明朝海军战略从经略海洋退回到防御近海的大前提下，海军部队在编制体制、作战空间、武器装备等诸多建设方面发生的萎缩和倒退现象"③，明政府放弃了经洪武至永乐历经半个多世纪而建成的海上军事力量远程投放能力，仅保留了近海防御能力。而到嘉靖时期，这种"内缩"的态势已演变为海防的整体废弛，近海防御能力也已名存实亡，明王朝的海上军事力量不能有效完成海上国防职能。杨金森，范中义著《中国海防史》中总结，"到嘉靖年间，沿海卫所空虚，战船损坏严重，所剩无几，水军缺额在半数以上，所存士卒也多是老弱病残，即不能御倭于海上，又不能堵截于陆上，海防形同虚设"④。除此之外，明初的巡海制度在明中期也被放弃，易泽阳在其《明朝中期的海防思想研究》一书中提到，巡海制度的被放弃，"结果是直接造成了明朝海防线的后退，其后果是极其严重的。这些被丢荒的岛屿和水寨日后渐渐成为中外海上武装集团的据点"⑤，与此同时，"海防卫所的将领们，此时也早已不是明初那些久经战阵的宿将，而多为门荫世袭的军官子弟"⑥，水军的指挥控制系统也已蠹坏。这反映着作为海上军事力量的沿海卫所以及作为海上准军事力量的沿

① 参见杨金森、范中义《中国海防史》上册，第114页。
② 任念文：《明初南海朝贡制度与封建国家海洋战略述论》，《太平洋学报》2014年第8期。
③ 何锋：《中国的海洋——明朝海上力量建设考察》，博士学位论文，厦门大学，2007年。
④ 杨金森、范中义：《中国海防史》，第193页。
⑤ 易泽阳：《明朝中期的海防思想研究》，第132页。
⑥ 张炜，方堃主编：《中国海疆通史》，中州古籍出版社2003年版，第286—287页。

海巡检司的系统性衰弱。

在明朝海防逐渐疲敝的同时，一场前所未有的海疆危机正在向明王朝逼近。当倭寇与西方殖民者与中国海盗出现在明朝海疆时，明朝水军已难以有效应对。尤其是15世纪之后，倭寇大规模出现在中国沿海且与中国海盗合流，成为明代中后期中国的海防大患，嘉靖初期，倭寇“七八年间破城十余座，掠子女玉帛数百万，官军吏民战死者不下10余万”①，这反映着明朝政府的海上军事力量已不能有效履行其国防职能。嘉靖中期，明政府开始整饬海防，重建海上力量。据张炜，方堃主编《中国海疆通史》的总结，明政府对海上军事力量的整饬主要表现为：“打破过去卫、所防御区划，形成沿海划区防守的新体制”、“推行募兵制”以及形成“海上、沿海、城池多重防御体系”②三大方面，形成了辽东、北直隶、山东、南直隶、浙江、福建、广东7个海防区。同时普遍引入“募兵制”，以营、哨为基本编制构建了新的水军系统。特别是，明初巡海制度在嘉、隆、万三朝的海防体系建设中，再次被恢复并完善，形成“巡洋会哨”制度，使得一度废弛的明朝海防力量再次前推入海。韩虎泰对比了明初与嘉靖时期的巡海制度，在《明代巡海制度向巡洋会哨制度的转变——以明代广东海防为例》一文中提到：“在洪武、永乐间虽经常派遣舟师出海巡倭，但这一时期的巡洋会哨制度并不完善，而且沿海地区没有明确的巡海区划。至正统年间开始，沿海地区出现了明确的巡哨区划，逮至嘉靖中后期，沿海各巡哨区开始建立连界会哨制度。至此，明代的巡洋会哨制度发展成熟”③。根据韩虎泰上文与牛传彪《明代出海水军巡哨规制考察》④一文的研究，自嘉靖中后期至万历时期，明政府在两浙、福建与广东地区都实行了巡洋会哨制度，东南海防力量也得到了系统性的加强。与此同时，嘉靖中后期，海防的武器装备也有进展，主要表现为两方面“一是西方火器的传

① 张炜、方堃主编：《中国海疆通史》，中州古籍出版社2003年版，第282页。

② 张炜、方堃主编：《中国海疆通史》，中州古籍出版社2003年版，第287—290页。

③ 韩虎泰：《明代巡海制度向巡洋会哨制度的转变——以明代广东海防为例》，《贵州文史丛刊》2015年第3期。

④ 牛传彪：《明代出海水军巡哨规制考察》，《军事历史研究》2017年第3期。

入，二是传统火器的发展”[①]，如佛郎机、鸟铳等管制、燃烧、爆炸性火器装备使得明朝水军战斗力有了整体性提升。经过胡宗宪、谭纶、戚继光、俞大猷等一系列著名将领对海防的经略与对倭寇的战斗，至嘉靖末年，中国东南沿海的倭寇与海盗之患基本平息。嘉靖之后，“隆庆至万历中期的30多年中，是明代海防比较强盛的时期”[②]，明朝水军再次有效履行了国防安全职能。

支持国家海洋政策方面，明王朝的海上军事力量也为明初朝贡体系的建立、海运以及海禁政策的实施提供了有力支撑。王日根、何峰在《明初海权扩张与朝贡体制重建》一文中认为“远洋海军使明朝控制了朝贡贸易的核心”[③]。明代大规模的海运活动出现在洪武、永乐时期，“明初海运时军事运输，从事海运的都是从卫所抽调出来的旗军”[④]，吴缉华在《明代海运及运河研究》一书中认为：“明初的海运基础都建立在武将身上”[⑤]。从规模上看，据陈晓珊统计，洪武时期“连续20余年进行从江南太仓到辽东半岛的长途海运，常动用船只千艘，人员8、9万人，粮食运载量在每年70万石左右”[⑥]。海运之外，明王朝的海上力量也是海禁政策得以有效执行的前提条件。明初海禁政策由一些在不同时期发布的命令组成，内容包括禁止渔民下海捕鱼、限制民间出海船只大小形状，将沿海各岛居民内迁等。而明政府所掌握的海上力量恰是海禁政策可以执行的基础。王日根、何峰在《明初海权扩张与朝贡体制重建》一文中认为，明太祖组织海上防御体系的，“其目的一是防倭，二是执行海禁政策”[⑦]。海禁政策能否被有效执行，根本上需依靠明政府的海上军事能力与日常警备能力，体现为沿海卫所与巡检司的履职情况。海禁政策的目标之一便是禁止私人海上贸

① 杨金森、范中义：《中国海防史》，第253页。

② 杨金森、范中义：《中国海防史》，第253页。

③ 王日根、何锋：《明初海权扩张与朝贡体制重建》，《人民论坛》2012年第6期。

④ 陈波：《试论明初海运之“运军”》，《中国边疆史地研究》2009年第3期。

⑤ 吴缉华：《明代海运及运河研究》，“中央”研究院史语所专刊之四十三，1961年，第30页。

⑥ 陈晓珊：《明朝初年的海运军卫与海军世家——以黄省曾家族为例》，《明史研究论丛》第十一辑，2013年。

⑦ 王日根、何锋：《明初海权扩张与朝贡体制重建》，《人民论坛》2012年第6期。

易。1958 年，学者 Tom Harrisson 在对加里曼丹岛西南海岸的考古研究中发现，此地区几乎没有明代时期的瓷器碎片，据此提出明代空白期（Ming Gap）的概念。[①] 2004 年，学者罗森纳·布朗（Roxanna Brown）在其博士论文 *The Ming Gap and shipwreck ceramics in Southeast Asia* 中列举了 15 艘东南亚地区的沉船，她将 1352 年至 1487 年定义为明代空白期（Ming Gap）。布朗通过考古数据证明，在 1325 年之前，这一地区的瓷器全部来自中国，而在 1368 至 1420 年代，这一数字降至 50%，1430 年代至 1487 年，仅有 5% 的瓷器来自中国。1488—1505 年，这个数字有所提升，直至 1573 年左右，中国瓷器再次成为这一地区的最主要瓷器。[②]明代空白期的形成，无疑是在明政府海上力量支持下，海禁政策有力执行的结果。而明代空白期的结束，由反面标志着明代私人海外贸易的崛起，也是海禁政策以及明政府海上力量逐渐衰落的表征。

参与对外战争方面，在万历朝的抗倭援朝战争中，明朝水军在中朝军队后勤保障，以及直接的海战方面发挥了重要作用。刘晶在其《水军、海盗与跨境贸易：17 世纪初期的中朝海域交涉研究》一文中提到“在壬辰战争后期，海路运输已成为中朝间粮饷调配的主要方式，为朝鲜战场提供了大量补给”[③]，万历二十年，明王朝在天津集结水军，据何锋统计，“新组建的舰队有福、苍等大中型战舰 95 艘，沙、唬、八桨等小型战船 2850 余艘，船员 17000 人”[④]，是年，中朝水师在釜山港有效阻击了日本水师。万历二十六年，明王朝投放正规水师进入朝鲜海域参加战争，据孙卫国《明抗倭援朝水师统帅陈璘与露梁海战》一文统计，明水师来自广东、浙江、南京、福建等地，战船五百余艘，兵力超过两万人[⑤]，而中朝水师取得露

① Tom Harrisson, “The Ming Gap’ and Kota Batu, Brunei”, *The Sarawak Museum Journal* Vol. VIII, No. 11, 1958

② Roxanna M. Brown, “The Ming Gap and shipwreck ceramics in Southeast Asia”, Ph. D dissertation, University of California Los Angeles, 2004.

③ 刘晶：《水军、海盗与跨境贸易：17 世纪初期的中朝海域交涉研究》，《海交史研究》2019 年第 1 期。

④ 何锋：《中国的海洋——明朝海上力量建设考察》，博士学位论文，厦门大学，2007 年，第 76 页。

⑤ 见孙卫国：《明抗倭援朝水师统帅陈璘与露梁海战》，《南开学报》2020 年第 1 期。

梁海战的胜利，也对朝鲜战局起到关键作用。这是明王朝水军参与的正规的国家间海上作战，明王朝海上军事力量的动员、运输、远程投放、跨海作战实力经受了实战检验，嘉靖中期以来的海防建设成果也在这次战争中得到体现。抗倭援朝战争结束后，明朝政府即开始裁撤水军，明王朝的海防力量开始发生变化。自旅顺、登莱、而至两浙、福建、广东的海防力量均被缩编裁撤。明王朝海防力量削弱严重。而在万历中期之后，倭寇、海盗与西方殖民者继续威胁着明王朝的海疆安全。晚明时期，明王朝的水军力量上可以在近海击退荷兰殖民者，在辽东，毛文龙的水军尚能在辽东海域对清军起到牵制作用。但总体而言，晚明时期，明政府的海上力量再次退回近海与沿岸地区，17 世纪以降，商业武装已经发展成为主导东部亚洲海域的军事力量。

四　贸易活动中的明代中国海上力量

对于大宗商品贸易、货币结算体系、贸易依存以及贸易秩序的考察，是本文讨论贸易活动中的明代中国海上力量的四个方面，分述如下。

（一）大宗商品贸易、货币结算体系与贸易依存

大宗商品贸易方面，14 世纪末至 17 世纪初，东部亚洲海域的贸易活动，无论从参与的贸易体角度观察，亦或由交易商品的种类观察，均呈现多样化态势。就贸易体而言，东亚海域，明王朝与日本、朝鲜、琉球的海上贸易是这片海域最主要贸易活动。东南亚海域，14—15 世纪诸多国家参与海上贸易，16 世纪之后，随着西人东来，葡萄牙、西班牙、荷兰、英国先后加入东南亚海域贸易活动，随后也进入东亚海域。就贸易商品而言，明代中国的丝绸、瓷器、书籍、药材、棉布、蔗糖、各种金属器皿、原材料、建筑材料等均有出口；日本出口商品包括硫磺、铜、扇子、刀剑、马匹、手工艺品和海产品等；朝鲜出口的商品包括马匹、高丽参、皮毛制

品、绵麻衣物、花织草席、稻米、谷物、手工艺品等。[①]东南亚方面，据学者安东尼·瑞德概括："贸易时代的交换形式是：东南亚从印度进口棉布，从美洲和日本进口白银，从中国进口铜钱、丝绸、瓷器及其他制成品，而东南亚的输出品则包括胡椒、香料、香木、树脂、虫胶、玳瑁、珍珠、鹿皮以及越南和柬埔寨出口的蔗糖"[②]。在众多贸易商品中，生丝、瓷器与胡椒是东部亚洲海域最大宗的贸易物品，对这三种商品的需求与供给也是最能牵动这一区域海上商业活动的经济变量。

对生丝的需求主要来自日本与美洲。日本方面，就需求性质而言，室町时代（1336—1573 年），由中国进口生丝制成的丝织品便被足利将军与大名们所喜爱，成为上层社会钟爱的奢侈品。16 世纪末至 17 世纪初，对丝织品的需求已经从幕府、大名、武士、富商而扩展到一般市民阶层，[③]并且不同品质、花色的丝织衣物也成为不同阶层的身份的标志，生丝成为日本政治秩序与社会秩序的组成部分。[④]除此之外，"生丝也是用作刀鞘上的绦带、甲胄和武器外套等的原料，因而也是军需品"[⑤]。因此，对 14 世纪末至 17 世纪初的日本而言，生丝不仅是奢侈品与社会生活必需品的原料，又是制度性与军事性资源。这种性质的需求具有强劲的刚性，表现为对生丝的需求量很大，且需求量不会随价格上升有明显变动。需求量方面，日本本土也有包括养蚕与丝织在内的完整的丝绸生产手工业，但日本国内的生丝产量无法满足本土需要。据估计，至 16 世纪中后期，日本每年要使用

---

① 参见刘军：《明代海商贸易的出口商品》，《财经问题研究》2012 年第 12 期；黒田重雄：「日本のマーケティングは中世期に始まっていた：とくに，室町時代の重商主義の世界を中心にして」，『北海学園大学経営論集』，2017 年第 15 巻第 1 号；田中健夫：『対外関係と文化交流』，思文閣出版，1982 年，第 101 页；Sung-Ho Kang，"Reorienting Reorient：East Asia and 15th – 19th Century Joseon"，*Asian Review of World Histories*，No. 2，Vol. 2，2014.

② ［澳］安东尼·瑞德著，吴晓安、孙来臣、李塔娜译：《东南亚的贸易时代：1450—1680 年》第二卷《扩张与危机》，第 25 页。

③ 烏蘭其其格：『前近代日中における蚕糸絹織物業の社会経済的分析』，兵庫県立大学，2014 年，第 14—17 页。

④ 中江美幸：「十四・十五世紀フランスにおける服装について：『アナール』学派に即して」，『社会経済史学』，1979 年第 4 巻第 4 号。

⑤ ［日］信夫清三郎著，周启乾译：《日本政治史》第一卷《西欧的冲击与开国》，上海译文出版社，1982 年，第 4 页。

生丝220500公斤，而日本本土生丝产量在每年94500—12600公斤左右，缺口量在50%以上。[①]随着16世纪中期日本金属矿产，尤其是银矿开发带来的国家购买力的提升，对生丝的需求被加速扩展到海上贸易活动中。

美洲方面，随着16世纪西班牙对南美洲殖民地的开发，西属墨西哥地区（新西班牙）对于奢侈品，尤其是丝绸与呢绒产生了大量需求，并且普通民众拥有丝绸制品的情况也变得非常普遍，[②]因此，作为丝绸制品的原料，新西班牙对生丝的需求也具有奢侈品与社会必需品的双重性质。依托纵深宽广的殖民土地与以印第安人为主体的劳动力供给，新西班牙开展了本土的养蚕业，并于1533年与1548年分别于墨西哥城与普埃布拉（Puebla）开展了本土生丝制造与丝绸制造业，同时也维持着一定量的进口。[③]至1571年左右，丝织业已成为新墨西哥地区最重要的持久工业之一。[④]但在1570年代，由于蚕卵死亡率加大，本地养蚕业劳动力成本上升以及印第安人对殖民当局的反抗加剧等原因，新墨西哥的生丝制造业开始衰退，墨西哥本土的丝绸制造受到原料短缺的严重影响，[⑤]同一时期，随着南美洲银矿开发带来的购买力提升，以及西班牙的太平洋贸易的发展，美洲殖民地对生丝的需求也被释放到海上贸易活动中。

在东部亚洲海上贸易活动中，瓷器也是大宗贸易物品。根据牟晓琳的博士论文《海外需求对明清景德镇瓷器影响》对于明清时期海外瓷器需求的研究，瓷器的需求主要来自西亚、非洲阿拉伯地区，东亚与东南亚地区，欧洲地区与美洲地区。[⑥]在明代所处的14世纪末至17世纪初，对瓷器

---

① 陈小冲：《十七世纪上半叶荷兰东印度公司对华贸易的扩张》，《中国社会经济史研究》1986年第2期。梁灏、方蘇春：「17世紀から19世紀前半期の中国対日貿易に関する研究」，『聖泉論叢』，2017年第25号。

② Peter Boyd-Bowman，“Spanish and European Textiles in Sixteenth Century Mexico”，*The Americas*，Vol. 29，No. 3，1973.

③ Peter Boyd-Bowman，“Spanish and European Textiles in Sixteenth Century Mexico”，*The Americas*，Vol. 29，No. 3，1973.

④ Dennis O. Flynn and Arturo Giraldez，“Silk for Silver：Manila-Macao Trade in the 17th Century”，*Philippine Studies*，Vol. 44，No. 1，1996. 原文为：“one of the great permanent Mexican industries”。

⑤ Careyn Patricia Armitage，*Silk production and its impaction families and communities in Oaxaca*，*Mexico*，Dissertation，Iowa State University，2008.

⑥ 牟晓琳：《海外需求对明清景德镇瓷器影响》，中国艺术研究院博士论文，2014年。

的需求主要为奢侈品性质的需求，17 世纪初期开始，慢慢扩展为日常生活必需品需求。[①]虽然奢侈品的消费群体较小，但近来的考古发现，尤其是沉船考古的发现，表明瓷器在 14 世纪末至 17 世纪初东部亚洲海域也有非常大的交易量。[②]此外，作为调味品的香料是东南亚地区，尤其是马鲁古群岛地区的特产。明代中国与欧洲对香料的需求量很大。尤其是香料与欧洲的以肉类为主的饮食调味密切相关，因而西方对于香料的需求颇为强劲，随着新航路的开辟，欧洲市场对香料的需求直接被释放到东南亚地区。以购买力而言，这一时期，明代中国与欧洲是最具购买能力的地区。随着 16 世纪中叶白银矿产的开发，日本与西属墨西哥殖民地的购买力突然上升。这四个地区的需求也就构成了最有效的商品需求。

供给方面，14—17 世纪的东部亚洲，明代中国、日本、朝鲜、暹罗、安南均有生丝与瓷器的生产能力。但明代中国在生丝与瓷器生产规模方面具备明显优势，因而对于海上贸易活动而言，来自中国的生丝、瓷器等商品构成最有效的市场供给。由于胡椒、豆蔻等植物的生长特性等原因，马鲁古群岛无疑是香料的最为重要供给地。就明代中国而言，商业活动中的海上力量可以通过对其具有供给优势大宗商品的数量调节得以展现。1549 年，明朝政府完全断绝了与日本的官方贸易，也在同时期加强了海禁政策，这不但禁止了官方的对日商品出口，也极大限制了私人对日贸易。且在 1567 年隆庆开关后，明王朝依然拒绝与日本通贡，直接对日本的商品供给仍然被限制，但对东部亚洲海域其他地区的供给量增加。从中国获取贸易商品的长期减少，促使日本必须通过其他贸易方式以寻求物资。在同一时期，随着白银矿产的开采，日本成为 16—17 世纪东亚最大的产银国家，其在国际贸易中的购买力陡然增强，这使的日本有充足的经济实力寻求新的贸易方式。而日本白银的大量输出，也吸引着欧洲殖民者进入东亚海域

---

① 参见 Christine Ketel, Early 17th century Chinese Trade Ceramics for the Dutch Market: Distribution, Types and Consumption，收入《逐波泛海：十六至十七世纪中国陶瓷外销与物质文明扩散国际学术研讨会论文集》，香港城市大学中国文化中心 2012 年版，第 106—129 页。

② 可参见吴春明《古代东南海洋性瓷业格局的发展与变化》，《中国社会经济史研究》2003 年第 3 期。

与日本开展贸易。[①]而隆庆开关所带来的中国商品供给量增加，一方面使得欧洲殖民者和东南亚国家可以充当中日贸易的中间商，另一方面，也可以对接欧洲与美洲这两个最具购买力地区对中国商品的需求。于是，在明王朝对日出口限制的挤压作用下，日本积极开展了葡萄牙与西班牙的“南蛮贸易”和与荷兰、英国的“红毛贸易”，且16世纪末至17世纪初，也开始委派船只开展对东南亚地区的“朱印船贸易”[②]。欧洲殖民者也先后在东亚海域布局转口与进口贸易，这触发了东部亚洲海上贸易格局的变化。

16世纪早期，葡萄牙首先进入东南亚地区，在垄断香料贸易的同时，也以澳门为基地，充当中日贸易中间商，稍晚进入东南亚地区的西班牙也以马尼拉为基地，开展中日间的转口贸易。对葡萄牙与西班牙的贸易，被日本统称为“南蛮贸易”，对日本而言，“南蛮贸易的重要特征就是以中介贸易的形式填补了日中贸易衰退的空白”[③]，这是明王朝贸易政策挤压作用的表现。《剑桥欧洲经济史》中对葡萄牙与日本间的贸易活动描述为，“日本对中国工业品的急需同样使葡萄牙人赚钱。这两个帝国之间的直接贸易大约在1480年为明朝皇帝永远禁止，这是由于日本倭寇海盗在中国海岸的劫掠。走私无疑还在进行，但是，在官方贸易中葡萄牙人作为中间商拥有重要优势”，葡萄牙商船在澳门“装上丝织品、生丝和从广州购买的瓷器，这些货物都在长崎出售，通常都是用块银偿还”[④]。1608年，西班牙商船也进入日本长崎，开展了有限的对日贸易。17世纪初，荷兰与英国商船也进入日本开展贸易活动。在开放港口引进外贸活动的同时，16世纪末至17世纪初，日本也委派船只进入东南亚地区，开展“朱印船贸易”，主要由

① 日本学者速水融、宫本又郎在《日本经济史》中总结道，“实际上，从16世纪后半期到17世纪，日本是东亚最大的生产银的国家，大量的银通过各国商人运往亚洲各地，成为欧洲势力接近日本的目的”。见［日］速水融、宫本又郎编，厉以平等译《日本经济史》1《经济社会的成立（17—18世纪）》，生活·读书·新知三联书店1997年版，第20页。

② 朱印船贸易持续了43年，即1592—1635年。

③ 浅田毅衛：「鎖国政策下の日本貿易」，『明大商学論叢』，2000年第82卷第1号。原文为：“南蛮貿易は，日中貿易が衰滅しその貿易の空白を埋める仲介貿易を特徴として行われた”。

④ E. E. 里奇、C. H. 威尔逊主编，张锦冬等译：《剑桥欧洲经济史》第四卷《16世纪，17世纪不断扩张的欧洲经济》，经济科学出版社2003年版，第173页。1480年禁止与日本贸易恐是作者笔误。

长崎——澳门——暹罗与长崎——吕宋航路两条航路组成,[1]安东尼·瑞德将日本商船深入东南亚的原因总结为:“因为中国继续禁止与日本‘海盗’的贸易,东南亚的港口就成为必要的贸易中转站。在这里,日本人用白银换取中国的丝绸和东南亚的蔗糖、香料和鹿皮。这种贸易最大的受益港口是马尼拉和会安(海铺)”[2]。这是明王朝贸易政策挤压作用的又一表现。生丝,尤其是中国产生丝仍然为这两条贸易路线上的大宗采购物品。[3]自1580年代开始,西班牙所控制的马尼拉,就成为日本与中国商人交易的重要地区,[4]日本商人进入马尼拉,在销售日本本土商品后,主要回购黄金与生丝,[5]而“日本商船进入马尼拉购买并带回日本的生丝,是由中国商船运送到马尼拉的”[6]。朱印船的另外一条航线深入暹罗,主要的目的之一是进入东京湾与安南进行生丝贸易,中国与安南商人将各自的生丝与瓷器等物品转售日本商人,并收取白银与铜币。[7]日本颁布“锁国令”后,荷兰商人取

---

① 重藤威夫:「東南アジアと御朱印船貿易」,『長崎大学東南アジア研究所研究年報』,1968年第号。

② [澳]安东尼·瑞德著,吴晓安、孙来臣、李塔娜译:《东南亚的贸易时代:1450—1680年》第二卷《扩张与危机》,第20页。

③ 可参见John Villiers, “Silk and Silver: Macao, Manila and Trade in the China Seas in the Sixteenth Century”, *Journal of the Hong Kong Branch of the Royal Asiatic Society*. Vol. 20, 1980; Ubaldo Iaccarino, “Manila as an international entrepôt: Chinese and Japanese trade with the Spanish Philippines at the close of the 16th century”, *Bulletin of Portuguese-Japanese Studies*, vol. 16, 2008; Dennis O. Flynn and Arturo Giraldez, “Silk for Silver: Manila-Macao Trade in the 17th Century”, *Philippine Studies*, Vol. 44, No. 1, 1996. Hoàng Anh Tuấn, “Vietnamese – Japanese Diplomatic and Commercial Relations in the Seventeenth Century”, Masanari Nishimura, eds. *Cultural reproduction on its interface: from the perspectives of text, diplomacy, otherness, and tea in East Asia*, Institute for Cultural Interaction Studies, Kansai University, 2010, pp. 19–42.

④ Ubaldo Iaccarino, “Manila as an international entrepôt: Chinese and Japanese trade with the Spanish Philippines at the close of the 16th century”, *Bulletin of Portuguese-Japanese Studies*, vol. 16, 2008.

⑤ 同上,原文为:“Japanese trading ships which went to Manila and purchased raw silk from Chinese junks to bring back to Japan”。

⑥ Kurihara Fukuya(栗原福也), “Sevilla and Chinese Raw Silk”, Hitotsubashi Daigaku. Chichūkai Kenkyūkai ed. *Population Mobility In The Mediterranean World: Studies in the Historical and Contemporary Aspects*, Mediterranean Studies Research Group at Hitotsubashi University, 1982. P. 21.

⑦ 参见Hoàng Anh Tuấn, “Vietnamese – Japanese Diplomatic and Commercial Relations in the Seventeenth Century”, Masanari Nishimura, eds. *Cultural reproduction on its interface: from the perspectives of text, diplomacy, otherness, and tea in East Asia*, Institute for Cultural Interaction Studies, Kansai University, 2010, pp. 19–42。

代了葡萄牙的贸易地位，并继承了朱印船贸易的航线，与中国商人一起成为仅有的可以进入日本进行贸易的合法商人群体。而就日本与对中、荷的贸易数据而言，“生丝与丝织品分别占59.43%与21.13%，占总体进口量的80%以上”①。16世纪至17世纪初，日本大约每年进口生丝30—40万斤，其中直接由中国进口的生丝仍然占一半左右，②总体而言“17世纪中的日本贸易主要由输出银、输入生丝和丝织品这种模式构成”③。即便在日本锁国时期也不得不开放直接或间接的对华贸易，这是贸易活动中明代中国海上力量的体现。

美洲对中国商品的需求，主要由运送中国商品进入美洲的贸易活动而著称的“马尼拉大帆船贸易”（1565—1815年）进行，“大帆船贸易的基础中国丝绸与墨西哥白银的交换，中国丝绸在墨西哥是短缺商品，且如我们所知，白银在中国有着几乎无限量的需求”④。对西班牙殖民者而言，“中国商人的贸易，很快成了对菲律宾而言极为重要的事，也是西班牙长期占据菲律宾群岛的主要原因”⑤。生丝的大量进口，也进一步扩大了新西班牙对丝绸制品的喜爱，学者舒尔茨（William Lytle Schurz）在《马尼拉大帆船》一书中描述道，17世纪“在墨西哥，无论其经济水平、社会地位、种族背景，所有的人都穿着中国丝绸衣物”⑥。在大帆船贸易中，中国瓷器的量也非常大。⑦在日本禁止了与葡萄牙的贸易后，澳门的中国商品也

---

① Kurihara Fukuya（栗原福也），“Sevilla and Chinese Raw Silk”，Hitotsubashi Daigaku. Chichūkai Kenkyūkai ed. *Population Mobility In The Mediterranean World*：*Studies in the Historical and Contemporary Aspects*，Mediterranean Studies Research Group at Hitotsubashi University，1982. P. 19.

② 岩生成一：『朱印船貿易史の研究』，弘文堂，1958年。

③ ［日］速水融、宫本又郎编，厉以平等译：《日本经济史》1《经济社会的成立（17—18世纪）》，第23页。

④ John Villiers，“Silk and Silver：Macao，Manila and Trade in the China Seas in the Sixteenth Century ”，*Journal of the Hong Kong Branch of the Royal Asiatic Society*. Vol. 20，1980.

⑤ Ubaldo Iaccarino，“Manila as an international entrepôt：Chinese and Japanese trade with the Spanish Philippines at the close of the 16th century”，*Bulletin of Portuguese-Japanese Studies*，Vol. 16，2008. 原文为：“Chinese trade became，quickly，essential for the Philippines and represented in itself the main reason of Spanish permanence in the archipelago”。

⑥ William Lytle Schurz，*The Manila Galleon*，Historical Conservation Society，1985，p. 209.

⑦ 可参见 Richard C. Rudolph，“Chinese Armorial Porcelain in Mexico”，*Archives of the Chinese Art Society of America*，Vol. 15，1961；Teresa Chanpea，“The spanish trade in Kraak porcelain to the new world and its impact on the local ceramic industry”，*Revista de Arqueología Americana*，No. 32，2014.

被转运到马尼拉，形成了“澳门——马尼拉——阿卡普尔科航线”，中国商品被源源不断输送入美洲，以至于马尼拉大帆船又被称为“中国船”。①17世纪初，荷兰进入东南亚并逐步取代了葡萄牙的贸易地位，除转口中国生丝去日本外，也以台湾、巴达维亚为基地，转口生丝、丝绸与瓷器进入欧洲，特别是由荷兰转口至欧洲的中国瓷器数量开始大幅增长。② 在这些贸易活动中，中国商品均占主导地位，构成贸易活动的基础，贸易活动中的明代中国海上力量也由此展现。

货币结算体系方面，中国铜钱是中世日本（12世纪末至—16世纪中期）国内的主要通货，因而日本对中国铜钱有很大需求。总体而言，在中世时期日本国内货币流通几乎“完全依赖宋、元、明三朝的进口铜钱”③。中世日本一般将中国输入的铜钱称为“渡来钱”或“渡唐钱”，而中国铜钱的进口无疑与中日贸易密切相关。在12世纪末至14世纪的镰仓时代，日本国内许多税赋已用铜钱支付，在14至16世纪中期的室町时代，各种税收（年贡）都要用钱缴纳。④学者速水融在《日本经济史》中总结，“货币，尤其是钱币的供给，国内缺乏，要依赖输入，钱币的输入贸易曾是室町幕府的重要财源”⑤。进入战国时期（1467—1568年），日本各地大名推行了对于土地买卖与年贡缴纳均以铜钱结算的“贯高制”，更加大了日本社会层面对铜钱的需要。因而，日本的统治阶层与民间社会均对铜钱有着强烈的需求。室町时代的日本虽拥有铸币的原料与技术，但却没有铸造本土货币，彼时，在日本国内流通的铜钱，包括一部分8至10世纪本国铸造的皇朝钱、日本国内私铸铜钱，唐、宋、元、明各时代的中国钱，以及中

① 马尼拉大帆船贸易最早的代表著作是Schurz，William Lytle. *The Manila Galleon*. New York：E. P. Dutton & Co.，Inc.，1939. 之后相关著作与论文甚多，故不在此枚举。

② 参见全汉昇：《明清间美洲白银输入中国的估计》，《“中央”研究院史语所研究集刊》第六十六本第三分，1995年。

③ *The Cambridge History of Japan*，Vol. 4，*Early Modern Japan*，John W. Hall，ed. Cambridge University Press，1991. pp. 62. 原文为：“in medieval times，Japan relied entirely on imported Sung，Yuan，and Ming coins”。

④ 武田康：「日本の自然環境と国 際経営の史的特質」，『駒大経営研究』，1980年第11号。

⑤ ［日］速水融、宫本又郎编，厉以平等译：《日本经济史》1《经济社会的成立（17—18世纪）》，第12页。

国赝造的明钱（京钱），[①]对于彼时的日本各地的政治实体而言，拥有“已经流通了2个世纪的，大量的且被广为接受的中国货币”会使他们更加具备经济优势[②]。因而，室町时代的日本对于中国铜钱的需求也呈现出刚性特征。

1404年，明廷与日本正式建立了朝贡贸易关系，中国商品与货币也通过海上贸易进入日本。因为推行宝钞等多种原因，宣德之后的几十年，明政府不再铸造铜钱，一直到弘治十六年才恢复铜钱铸造。[③]由海上贸易渠道输入日本的明王朝铜钱数量减少，这对同时期日本国内货币流通造成很大压力。随着唐、宋、元时期的中国铜钱的磨损以及赝造铜币的增多，质量低劣的仿制、粗制“恶钱”使得国内货币市场出现紊乱，并威胁到幕府与地方大名的财政，以至于室町幕府与战国大名相继出台以“撰钱令”为代表的货币政策，以期稳定国内通货。然而，16世纪后半期，作为“渡来钱”的标准钱，永乐钱也开始磨损，使得以钱为价值基准的交易体系大大动摇，而作为替代货币的米和银被用作支付手段。[④] 这种问题随着日本在16世纪末金、银、铜开采量上升后才得以有效缓解，[⑤]最终，在加强国内货币铸造的基础上，江户时代的德川幕府确定了“三币制度”，日本国内的通货方得以稳定。

作为通货，明王朝的铜钱也在14—16世纪东南亚海上贸易中占有重要地位。东南亚地区，“15世纪，中国铜币成为了爪哇、马来亚、马鲁古（摩鹿加）群岛的主要货币”[⑥]，这些货币包括了唐、宋、元、明各时期的

---

① ［日］速水融、宫本又郎编，厉以平等译：《日本经济史》1《经济社会的成立（17—18世纪）》，第121页。

② *The Cambridge History of Japan*, Vol. 3, *Medieval Japan*, Kozo Yamamura, ed. Cambridge University Press, 1988. pp. 385 - 386.

③ 彭信威：《中国货币史》，上海人民出版社1957年版，第436—437页。

④ ［日］速水融、宫本又郎编，厉以平等译：《日本经济史》1《经济社会的成立（17—18世纪）》，第121—122页。

⑤ 鶴岡実枝子：「日本近世紙幣史管見」，『史料館研究紀要』第23号，1993年。［日］速水融、宫本又郎编，厉以平等译：《日本经济史》1《经济社会的成立（17—18世纪）》，第121页。

⑥ ［新西兰］尼古拉斯·塔林著，贺胜达等译：《剑桥东南亚史》第一卷，云南人民出版社2003年版，第380页。

中国铜钱，但随着前代铜钱的磨损，明代中国输入铜钱的重要性便日趋增大，与之相关的一个例证是，15 世纪中期，包括马六甲王国、爪哇、安南、琉球、朝鲜、日本都经历了“钱荒”，原因之一便是“明王朝停止了其货币铸，明朝政府不再铸造铜钱，而自 12 世纪起，中国制造的铜钱就是海上亚洲商品贸易的重要通货之一”①。16 世纪中后期，随着日本与美洲白银的进入，国际结算体系由铜本位主体转变为银本位主体，由明王朝货币政策引发的“钱荒”问题才得以最终解决。

贸易依存方面，东亚与东南亚许多国家对明代中国有很大程度的贸易依存，表现为明代中国的海上商业活动有带动作用，明王朝的紧缩贸易政策也对周边区域经济产生负面影响。东亚地区，日本发展出了一些与对中国贸易相关的商业城市，“室町时代已开展的对明代中国的贸易，使兵库、堺、博多等多个城市得以建立，以贸易异类经济活动为存在基础的新城市也在形成之中”②。琉球长期充当着东亚与东南亚国家间贸易的中间商角色，在优越的地理位置条件外，而这个角色与明代中国的朝贡贸易与海禁政策有着密切关系。安东尼·瑞德认为，在明王朝海禁时期，“当中国和东南亚的贸易无法直接进行时，琉球就充当了关键的掮客”③。日本学者高良仓吉认为，“明初由于明朝的朝贡政策和海禁政策限制中国商人活动，从而造成了东南亚与东亚海域间的交通不平衡，从而为琉球海外贸易的发展创造了有利条件”④。谢必震在《试论明代琉球中介贸易》一文中，统计了洪熙至嘉靖年间琉球与中国、朝鲜、日本以及东南亚诸国的贸易活动情况，“明代实施海禁政策最为严厉的阶段，既是中国海外贸易最为微弱的

① William S. Atwell, “Time, Money, and the Weather: Ming China and the ‘Great Depression’ of the Mid-Fifteenth Century”, *The Journal of Asian Studies*, Vol. 61, No. 1, 2002. 原文为：“One reason for Melaka's monetary difficulties at this time, also felt by Java, Vietnam, the Ryukyu Islands, Korea, and Japan, was that the Ming government had closed its mints in 1433. The Ming government was no longer producing the copper cash that had been one of the key media of exchange in maritime Asia since at least the twelfth century”。

② ［日］速水融、宫本又郎编，厉以平等译：《日本经济史》1《经济社会的成立（17—18 世纪）》，第 12 页。

③ ［澳］安东尼·瑞德著，吴晓安、孙来臣、李塔娜译：《东南亚的贸易时代：1450—1680 年》第二卷《扩张与危机》，第 16 页。

④ ［日］高仓良吉著，芦荻译：《琉球的时代——伟大历史的图像》，联经事业出版社，2018 年，第 25—26 页。原书『琉球の時代——大いなる歴史像を求めて』首版于 1980 年由筑摩書房出版。

阶段，也是琉球中介贸易最为鼎盛的时期”①。尤其是日本对中国商品的需求，很大程度上通过与琉球的转口贸易而得到满足。16 世纪，随着欧洲殖民者进入东亚海域，琉球的中间商角色被取代，琉球的海上贸易开始衰落。

东南亚海域联通着印度洋与东亚海洋两个贸易区域。与东亚海域相比，东南亚地区的贸易主体更加多源，商品种类也更加多样。但明代中国是东南亚地区最为重要的产品销售市场，也带动了东南亚制造业的发展与商业城市的兴起。以东南亚地区最为大宗的胡椒贸易为例，“1400 年前后（适应中国市场新的巨大需求），印度的胡椒藤从印度南部大量运往北苏门答腊，开始成为东南亚最大的出口商品”②。对城市与制造业的刺激方面，15 世纪中期以来，马六甲、会安港以及暹罗阿瑜陀耶都发展成为重要的国家贸易城市，他们都与中国有着贸易关系（有时是政治贸易），他们的发展基于当地的以福建人为主的华人社区的商贸活动。③ 14 世纪，拥有丝织品以及瓷器制造业的安南已经成为具有地区影响力的外贸国家，学者黄英俊（Hoàng Anh Tuấn）认为：“在明朝海禁时期（1371—1567）安南的丝绸制品与瓷器在地区以及国际市场的出口就已经具备了一定规模”，并且“明王朝的海禁政策也许是 16 世纪安南丝绸与瓷器产品出口量扩大的一个刺激因素”④。1351 年，暹罗阿瑜陀耶王国在中南半岛南部建立，而海上贸易是阿瑜陀耶王朝兴盛的重要原因。⑤阿瑜陀耶王朝与明王朝保持了良好的关系，也广泛吸纳来自中国的商人与移民，以充实自身航海技术与贸易

---

① 谢必震：《试论明代琉球中介贸易》，《南洋问题》1986 年第 1 期。

② ［新西兰］尼古拉斯·塔林著，贺胜达等译：《剑桥东南亚史》第一卷，第 380 页。

③ Craig A. Lockard, “The Sea Common to All: Maritime Frontiers, Port Cities, and Chinese Traders in the Southeast Asian Age of Commerce, ca. 1400 – 1750”, *Journal of World History*, Vol. 21, No. 1. 2010.

④ Hoàng Anh Tuấn, “Early modern Vietnamese commodity expansion in global perspective”, Ooi Keat Gin and Hoàng Anh Tuấn, eds. *Early Modern Southeast Asia, 1350 – 1800*, Routledge, 2016, p. 105. 原文为：“it is popularly assumed that, under the Chinese Ming's Haijin (“Ocean Forbidden”, 1371 – 1567), Vietnamese silk, together with ceramics, was alternatively exported to regional and international markets on a relatively large scale”, “Ming China's maritime embargo might have stimulated the sixteenth-century expansion of Vietnamese export products such as silk and ceramics”。

⑤ Chris Baker, “Ayutthaya Rising: From Land or Sea?” *Journal of Southeast Asian Studies*. Vol. 34, No. 1. 2003.

实力,[①]其海上贸易逐渐覆盖了自阿拉伯、印度以至日本的广大地区，并扩展至欧洲。[②]阿瑜陀耶外贸出口的最重要商品的印度丝织品与中国瓷器,[③]阿瑜陀耶王朝本身也有瓷器制造业，并且，在“明代空白期”，“泰国与越南的瓷器部分弥补了东南亚市场上中国瓷器出口的萎缩”[④]。1402 年，横跨马六甲海峡的马六甲王国（明朝称之为满剌加）建立，印度的布匹、中东的书籍、摩鹿加群岛的香料、中国的丝绸与瓷器以及菲律宾的糖都在马六甲城集散,[⑤]“对整个东南亚而言，中国均是 1400 年代的主导性贸易伙伴，马六甲也不例外。在中国的影响下，1403 至 1430 年是马六甲的繁荣扩张期”[⑥]。总体而言，“阿瑜陀耶、马六甲、巴塞、文莱、锦石和淡目这些贸易城市早期的繁荣都部分归因于 15 世纪早期中国船队在这些地方停泊贸易”[⑦]，并且，“17 世纪以前，中国无疑是东南亚产品最重要的市场”，“尽管印度作为一个贸易伙伴对东南亚来说几乎同样重要，但中华帝国对南洋贸易政策的突然转变却总是导致东南亚贸易出现重大断层的主要原因”[⑧]。

---

① Charnvit Kasetsiri, “Ayudhya: Capital-port of Siam and its ‘Chinese Connection’ in the fourteenth and fifteenth centuries”, *Journal of the Siam Society*, Vol. 80, No. 1, 1992.

② Bhawan Ruangslip, “The Phrakhlang Ministry of Ayutthaya: Siamese instrument to cope with the early modern world”, Ooi Keat Gin and Hoàng Anh Tuấn, eds. *Early Modern Southeast Asia*, 1350 - 1800, 2016.

③ Craig A. Lockard, “The Sea Common to All: Maritime Frontiers, Port Cities, and Chinese Traders in the Southeast Asian Age of Commerce, ca. 1400 - 1750”, *Journal of World History*, No. 2, Vol. 21, 2010.

④ Thorsten Giehler, “The Ceramics of Eurasia, How Export Porcelain Has Shaped a Globalized World”, *International Monetary Review*, Vol. 6, 2019. 原文为：“During that period Thai and Vietnamese ceramics have partly compensated the shrinking export volumes of Chinese ceramics in the South East Asian markets”。

⑤ Craig A. Lockard, “The Sea Common to All: Maritime Frontiers, Port Cities, and Chinese Traders in the Southeast Asian Age of Commerce, ca. 1400 - 1750”, *Journal of World History*, No. 2, Vol. 21, 2010.

⑥ Robert W. McRoberts, “A study in growth: an economic history of Melaka 1400 - 1510”, *Journal of the Malaysian Branch of the Royal Asiatic Society*. Vol. 64, No. 2, 1991. 原文为：“China was for Melaka, as for all of southeast Asia, the dominant treading partner in 1400. Under the Chinese influence, the period 1403 to 1430 was one of expansion for Melaka”。

⑦ ［澳］安东尼·瑞德著，吴晓安、孙来臣、李塔娜译：《东南亚的贸易时代：1450—1680年》第二卷《扩张与危机》，第 13 页。

⑧ ［澳］安东尼·瑞德著，吴晓安、孙来臣、李塔娜译：《东南亚的贸易时代：1450—1680年》第二卷《扩张与危机》，第 11 页。

（二）明代中国与东部亚洲海域的贸易秩序

14 世纪末至 15 世纪初，由明王朝建立的朝贡贸易体系，无疑是东部亚洲海域最重要的国际贸易秩序。学者一般认为明王朝在朝贡贸易中承担了很大的经济损失。但从国际贸易秩序的角度而言，这些损失也体现着明王朝对创建和维持朝贡贸易体系的投入，而稳定的贸易秩序是支撑商业活动的必要条件。而朝贡贸易体系是东部亚洲海域的国家间关系的重要基础，滨下武志认为："以中国为核心的与亚洲全境密切联系存在的朝贡关系即朝贡贸易关系，是亚洲而且只有亚洲才具有的唯一的世界体系，必须从这一视角出发，在反复思考中才能够推导出亚洲史的内在联系"①。14 世纪末至 15 世纪初的东部亚洲海域国家间关系也以朝贡贸易体系为其重要的内在联系条件。

15 世纪中叶，随着明朝政策的内向转变，朝贡体系及其连带的朝贡贸易的规模与影响力也随之减弱，晁中辰在《明代海禁与海外贸易》一书中认为，"宣德时期，朝贡贸易的盛期已经过去"，并且"正德时开始对番货'抽分'，实际上就是允许朝贡以外的部分私人贸易活动的存在。于是借朝贡而进行的贸易活动的重要性大大降低"，"明朝后期，尤其是隆庆元年部分开放海禁后，私人贸易得到蓬勃发展，朝贡贸易体制遂趋于瓦解"②。明代中后期，明王朝仅保留了与琉球、暹罗等少数国家有限的朝贡贸易。而朝贡贸易的衰落，也使得东部亚洲海洋的贸易秩序发生了变化。日本学者岩井茂树与上田信较早提出了"互市体制"的概念，认为自 16 世纪开始，东亚与东南亚地区海上贸易秩序逐渐由"朝贡贸易"转向"互市体系"③。中岛乐章将明中后期以降的东亚和东南亚海上贸易秩序归结为四种因素，

① ［日］滨下武志著，朱荫贵、欧阳菲译，虞和平校订：《近代中国的国际契机——朝贡贸易体系与近代亚洲经济圈》，第 30 页。

② 晁中辰著：《明代海禁与海外贸易》，人民出版社 2005 年版，第 59 页。

③ 见岩井茂樹：「十六世紀中国における交易秩序の模索——互市の現実とその認識へ」，岩井茂樹編『中国近世社会の秩序形成』，京都大学人文科学研究所，2004 年；以及上田信：『海と帝国—明清時代』（中国の歴史 9），講談社，2005 年。

即朝贡、互市、往市与走私贸易。[①]而互市、往市与走私贸易的日渐重要，均标志着新的贸易力量在海上亚洲的兴起。多样的海上贸易因素也催生了多样的海上商人。李伯重在《多种类型，多重身份：15至17世纪前半期东亚世界国际贸易中的商人》一文中，将15至17世纪东亚国际贸易中的商人分为官商、私商与军商三大类，其中官商包括国家政府（或部族政权）派遣的或得到国家（部族政权）授权的与外国进行贸易的商人，包括在仍在朝贡贸易体系下进行商业活动的商人；私商包括以和平手段参与外贸以及亦商亦盗的商人，包括福建等地海商，以及海盗、倭寇等；军商包括得到以及没有得到本国政府支持的“军事——商业复合体”中的商人，如荷兰东印度公司以及郑氏集团，总体而言，在15—17世纪的东亚世界的国际贸易中，官商的地位和作用趋于下降，私商不断发展，而军商力图建立国际贸易秩序。[②]

大航海时代开启了东部亚洲海上贸易的新局面。随着西方殖民船队到来的还有欧洲对东亚商品的巨大需求，尤其以对香料的需求最为明显。“在15世纪香料贸易繁荣之前，大概只有不到十分之一的马鲁古香料出口到欧洲。到了15世纪90年代，欧洲所占的份额有可能到四分之一”，到16世纪后半叶，欧洲的进口份额该至少有四分之一，“在17世纪，荷兰人估计，在马鲁古向全世界供应的香料中，欧洲人占去三分之一到一半的份额”[③]。这种巨大的需求增加了东南亚商品的稀缺性，从而刺激了东南亚海域的贸易竞争。欧洲商人并没有带来可以在东部亚洲海域有广泛销售市场的商品，所以殖民者主要以嵌入亚洲原有海上贸易体系的方式获取利润，嵌入的方式便是以武力控制商品生产地与贸易路线，控制商品流转过程，从而构建有利于殖民者自身的贸易秩序，而以武装控制制海权就成为这种贸易秩序构建的关键。庄国土《17世纪东亚海权争夺及对东亚历史发展的

① 中島樂章：「14—16世紀，東アジア貿易秩序の変容と再編——朝貢体制から1570年システムへ」，『社会経済史学』，2011年76卷4号。其中“往市”贸易指的是商人的出海贸易。

② 李伯重：《多种类型、多重身份：15至17世纪前半期东亚世界国际贸易中的商人》，《南京大学学报》2016年第1期。

③ ［澳］安东尼·瑞德著，吴晓安、孙来臣、李塔娜译：《东南亚的贸易时代：1450—1680年》第二卷《扩张与危机》，第20—21页。

影响》一文中提到“17 世纪的东亚海域，海权目标集中体现在以武力实施对海域贸易权的追求和控制。大体而言，15—16 世纪是东亚的自由贸易时代，虽或有为争夺商品或市场的武力冲突，但贸易竞争大体以市场手段进行。欧人东来后，拉开了争夺东亚海权的序幕，其手段一般为：武装掠劫商船和控制主要航道，攻占重要贸易港口，武力占领或控制核心商品产地或交易中心，直接发动对贸易对手的战争等”①。1511 年，葡萄牙占领了马六甲，并且在澳门建立据点，也深入东亚海域与日本建立贸易关系；16 世纪下半叶，西班牙占领菲律宾群岛，开启了 200 余年的马尼拉大帆船贸易，同时也在台湾建立殖民据点；16 世纪末，荷兰殖民者进入了爪哇，驱逐葡萄牙势力，并逐步建立了以巴达维亚为中心的殖民地的同时，17 世纪初，荷兰北上驱逐了西班牙在中国台湾的势力，并与日本建立贸易联系。16—17 世纪，东南亚海域的国际贸易秩序的主导权，开始逐渐过渡到欧洲殖民者手中，这是与东南亚的殖民化过程同步进行的。随着殖民势力的北上，以武力争夺制海权的方式也蔓延到东亚海域。于是，东部亚洲海洋的贸易秩序成为各种海洋贸易势力武装竞逐的焦点。

同样在 16 世纪，随着明王朝海禁政策的松弛，特别是 1567 年隆庆开关，明王朝的私人海商来越多的重返海上贸易，参与到贸易竞争中而面对海上贸易的暴力因素，“中国海商的因应对策，首先是组成武装海商集团，如李旦、郑芝龙、林道乾、林风、刘香等部；其次是寻求中国大陆之外的贸易基地，如李旦于日本、郑芝龙于日本、中国台湾，林道乾于马来半岛的北大年，林风前往菲律宾等”②。同时，中国海商也提升了自身的武装能力。陈支平在《从世界发展史的视野重新认识明代历史》中提到：17 世纪“中国沿海从事海上贸易活动的商人集团，就已经充分认识到西方军事武器上的优势，并奋起直追，想方设法通过购买、仿造、缴获等种种途径改造自己的军事技术，在很短时间内，迅速把自己的海上舰队建设成一支足以与西方殖民者相抗衡的强大力量”③。武装力量的提升使得中国海商有能

① 庄国土：《17 世纪东亚海权争夺及对东亚历史发展的影响》，《世界历史》2014 年第 1 期。
② 庄国土：《17 世纪东亚海权争夺及对东亚历史发展的影响》，《世界历史》2014 年第 1 期。
③ 陈支平：《从世界发展史的视野重新认识明代历史》，《学术月刊》2010 年第 6 期。

力直接与殖民者开展海上贸易秩序的竞争，最终，郑氏集团在东亚海域异军突起。

在崇祯元年接受了明朝政府的招安后，崇祯六年，郑氏集团在金门料罗湾击败荷兰人，迫使后者与郑氏集团签署海上贸易协议；崇祯八年，在广东海丰田尾洋击败了最后一支颇具势力的刘香海盗集团，崇祯十二年，在福建湄洲洋再次击败荷兰殖民者。从而“郑芝龙成为东方海上世界的强权人物，以强大的武装力量和雄厚的资本在国际市场上与荷兰、日本以及东南亚各国的竞争中胜出”①。完成了清剿海寇与击退荷兰殖民势力的战争后，东部亚洲海洋各种贸易势力的范围得到暂时稳定，具体而言“17 世纪 30—80 年代初，台湾海峡以北的东亚海域和中国东南沿海，郑氏确立了制海权。在台湾海峡以南和中国南海范围，在郑氏旗下的中国海商与荷人、西班牙人既有合作又有竞争。荷印公司牢固掌握马鲁古群岛海域、爪哇海、巽他海峡和马六甲海峡的制海权，马六甲海峡以西通西南亚和欧洲的航线则完全由殴人掌控。在货源方面，丝绸、瓷器和印度支那半岛的土产基本由郑氏集团掌控，香料和群岛热带产品的货源则主要由殴人掌控”②。在稳固了制海权后，郑氏集团也进一步组建了自己的贸易管理网络。在郑氏集团的管理下，中国东南沿海贸易商人被划分为以金、木、水、火、土为名的“五行”陆商和以仁、义、礼、智、信命名的“五常”海商。“陆路各商领得公款购妥货物，运交海五商后至公库结账，再领款购货；海五商接货后交船，船将货售出后将款交与公库”③。出海商船许携带“石井郑府”令牌，并以此为依据对其控制海域商船征税并提供保护。“这种贸易形式，实际上是对明代后期以来民间海外贸易中铺商与船商组织形式的发展”④。由此，明代民间海商对于海上秩序的构建通过郑氏集团最后完成。

① 万明：《商品、商人与秩序——晚明海上世界的重新解读》，《古代文明》2011 年第 3 期。

② 庄国土：《17 世纪东亚海权争夺及对东亚历史发展的影响》，《世界历史》2014 年第 1 期。

③ 南栖：《台湾郑氏五商之研究》，选自《台湾郑成功研究论文选》，福建人民出版社 1982 年版，第 199 页。

④ 聂德宁：《明清之际郑氏集团海上贸易的组织与管理》，《南洋问题研究》1992 年第 1 期。

五　余论：明代中国海上力量的形成问题

在国际事务的、军事的和贸易的海上力量问题之外，笔者认为，一个值得关注的问题是明代中国海上力量的形成问题。明代中期，中国所主导的东部亚洲海上朝贡体系开始萎缩，沿海卫所军事力量也趋废弛，明王朝的支持与否是个决定因素。但在缺乏明廷的支持，甚至是在明朝政府的打击之下，明朝私人海商仍能够发展壮大，以致主导东亚海上贸易秩序。对比由欧洲进入亚洲海域的殖民者而言，在远隔重洋的条件下，欧洲国家也很难在具体的活动中给予殖民者直接及时的支持，但葡萄牙、西班牙与荷兰殖民者仍可以16—17世纪先后在东南亚建立起海上霸权。因此，笔者认为在14世纪末至17世纪初的东部亚洲海域，海上力量的形成背后有一些必要条件，国家的支持使得其中一些条件得到满足，因此加速了海上力量形成速度或扩大了海上力量的规模。然而，在当时的历史背景下，海上力量的形成的条件也可以由其他方式加以获取，所以，缺少国家支持的海上势力也有机会做大。因此，梳理这一时期明代中国海上力量形成的所需要的条件，以及条件间的相互关系，可以看到驱策明代中国海上力量浮沉的背后动力。

笔者认为，海上力量的形成，必须满足技术的、军事的与经济的三方面条件，并且，三方面条件的同时满足，才可以使得海洋成为一种可持续开发利用的资源。并且，对一个国家而言，如果不能把海洋加以有效利用，海洋便会成为对国家与社会的威胁，对于明代中国而言尤其如此。技术条件包括海船制造与海上驾驶两个主要方面。军事条件要求必须具备海上作战的能力，经济条件要求具备利用海洋产出资源的能力，如海洋渔业与海上商业等。从这三方面条件的相互关系看，技术、军事与经济条件在海上力量的形成过程中是相互支撑的。技术条件使得进入海洋成为可能，军事条件提供进入海洋的安全保障，经济条件保证海上活动是一种资源产出性活动，而不是消耗性活动，海上经济活动的开展需要海上技术条件提供航行支持和海上军事条件提供安全保障。单纯的技术活动与军事活动都是资源消耗性活动，从这些特性来看，如果海上经济活动所生产的资源量需达到除弥补海上经济活动本身的消耗，且补偿技术与军事保障的需要外，还有较大的剩余，那么便构成了形成海上力量的经济条件。明代中国所可以开展的海上经济活动只有海上的渔业与海上商业两个主要部分，从资源生产能力角度看，海上渔业的生产能力有限，而海上商业是可以产生巨大资源产出的经济活动。因而，明代中国的海上力量形成，根本上要看海上商业活动的开展情况。

以这三个条件为基础，可以看到明朝政府与民间社会对这三方面条件掌握程度是不同的。航海技术扎根在民间社会中，掌握在具备造船与航行技术的民众身上；海上商业活动也以民间社会中的私人海商为主体展开。而明朝政府主要掌握着海上军事力量。明代早期，三者得以在明政府的主导下结合，明王朝的海上力量就得以整体上升，明政府也可以将之运用到政治领域，参与海上政治性的国际事务，并主导东部亚洲海域的朝贡体系。而朝贡体系本身的经济缺陷，并且海禁政策严厉打压了私人海上活动，这不仅严重压缩了海上商业活动的产出能力，也最终导致了海上军事力量的衰落，明朝廷丧失了进行远海军事投放的能力。明代中后期，明王朝的私人海商通过自身力量整合了航海技术、商业与军事条件，发展出了较为独立的海上力量。晚明时期，与西方殖民者相比，明代中国在商业能力与军事技术上并不落下风，且在东部亚洲海域的有限地理空间内，欧洲殖民者的航海技术并不较中国私人海商集团的航海技术具有优势，这就使得晚明的私人海商在一定时期内具备了可与明朝政府与西方殖民者抗衡的海上力量。

（作者单位：浙江大学人文学院历史系）

《明史稿》疏谬考辨一则

李肖含

王鸿绪《明史稿》志第十八地理一“凤阳府”条载：“太祖初起于此，吴元年升为临濠府，洪武二十年升为中都，改府为中立府，七年改为凤阳府”①，时间顺序错乱，不合情理，疑误。对此问题，学界目前尚未有人论及。

今查张廷玉《明史》卷四十志第十六地理一“凤阳府”条载：“太祖吴元年升为临濠府。洪武二年九月建中都，置留守司于此。六年九月曰中立府。七年八月曰凤阳府。”②

再查《明太祖实录》卷四十五，洪武二年九月癸卯条载：“诏以临濠为中都。”③ 卷八十五洪武六年九月壬戌条载：“改临濠府为中立府，临濠大都督府为中立行大都督府，命参政丁玉署府事，江阴卫指挥同知朱辅佐之。”④ 卷九十二洪武七年八月庚子条载：“改中立府为凤阳府，析临淮县之太平、清乐、广德、永丰四乡置凤阳县。”⑤

由此可知，临濠府升为中都应在洪武二年九月，改为中立府应在洪武六年九月，再改为凤阳府则在洪武七年八月。王鸿绪《明史稿》所载“洪武二十年升为中都，改府为中立府，七年改为凤阳府”确误。“洪武二十

① 王鸿绪：《明史稿》（敬慎堂刊本）《地理一》，文海出版社1962年版，第一册，第349页。

② （清）张廷玉：《明史》卷四〇《地理一》，中华书局1974年版，第912页。

③ 《明太祖实录》卷四五，洪武二年九月癸卯条。

④ 《明太祖实录》卷八五，洪武六年九月壬戌条。

⑤ 《明太祖实录》卷九二，洪武七年八月庚子条。

年”应为“洪武二年”，而“改府为中立府”的具体年份则阙载。

查万斯同《明史》卷七十九地理一“凤阳府”条载：“太祖初起于此，吴元年复升为临濠府，洪武二十年又升为中都，改府为中立府，七年又改为凤阳府。”[①] 则知万斯同《明史》所载已误。王鸿绪以万斯同《明史》为蓝本修《明史稿》，却又未能细核《明太祖实录》等史料，因而致误。

（作者单位：中国社会科学院大学历史系）

① 万斯同：《明史》卷七九《地理一》，上海古籍出版社 2002 年版，第二册，第 353—354 页。

《国榷》撰误辨析一则

李肖含

明末谈迁所撰《国榷》卷十二，惠宗建文四年（1402）八月癸亥条载："晋王济熺来朝。衍圣公孔鑑卒。"①而（嘉靖）《阙里志》卷二《世家》却载："五十八代公鑑，字昭文，生而岐嶷，长孟端谨……嗜学尤笃，三十五年（1402）四月五日以疾卒，年二十三。"②对同一个人去世时间的记载，竟然相差四个月，颇令人疑惑。

今查曾与孔鑑同朝为官的杨士奇所撰《五十八代袭封衍圣公孔公墓表》载："公讳公鉴，字昭文，姓孔氏，宣圣五十八代孙，而世为嫡……又明年，以疾终，壬午（1402）四月五日也。年才二十有三，远近闻者，无问识不识，咸共悼惜。太宗皇帝初临，御遣使赐祭。"③文中对孔鑑去世时间的记载可以与（嘉靖）《阙里志》中的记载相互印证。而此墓表与（嘉靖）《阙里志》的成书时间均早于《国榷》，由此可知，《国榷》卷十二中关于第五十八代衍圣公孔鑑去世时间的记载有误。

另据《明太宗实录》洪武三十五年八月癸亥条载："晋王济熺来朝……袭封衍圣公孔鉴卒，讣闻辍朝一日，遣行人亢诚赐祭。鉴，先圣贤五十八代孙也。"④ 由此可知，孔鑑去世的时间应为洪武三十五年（1402）四月五日，而洪武三十五年八月癸亥应是其去世的讣闻到达朝廷，明太宗

① 谈迁：《国榷》卷一二，惠宗建文四年八月癸亥，中华书局 1958 年版，第一册，第 874 页。

② 陈镐：《阙里志》卷二《世家》，明嘉靖刻本，第 97—98 页。

③ 刘岩、鲁凤：《孔林的历史与今天》，中国社会出版社 2011 年版，第 369—370 页。

④ 《明太宗实录》卷一一，洪武三十五年八月癸亥。

辍朝一日，并遣使赐祭的时间。谈迁在编纂《国榷》时，“遍考群籍，归本于实录”①，或未参考《阙里志》等史料，因而误将洪武三十五年八月癸亥当成了衍圣公孔鑑去世的日期。

（作者单位：中国社会科学院大学历史系）

① 谈迁：《国榷》，《义例》，中华书局1958年版，第一册，第8页。

评何幸真《殇魂何归：明代的建文朝历史记忆》

曹可寒

明朝初年的“靖难”之役，结束了建文帝朱允炆登极方四载的统治，其叔父朱棣如愿夺得皇位，改元永乐，成为日后的明成祖，从此扭转了大明帝国此后的发展方向。成王败寇，取得了历史解释权的成祖为了掩盖叔夺侄位的事实，下令革除建文年号，并采取了种种政治、文化上的措施企图扭曲、篡改乃至抹除掉建文一朝的历史。然而事与愿违，虽然终明一代，建文历史作为政治禁忌的阴影都挥之不去，但对于相关议题的讨论和书写从未彻底湮灭，甚至步入与成祖预期截然不同的方向，成为政治力量操控集体记忆的一个失败例证。《殇魂何归：明代的建文朝历史记忆》一书即基于此背景展开研究。

是书由台北秀威资讯科技有限公司出版于2020年3月，作者何幸真为台湾师范大学历史学系学士、硕士，现为台湾大学历史学系博士生，是书即据作者获得“郭廷以先生奖学金”奖助的硕士论文《明代建文朝历史记忆》修订出版，为“台湾师范大学历史研究所专刊”第42号。在作者眼中，建文帝本人在建文四年（1402）南京城破的那一刻便已退下历史舞台，随之代替他影响历史的，其实是后世想象与记忆的产物。[①] 因此是书虽名以“建文”，却并非欲还原建文一朝的历史，实际关注的是建文以后，

① 何幸真：《殇魂何归：明代的建文朝历史记忆》，秀威资讯科技有限公司2020年版，第7页。

自永乐至南明时期，明人对建文朝历史记忆的形塑与演变。换言之，是书可划分至近百年来在西方学界方兴未艾的记忆研究领域。

是书除绪论和结论外共分四章，以时序为分期，分别以靖难后至弘治年间（1402—1505）、正德至嘉靖年间（1506—1566）、隆庆至万历年间（1567—1620）、泰昌至南明政权（1620—1662）为四个阶段，探讨不同阶段建文朝历史记忆的发展情况，并尤其注重官方论述与民间记忆之间的互动。第一章“由暗化明”，“暗”即指永乐年间官方政治力量对建文历史记忆的革除、扭曲和隐没，然而民间记忆在这一万马齐喑的背景下，借由口述或较为简略模糊的记载顽强地进行传承，并抓住成祖死后政治弛禁之机会，以书写、祭祀、补辑文稿等纪念行为强化和延续相关记忆，乃至与官方论述分庭抗礼。然而，成祖一系的统治合法性仍不容触犯，永乐后的弛禁和宽赦仍是有限的，因此呈现出调和对靖难历史冲突的叙述的态势，这一调和的倾向实际也贯穿了明朝对于这一议题讨论的始终。

从洪熙朝到弘治朝，官方态度虽几经转变，但大体上可谓渐趋宽松，因此纂修建文朝史的倡议和尝试也趁势而起。正德、嘉靖时期，既是明代建文朝历史记忆相关书写的第一波高峰，亦是建文殉臣祭祀逐渐普及于各地的时期。是书第二章“真相与想象”，即以正德到嘉靖年间历史重建兴起为背景，首先探讨了这一现象的产生原因和具体成果，如建文帝出亡传说在此时建立起了大致的架构，开始出现具有明确体例的建文朝专史等。作者指出，这一时期野史写作虽然成果丰硕，但究其内容，并不完全是对历史真相的还原，而是存在着许多想象的成分。这一方面与经过永乐朝的查禁打压后，建文朝史料缺乏，相关历史图景存在着大量难以填补的空白有关；另一方面未尝不是民间对官方史学扭曲事实行为的抗议；同时亦应受到了明代中叶以降文坛博洽尚奇、关怀乡土风气之影响。而文人地方意识的强化和教化的现实需要，又推动建文忠臣事迹被大量写入方志，甚至普遍奉入地方专祠祭祀，成为地方记忆和认同的一部分。[①] 随着对史料的挖掘，一个“建文忠臣”的群体被逐渐建立起来，并在以后的时间里依据人们的现实需求一直不断扩大和形象改写。

① 何幸真：《殇魂何归：明代的建文朝历史记忆》，第134页。

建文忠臣们已逐渐得到宽赦和恤录旌表，诸忠之主建文帝本人的历史地位却由于对永乐一系政权合法性的威胁而迟迟得不到恢复。第三章“积淀与再生”，即以对这一困境的讨论为开端。而经由明代士人的长期搜罗积累，关于建文朝的相关记载在万历年间已呈现出众说纷呈、信息庞杂之景象，正史纂修计划的开展和中断，更是刺激了时人私纂国史和考证辨伪的活动，掀起明代第二波纂修建文朝私史的热潮。他们在企图调和靖难历史叙述的同时，亦在不断“再生”出符合当时意识形态和政治需求的认知和叙述。作者通过爬梳史料深入分析，有力地指出：无论是对靖难历史地景的建构，还是对建文忠臣后裔的认证与宣传，“真相”往往不是主事者最优先的考量。透过此类建置、行动或文本达到激励忠节、裨益风教的实效才是当务之急。[①] 这一“宁存忠义美事”的出发点使他们会为一些明知荒诞无稽的故事背书，帮助其流传。

明代晚期，帝国面临着内忧外患、秩序崩解的危机，建文朝的历史记忆书写进入一个“逐渐失控”的阶段，此前点燃的星星之火，在泰昌以降渐有燎原之势。原本存在于政治决策和历史论述中的限制在渐渐消失，部分人将对建文君臣的崇升，视作褒扬忠义、挽救时局的可能之道。第四章“野火燎原”，即首先讨论这一时期官方崇祀建文殉臣及南明政权终于恢复建文帝地位的情况。其次透过该时期南京表忠祠的重建、壬午殉难纪念景点的增添、《宁海县志》的编纂等晚明士人在建文朝历史记忆纪念和书写上的几个面向，探讨明末纪念活动与当时时局和士人心理的关系。此后，作者将目光聚焦于因晚明《致身录》《从亡随笔》等伪书的流传而引起的建文帝出亡故事的再塑，这些附会伪托出于标榜乡土的目的被地方记忆全盘吸收，甚至逐渐变为主流记忆。最后讨论了当时一种将甲申国难视作靖难果报的认知，佐以明遗民后续对靖难的历史评判，企图从中探析亡国之痛对当时建文朝历史记忆造成的影响。

总的来看，随着时间推移，官方对建文历史记忆的控制是一个力度逐渐减弱，政治禁忌逐渐缓解的过程。然而，作者在整体论述中一直强调的是，建文历史记忆逐步挣脱政治禁忌发扬传布的经历绝非一个正向的，越

① 何幸真：《殇魂何归：明代的建文朝历史记忆》，2020 年，第 356 页。

发接近“真相”和“正义”的过程。明代士人进行建文朝书写和纪念活动的动机，即便存在重建历史事实的企图，但在更大程度上一定是在为当代的需求服务，因而充斥着各种扭曲、嫁接和符号化的倾向。例如为了实现褒扬忠义、教化风俗之目的，对建文殉臣相关记载皆以靖难之役和壬午殉难为重心，对“忠臣”形象的无限强调，使得与此无关的信息被逐渐遗忘，对建文诸臣的相关记忆和认知最终趋于单调化，而当时的一批隐遁之臣，亦从嘉靖前的不被提及，逐渐被“制造”入建文帝出亡的传说中。皇帝对于建文朝历史记忆态度的转变亦始终因应其政治需要，典型例子如英宗在正统和天顺不同时期对建文朝历史的态度变化；[①] 世宗对建文朝历史的格外敏感等。[②] 当然他们无论出于何种目的的政治举措，亦都会被人们往自身需要的方向进行解读。建文朝的历史记忆，已经发展成了一种为当代人建构特定论述、谋求特定目的而提供依据的“话语”。而各方在这一历史场域中相互角力的胜败消长，又可视作明人认知自身处境、建立自我认同的深层反映。

是书利用了不少吴德义教授关于建文史学的研究成果，吴著《政局变迁与历史叙事——明代建文史编撰研究》[③] 由其2007年南开大学博士学位论文《明代建文史学研究》修改而来，是此前在建文史学领域研究最有力者。二书不仅对建文史学时间脉络的划分基本相同，视角亦颇相近：如同样将建文逊国出亡传说的建构过程作为一大考察中心；将建文历史记忆书写视作官方和民间共同参与、双向互动的过程等。不同之处在于，吴著着眼点在于对建文史籍的清理，并通过对建文史籍的分析探讨明人如何逐步建构建文史，更偏向史学史的研究；而何著更关注政治文化上的互动，同时采用记忆研究的方法，通过对相关纪念仪式、场所和笔记文本等记忆媒介的检视，试图呈现明人对建文朝历史记忆的体验、形塑、操纵、延续和

① 正统时期，由于身负“正永乐之统”的重任，英宗对建文朝历史记忆的态度十分保守，一反仁宣时期的宽赦；而复辟之后，出于对自身形象包装美化和对复辟之举建立正当性的需要，下令释放建文帝遗族。参见何幸真《殇魂何归：明代的建文朝历史记忆》，第114—118页。

② 为巩固自身权威，世宗不仅驳斥下臣试图褒扬恤录建文殉臣的奏请，并在统治期间采取多种手段，有意抬高与自身同样以外藩身份入继的成祖的地位。参见何幸真《殇魂何归：明代的建文朝历史记忆》，第137—140页。

③ 吴德义：《政局变迁与历史叙事——明代建文史编撰研究》，中国社会科学出版社2013年版。

遗忘。以时序为线索，亦有利于展现建文朝历史记忆在不同时期不断演变下呈现的样貌与时代的特色。

如朱鸿教授在是书序中所说，明朝的建文历史记忆书写只是故事的上篇，“重构”建文历史的工作至乾隆《明史》的纂修方大致完成。入清以后，摆脱了明朝的禁忌，对前朝建文历史记忆的书写当有与明代迥然不同的内涵与意义。而对这一课题的深入探索犹待来者。

（作者单位：中山大学历史学系）

实录研究的新作
——《〈明孝宗实录〉研究》评介

杨春君

作为史书编纂的一种体裁，实录最早起源于南朝萧梁，传承至明清，波及于朝鲜、越南、日本。历代实录是在原始史料基础上按时间顺序删削编纂而成，是研究一朝历史极为重要的史料。

在中国古代，从史学地位来看，实录与正史的地位都很高，难分伯仲；然从政治地位来看，本朝史的实录之政治地位显然要比前朝史的正史之政治地位高。学者在研究中对实录的引用，也能亲身体会到实录的价值。但对实录的研究，远落后于正史。在现代研究实录学者中，谢贵安教授成果较多，形成系列研究：《明实录研究》《中国实录体史学研究》《中国已佚实录研究》等，并延及宋代、清代实录相关研究，主要从史学史的角度探讨实录的地位、纂修、版本及流传等。

程彩萍副教授在南开大学获得历史学博士学位，新近在天津古籍出版社出版《〈明孝宗实录〉研究》。在前期断代史实录研究的基础上，该书以明孝宗一朝的实录为研究对象，是彩萍副教授自读博以来至今共八年的学术结晶，是实录研究的新作。

全书层次分明，结构清晰，分上下两编共十一章，其中上编七章，下编四章。上编讨论《明孝宗实录》的编纂过程、修纂凡例，对实录中的诏令、奏疏、传记、事件之来源、内容、特点、价值、不足与失误等进行详细分析，总结时代变化与实录编纂之关系，提炼《明孝宗实录》的史学价值。下编指出实录中的名称记载、时间、数字以及文字书写等存在的问题与错误，并校勘之。从以上简单的介绍可以看出，《明孝宗实录》是中国古代史学的典型作品，而《〈明孝宗实录〉研究》是一部典型的文献学著作。

细读全书，获益良多：

第一，对实录不实的新认识。学者已经指出实录不实的问题，如王世贞的《史乘考误》、钱谦益的《〈太祖实录〉辨证》等，然这些研究主要从政治的角度予以阐述。《〈明孝宗实录〉研究》主要从文献学的角度论述实录在语言、文字等方面的问题，如诏令、奏疏、传记、事件以及时间、人名、地名等记载方面存在千奇百怪的错误。追寻这些错误产生的缘由，有政治上的因素，但更多的应是由编纂过程中的不细心和编纂后的校勘不细致所导致。《〈明孝宗实录〉研究》对这些问题进行全面、系统、细致地梳理，为我们在今后的学术研究中引用《明实录》特别是《明孝宗实录》提供了正确的参考。

第二，重拾实录研究的文献学路径。中国古代官方的史书，按照其形成时间的先后，多是依次沿着档案或起居注（或日历、时政记等）——实录——纪传体国史的路径。实录是经过整理的史料，是官方各种层次史书中一个承上启下的环节，故对实录的研究，多是从史学史的角度，阐述实录的编修、价值等。然实录首先是一种重要的史料，其次是一种史书，从文献学的角度对实录的史料进行考察史源、校勘史实错误等方面的基础性研究，应该成为实录研究的理所当然之举。现存实录部头较大，内容丰富，使得对实录的历史文献学研究反倒成为滞后之事。“中研院”史语所版的《明实录》附有校勘记，主要以版本本校为主。彩萍副教授不避辛劳，利用他校等方法考察116万字的《明孝宗实录》中的错误，有利于还史料、历史以本来面目。

第三，考辨细致。王世贞指出国史、家史、野史等具有不同的价值，存在不同的问题。纂修实录所参考的资料包括了各部档案，远不止国史、家史、野史，在将这些资料转变为实录内容的过程中，必然产生更多的问题。《明孝宗实录》内容丰富，存在的问题多样。本书分门别类，就实录重点记载的诏令、奏疏、传记、事件进行详细考察，细致校勘，每个论述点都有扎实的证据支持结论。如分析《明孝宗实录》中传记存在的不足，分别从记载史实有限、记载或有失误、曲笔现象三方面展开详细论述；分析记载失误，分别从省略不当导致记载不妥或失误、官员升迁等时间记载错误或不当、官职记载错误、数字或数量记载错误、人名字号等记载错误、传主人所记载错误、传主卒月日记载错误或不明、记事错乱、传主史迹与史实不符等九方面举证；分析官职记载错误，分别从左右布政使之误、侍读与侍讲之误、武臣传中的署职等三方面举证。论述类多而不乱，繁而不芜，简而不缺，且层层递进，环环相扣，让读者对《明孝宗实录》同时有宏观和微观的认识。

第四，对比研究。最合适的研究方法应该是根据研究的内容来确定。作为对文献的研究，考辨其史料来源、分析其史料优缺点是重要的研究内容，最适当的方法应该是对比研究，在对比中分析源流、比较优劣。作者之对比研究，并非就《明孝宗实录》而论《明孝宗实录》，而是将《明孝宗实录》放置在整个明代文献产生的社会背景下而讨论，如将实录中的奏疏与文集中的奏疏进行对比，将实录中的传记与碑传等文献进行对比。通过比较，厘清不同史料之间的关系，寻找出不同史料的特点，以及在这种不同背后的社会背景、思想观念等深层内容。如经过比较，发现实录与个人文集对内臣的态度就明显不一样，实录在摘录个人文集奏疏过程中存在的常见问题，实录的史源特点等；而通过与之前、之后实录记载内容的对比，分析出明代政治的各种变化。明代文献非常丰富，《〈明孝宗实录〉研究》中的大量的对比例证，为以比较不同文献之间的差异为基础而展开的讨论，提供了鲜活的参考，并捕捉到更多的细节，促进了明代的史料批判和政治史研究。

文献学属于扎扎实实的学问，发挥的空间较小，由于字数过多，彩萍副教授虽费八年之功校勘《明孝宗实录》的诸多错误，但仍存在一些瑕疵。从史源学的角度校勘错误是本书的一大特色，然在此方面并未做得彻底。陈垣先生总结出的校勘四法，彩萍副教授常用对校、本校、他校法，于理校法较少使用。使用理校法虽易陷于主观武断，但并非不可使用。实录中的地名错误，实可用理校法勘正之。

史学研究的内容一直是丰富多彩的，也有所谓的热点。一代有一代之史学，史学的发展总要与时代相联系，这样才能凸显出史学的社会价值，才能保持史学的活力，故热点有其存在的必要和价值。但在这种情况下，从事历史学之基础研究的历史文献和文献学研究，或古籍整理，难免有些寂寞，如经过整理的古籍不被看成是学术著作。史学便是史料学的论调是片面的，然史料对于史学研究的基础性支撑，是不容置疑的。实践已经证明，理论会随时代而变迁，前赴后继，层出不穷，而理论根植的基础——文献资料，则会历久弥新，所以，在常人看来单调甚至是枯燥乏味的历史文献学与古籍整理，便有持久的生命力。换言之，虽无社会史的活泼风趣，也无生活史的引人入胜，但扎实的考辨使本书成为实录研究、文献研究的一部佳作。

希望彩萍副教授再接再厉，在此基础上出版全新整理本的《明孝宗实录》。

（作者单位：铜仁学院人文学院历史系）

吴孟谦《融贯与批判：管志道的思想及其时代》书评

曾文哲

在纷繁复杂的晚明思想世界，各树宗旨的思想者层出不穷，留下了复杂多元的历史回响，与之对应的晚明思想史研究也越来越丰富。我们当前所进行的个案研究，除了为晚明思想大花园新发现一朵小花小草之外，如何以此勾勒出整个大花园的图景？吴孟谦的《融贯与批判：管志道的思想及其时代》以三教论者管志道为案例，探讨其求道历程和融贯儒释的思想内容，并试图勾勒出管志道所处晚明时代丰富细腻的历史图像。该书在探究管志道的思想及晚明三教交涉问题上的创见已彰显学术价值，此外，作者兼顾“知人”“论世”“析理”，探索“求道史”的思想史研究取向，则更有其特殊的意义。

本书作者吴孟谦在台湾大学获得学士、硕士、博士学位，现任高雄中山大学中国文学系助理教授，该书是在其博士论文的基础上修改而成的。全书除导论和结论外，共分为五章。第一章先行勾勒出管志道整体的生命图像，特别关注管氏求道历程的心境转折、护法实践、著述传学等活动的来龙去脉，并在明人好梦的背景下，阐释其梦兆冥感的特殊心理，为后续各章论述管志道的思想内容做好铺垫。在作者看来，管志道的一生处处充满张力，而这些张力未必构成生命中的矛盾或纠结，但彰显出其内心世界不易为人所知的复杂性（第 132 页）。作者之所以至为重视管志道复杂的生命历程，是因为在他看来，思想不仅牵合于因果逻辑，也具有某些冥感性质的内证性格（第 35 页）。

在对管志道的求道历程及其转折做了清晰的梳理之后，作者在第二章至第四章从不同层面展开了对其的思想和所处的晚明时代的细致探讨。在第二章的论述中，作者在管氏庞杂的遗存著述中总结出其思想的几条重要主线，分析了管志道如何在朱子理学与阳明心学之外，另辟蹊径，重构思想体系。不论是本体论方面以华严学的“毗卢法界”诠释《周易》的“干元性海”；圣贤境界论方面，将孔学分为出世的“圣学”和经世的“仁学”；还是工夫进程论方面，提出“顿悟、渐修、圆证”的思想；圆宗方矩论方面，以“圆宗”表现通彻于出世佛的心性之理，以“方矩”作为安顿世间秩序的纲常名教，圆宗与方矩彼此互补，兼重心性与礼教，管志道的思想特色在于没有预设儒释二教的矩矱，而是以佛学尤其是华严学来阐发和深化儒学的义理，以达融贯。

管志道所处的时代，思想空气相对自由，三教互动日益频繁，也面临价值多岐的问题。在第三章，作者尝试厘清“三教合一”这一笼统概念，以“体”“相”“用”三个层面将“三教合一”区分为“三教一致”“三教会通”“三教并用”“三教混融”四类，为面目多样、纷繁复杂的“三教合一论”提供了具体的诠释框架。接着分析了管志道自己的“合一观”及其如何解决三教互动带来的价值冲突问题，在朱、王之外，另辟学术的新路。管志道首先以“群龙无首”说解构了理学的道统论，将三教及其他学说思想置于同一平面，试图解决三教之间的论争，继而评判各种教说的深浅高下，调整、融贯，进行学术新路探索的尝试。在判释三教外，管志道还从政教伦理角度表现对时世与现实的关怀，第四章即就此展开。作者指出，与晚明其他心学家和三教论者不同，管志道同时具有强烈地礼教的倾向，他以“祖述孔子，宪章高皇”为旗帜，提出了“君师合道”“从先进维末俗”等学说，对理学的道统论、师道意识、书院讲学运动等的弊端加以批判。

在前面几章论述的基础上，第五章从思想分析转向管志道与晚明思想界的互动，探讨其学术网络的构成情况，以及其思想在后世的回响。作者通过分析管志道与儒门师友如耿定向、李贽、周汝登、顾宪成、高攀龙等，佛门法侣如云栖祩宏等的交游、相互论学、评价，更清晰地把握管志道在晚明思想史上的位置。而随着政治的鼎革与学术典范的转移，晚明的心学与三教会通的论述，受到清初以降学术界的猛烈抨击，管志道的思想也不例外地被边缘化、异端化，在历史的星空中黯淡不显，随之黯淡的，也有他所处的晚明时代。

关于明清学术的转型，钱穆先生认为清代经学是宋明理学的延续，“理学本包孕经学为再生，则清代乾嘉经学考据之盛，亦理学进展中应有之一节目”。[①] 余英时先生进一步指出，宋明理学转向清代考据学，有其学术思想的“内在理路”，那就是在朱陆异同的义理纷争下，不得不转向经学文本取证的倾向。林庆彰则以“回归原典运动”来描述明末清初的学风转向。由于晚明思想的喧嚣以及社会危机的突出，希望跳脱朱子、阳明，并取而代之，以及回到孔孟内外兼尽的圣人之道的愿望，普遍存在于当时的士人中间。在作者看来，管志道没有囿于程朱陆王的“心、性、理、气”之辩，而是以其自身的生命体验，以及大乘佛教的思想资源来援释儒学，开辟朱子学和阳明学之外的新思想体系，展示了以考据学作为明清学术典范转移归宿的另外一种可能性。作者没有进一步揭橥为何这种可能性会最终湮没，没有形成时代趋势，甚至管志道本人亦被后世视为“狂禅”、异端，但这种可能性，对于我们认识管志道思想定位、讨论晚明三教互动的丰富内涵，已具有重要的启示意义。

对于每一位致力于中国近世思想研究的学人来说，也许不得不面临着两个方面的影响，一是来自理学的道统论叙述，二是西学东渐以来对中国传统思想的现代性分析。理学道统论的叙述热衷将思想家放入一个固定的谱系之中，另一方面，针对二氏之说有其强烈的排他性。作为研治明代思想学术史极为重要的一部文献，黄宗羲所撰的《明儒学案》也有其特定的立场和取向，关于学者的群体划分，因为其强大的影响力而不得不注意。晚明的思想界以其空气自由，价值多元，甚至试图冲破纲常名教，而引起部分学者与西方启蒙运动以来倡导思想解放、自由独立、反抗权威的思潮

① 钱穆：《中国思想史论丛》卷八，安徽教育出版社 2004 年版，第 357 页。

相模拟，认为明代中后期已经出现现代思想的某些萌芽和特征。上述的几种视角在分析特定问题时有其合理性，但难以接近思想家及其时代的原貌，尤其是面对管志道这样一位具有超脱意识，同时坚持伦理本位的思想家。本书作者显然对此有着清晰的警醒。

在吴孟谦之前，对管志道的生平和思想研究卓有贡献者，首称日本的荒木见悟，他于 1979 年撰成的《明末宗教思想研究——管东溟の生涯とその思想》一书，不但发掘了管志道这一位长期被学术界冷落的思想家，而且对管志道援佛入儒，突破朱子学和阳明学流弊思想特点进行了阐述，也介绍了管氏群龙无首、顿悟渐修等等教说。荒木跳脱朱、王的观察视角以及将管志道置于整个晚明思想史的研究取径，无疑对有志于研究晚明思想的后学有启发意义，本书的作者也不例外。当然作者也认为，荒木著作有未尽之处，对思想文献的解说力度不足，在架构上对管氏思想的割离，对管志道“君师合道”的政教关怀也讨论不够。这正是本书作者着力之处。

本书最大的特点，是其“求道史”的研究取径。宋代以来，理学家希望建立内圣外王的一贯之道，不仅抱持着强烈地现实政教关怀，也在思索着安身立命的根本之道，其著述思想，本身就带有鲜明的实践性。求道史并不脱离思想史的藩篱，只是在面对中国传统思想时，特别关注思想家的求道活动和生命实践。如作者所言，中国传统思想，并非由抽象概念逻辑思辨而来，也不全然是时代的产物，而是思想家的人格性情、所处时代环境以及思想传统交织共生的（第 35 页）。所谓“求道史”的取径，就是将思想论述脉络化到这些历史因素之中。管志道的思想号为难治，一是由于其文集著述流传不广，难以搜集；二是其兼通儒释二教的思想内涵十分艰深，不易领会。作者迎难而上，努力索求管志道相关文献，并进行细致阅读和考释；另一方面，自幼生活在佛教影响的家庭中，作者对佛理有了相当的体认。故而，治管氏思想的难点反而转变为作者研究的优势。尤其是后一点，同样浸淫于儒学与佛学二教，管志道与作者的古今契合，可能也是作者选取管志道作为研究对象的重要原因。

为了实现对管志道求道活动的重建，作者首先进行了数据搜集、版本考订和文本编年等文献工作。有人统计中国大陆可以搜集到的管志道思想研究数据，得《问辨牍》《续问辨牍》《从先维俗议》《觉迷蠡测》《孟子订测》等几种①。经过本书作者的努力，辗转得到日本尊经阁文库所藏的《管志道先生文集》，并以其他相应版本补充，摸清现存管志道著述共二十九种，八十一卷，近两百万字。作者还据此撰成文章编年、著述略考等等，尽可能收集管志道佚文。经过不遗余力的收集，作者掌握了相对更充实和稳固的文献基础。在此之上，作者主要从纵向考察管志道的生平经历，从横向考察他与同时代人的交往互动。在文献阅读之外，作者还前往管志道生平活动的北京、南京、苏州等地踏足，希望以空间的接近，缩短时间的距离，增强与管氏的生命感通。至此，可以开始探究管志道所求之“道”为何的时候了。作为三教论者的管志道，在儒释二教的造诣尤深，为了更好地进入其思想世界，即使自幼受佛教思想的浸润，作者还是在阅读管氏著作的同时，力求掌握朱子学、阳明学、佛学的基本思维。面对生活在几百年前，活动在不同时空，共享着不同的价值底色，操持着不同话语的思想家，如何缩短与他们的距离，准确把握他们的生命课题与时代课题，作者重建其生命图像，接近其历史世界、思维世界，甚至是心灵世界的努力，是十分必要的。在作者的笔下，我们看到的是思想家带着强烈现实关怀的求索和实践，而不仅仅是对时代和潮流的因应。

从题目“管东溟的思想及其时代”来看，本书的重点应是兼顾作为“内典”的思想阐释以及作为“外典”的时代因素，但在内容上仍是以思想概念的分析阐释为主，而具体思想所产生的那个“本事”部分则较少。而第六章管志道与同时代诸人的思想论辩，作者的分析仍是以义理的辨析为主，对于争议背后的东西，除了学术观点本身的分歧外，有没有其他的意义和目的，尚待进一步探究。

王汎森鉴于过往思想史研究将“思想的生活性”和“生活的思想性”分得太开的情况，提出“思想是生活的一种方式”。在他看来，生活与思

① 刘守政：《管志道研究现状综述及其三教合一观本体论浅探》，《世界宗教研究》2010 年第 5 期。

想之间，应该是一而二，二而一的关系，思想史的研究应该致力于刻画历史的复杂性。[①] 本书的作者对此应该是深表赞同的。在探寻管志道的求道史的同时，作者也自觉或不自觉地由局外走向局内，思想着思想家的思想，生活着思想家的生活，成为庐山中人。内心的期许，与管志道思想与心性的契合，加深了对历史人物的同情之了解，但也需要注意把握思想主体与研究者之间的边界。作者摄问题于人物，在论述管志道的生命实践与问题关怀的同时，也在进行对自己诸多课题的求索，从这个意义上说，这部著作是管志道的求道史，又何尝不是作者的求道史！

（作者单位：中山大学历史学系）

① 王汎森：《思想是生活的一种方式》，北京大学出版社 2018 年版。

评吕妙芬《成圣与家庭人伦——宗教对话脉络下的明清之际儒学》

李育桐

《成圣与家庭人伦——宗教对话脉络下的明清之际儒学》是吕妙芬关于明清思想研究的专书，2017年由台北联经出版，系作者对于“明清之际儒学延续与创新”这一主题所展开的细微考察。作者自《胡居仁与陈献章》一书后，逐步改变传统的哲学史进路，尝试从社会文化史出发研究士人社群与学派构建，描绘明清士人对于孝文化的生活实践①。在本书中，作者企图在思想史与生活史的视域中寻找一条线索把近年较为分散的研究串联起来，即其在绪论中所说的：“清代儒学的发展一方面延续了晚明理学重视成圣、追求超越生死的传统，同时也体现出更加维系以家庭人伦为主的伦理观念及政教秩序的用心。”

前人关于明末清初学术思想史的研究，更着重强调儒学的转型与新学术典范的产生。学者们从制度、沿革、地域、学派等等不同角度，普遍认为明清之际学术思想经历了“由虚向实”的转变②。作者认为这些研究都

① 吕妙芬：《孝治天下：〈孝经〉与近世中国的政治与文化》，“中研院”丛书2011年版；《阳明学士人社群——历史思想与实践》，北京师范大学出版社2017年版。

② 鱼宏亮：《知识与救世；明清之际经世之学的研究》，北京大学出版社2008年版；简毅铭：《明末清初儒者经世致用之道》，花木兰文化出版社2010年版；王汎森：《清初的下层经世思想》，《晚明清初思想十论》，复旦大学出版社2004年版；［美］艾尔曼：《从理学到朴学——中华帝国晚期思想与社会变化面面观》，江苏人民出版社2018年版；史革新：《清代以来的学术与思想论集》，社会科学文献出版社2011年版。

是以主流学术思潮为焦点，以“理学衰微”为前提，关注新思想新典范，从而忽略了清代对理学传统的继承发展。随着学界对思想史研究范式的反思，不少学者下移视角，去关注“一般知识、思想与信仰的世界”①，思想研究也不断与社会史、心态史相结合，开拓新的视野②。作者的思想研究具有相同的旨趣，她提出“儒学走过晚明融会三教、自我心性修养的高峰后，再次定位于家庭日用人伦中的圣贤之教”，主张从士人日常生活实践中理解明清思想的连续与发展。总而言之，本书关注两个层面的议题：一是成圣与家庭人伦之关系。成圣是延续宋明理学的最高理想，清儒以家庭为修道的场域、恪尽日用人伦追求成圣。二是在宗教对话的语境中解读士人的宗教关怀与礼仪实践，尝试对比宗教概念与儒家思想，论述其充当儒学思想资源的可能性，以天主教为主。

第一部分由三个滥觞于理学且被明清士人频频讨论的议题构成。作者分别从生死观、仁孝关系以及理想圣人形象探讨传统理学仍是清人关心的问题，且清代理学思想颇有推陈出新之处。第一章以生死观的新发展为题，明清士人对于生命终极的意义有了新的探索。他们对程朱“人死气散无知”的说法产生怀疑，论证道德修养具备超越生命长度的永恒价值。主张将修身工夫与人生的终极归宿相联系，鼓励人们在日用之间恪尽人伦以超越当世生命的价值。这涉及道德哲学中德福一致的问题，拥有道德成就，福报就会不求而来，修身工夫即追求道德主体的完善。作者又进一步分析了明清之际描述人死后情状的文本，从宗教的视角提出了个体灵魂与天堂想象两个概念，推测其产生与晚明三教间的复杂互动有关，表现出儒学的个体性意涵与宗教面向。可以看到即便清初的儒者强调经世致用之学，避谈天理，但所追求的仍是成圣、不朽与事天之学。

第二、第三章中，作者通过论述圣贤仁与孝的统一，提出明清之际

① 葛兆光：《历史记忆、思想资源与重新诠释——关于思想史写法的思考之一》，《中国哲学史》2002 年第 1 期，第 45 页。

② 杨念群：《何处是“江南”：清朝正统观的确立与士林精神世界的变异》，生活 · 读书 · 新知三联书店 2010 年版；赵园：《明清之际士大夫研究》，北京大学出版社 1999 年版；陈永明：《清代前期的政治认同与历史书写》，上海古籍出版社 2011 年版。

“成圣”由向内求索的心性体验到恪尽家庭人伦的转变。作者在多年研究孝文化的基础上，分析圣人孝行故事，解构圣贤之“孝”不仅仅是事亲行为，也是一种修行工夫。清儒从多个角度阐释孔子、颜回超越常人的大孝，孝心与孝行被赋予大道至简的意涵。成圣必须以恪尽家庭职责为前提，孝成为入圣的必要条件。求道者不再一味孤独的静修，而是走进家庭生活，在日用人伦中悟道。第三章中作者又从明清士人对《孟子·万章》篇的新解谈及家庭对于个人成圣的重要意义。舜明知象欲杀害自己仍能亲爱处之，甚至添加象幡然悔改，舜因和睦家庭而成全了个人道德的桥段，赋予了家庭成员道德成就彼此相连的意义与责任。这两章注意到家庭是修道的重要场域，父子、兄弟又都是父权家庭关系中的核心，因而通过侍奉双亲、和睦兄弟可以累积功德，成仁成圣。从晚明到清初围绕这些议题的讨论，在对心学的批判、理学的修正之外仍有对儒学传统的继承与延续。明清两朝理学家对舜象故事有不同的塑造，前者更多强调舜出于真诚不容已的圣人之心，明知象怀有杀意仍然欢喜相待；后者不满足从良知判断是非而忽视礼法规范的立论，从圣人完序人伦的角度提供解释。通过对理学文本的分析，我们看到的不是两代间的断裂，理学的信念仍被清代社会价值体系所认同。

第二部分延续了前文对思想观念的讨论，关注两种文化实践行为。作者通过蒐集士人万里寻亲与居家拜圣的具体案例，串联起从思想层面到践履之学间的种种关联。明清之际，涌现出大量以“孝子寻亲”为主题的文本，在朝廷旌表、士人提倡、宗族组织和民间文化的传播中，发挥着典范行为的教化功能。作者分析了杨汝真寻母、黄向坚寻父等经典故事的叙事结构与文本创作过程，孝子在孝思的驱动下踏上寻亲的旅程，担负起他们理想中重塑家庭人伦的重责。寻亲的孝行预设了一种以家庭为最终归属的想法。我们在舜象故事中看到象改邪归正的美好结局，舜如果不能教化象，那他会因为有不德的家人而难以成圣。同样，如果不能寻回出走人间的父母，孝子的家庭也难以在儒家亲亲、尊尊的礼仪世界中得到圆满。作者提供了一个宗教的逻辑，即在儒家传统观念中被视为亏德的父母，都能因着孝子的孝思及所受的苦难而得到救赎，家庭人伦与成圣紧密相连。明清士人追求不朽与永恒的价值意识，又重视日用人伦与家庭生活，由此便不难理解士人在家祭拜圣贤之礼的流行。作者于第五章关注明清之际儒学走进家居生活的礼仪实践，从士人居家祭祀的对象、缘由、方式谈起，分析仪式背后的文化意涵。她认为私祭礼仪的出现一方面是由于教育私有化，原本流行于书院的祭拜规制日益普及，另一方面则是士人通过祭拜的行为进一步联系家庭生活与儒家圣学。所以尽管士人居家拜圣时会使用塑像并衍生出一系列私人化的礼仪，但仍有别于行业神祭祀或其他民间宗教，更是学圣之人期待与圣贤相交、寻求自我满足与表达的途径。而家庭中祭祀祖先与祭拜圣贤并行不悖的场景也再次提醒我们明清士人对家族血亲与儒学道统的双重认同。家庭对于成圣的意义不仅是恪尽人伦的生活空间，也是诚敬修德的成圣场域。儒家礼仪在由孔庙祭祀所代表的国家政教之外，还能以贴近日常生活的形式出现，表达个人认同与情感，也能提供更仔细的践履指导。

藉于对明清士人思想与实践两个层面的观察，我们看到理学在清代社会上的持续影响以及其内部的自我创新。那么为何明清之际儒学呈现出如此面目？作者在第三部分引入宗教对话的语境，在儒家与其他宗教的互动、反驳中寻找答案。

第六章中作者开始讨论夫妇之伦，当家庭人伦于成圣的重要日益凸显，夫妇之伦亦成为明清士人高度关注的话题。作者对话前人从商业发展、俗文化流行、自我启蒙等视角解读男女情欲解放的研究，提醒我们从理学家自我区别于其他宗教出发理解夫妇之伦在神圣性与节欲戒淫间的紧张关系。我们在颜元、杨屾、李绂等人描述夫妻生活的传记中看到，一方面夫妻恩爱会导致丈夫与同姓亲族疏离，色念与淫行也是影响修身工夫的大过，所以我们在家训、功过格乃至传记中看到夫妻感情被层层礼教管束，倡导礼敬节制的夫妻之道。而另一方面，男女之事又被赋予天理自然、宇宙创生的神圣性，成为儒家辨析宋明理学、对话佛道出世之法的有力论述。儒者身处在与其他宗教多元互动的场景中，自然有辨明正道、重现儒学核心价值的努力，如此两种有关人伦欲望的论述相反却不矛盾。与前几章父子、兄弟人伦关系探讨不同，这一章强调儒家在譬二氏的语境中是如何矛盾的描述夫妇之伦的，立于宗教对话的背景中把握儒学发展的轨迹。

最后一章作者再度思考清代儒学中的天人关系，总结清代学者对于人性论述的几个共识。肇始于明中叶的气论思潮对宋儒“理气二元论”有诸多突破，明儒在反对“离气而言理”的意识中对人性、天命、万物化生产生新的讨论。作者摒弃地域与学派的划分，认为明清气论学者对于人性的论述有两点共识一是人物在被创生过程中被赋予本性，二是万物品类区别、各具其性。如此，明清士人进一步质疑格物论，表明应根据人的天命本性，尽人道而穷理，为士人在日用人伦中成圣提供了性命论依据。由于人性中本有五常，所以人们通过修养工夫不断扩充心性之中的良善，便能尽性至命。后天扩充学习的指向再次肯定了明清士人在日用人伦中持敬修身的工夫论。气性思潮的发展又与什么有关呢？过去我们总是带入儒学内部转换的思路，在儒学长远的传统中寻找坐标系。但进入宗教对话的视角，古人在思考人性、天人关系时有没有可能得到天主教灵魂观念的一点提示呢？作者从林永胜的研究中得到提示，他认为“因翻译佛教典籍而产生汉梵融合‘气、体二重性’的逻辑，在汉语转译佛学的历史过程中孕育了理学‘天地之性与气质之性’对立的二元思维”①。作者随即分析了经过儒学思维转译的天主教经典：《性学牖述》《性理真诠》《天主实意》等书，寻找可能对应的跨文化诠释。例如利玛窦在灵魂三品说认为人独有感受上帝灵魂，与禽兽、草木不同；人按照天主的形象受造，所以被赋予灵性；而由天主所赐的明悟之性到救赎需要漫长的修行。这些观念与气学中人、人性、天人关系有彼此相互理解的基础，那么天主教也具有充当清儒思想资源的可能性。尽管作者在儒学对话神学的立论中非常委婉，未譬专章进行讨论，但这样的意识不断映射到前文当中。用天堂想象、灵魂观念理解古人对死后世界的描述；延续圣徒传的思路看到孝子传中的苦修与救赎，作者本人的宗教关怀或许已然超过了古人本身。

---

① 林永胜：《气质之性说的成立及其意义——以汉语思维的展开为线索》，《台大中文学报》总第48期，2015年，第1—38页。

概括言之，本书以“理学仍是清初的主流价值与重要思想话语”为前提，以理学文本为主要史料，从“成圣与家庭人伦”“宗教关怀与庶民化倾向”两个核心议题回答明清儒学的变化。能感受到作者希望淡化理学心学、学派、地域间相对立的分析视角，在中国历史脉络里追寻晚明到清初学术发展的轨迹，看到清初儒学传统强韧的生命力。

（作者单位：西北大学历史学院）

萧琪著《父母等恩：〈孝慈录〉与明代母服的理念及其实践》书评

郭卫星

君臣、父子、夫妇、兄弟、朋友，是传统中国思想中至为重要的“五伦观念”，几千年来支配着中国人的道德生活。自西周以来，以嫡长子继承制为核心，中国社会曾经建立起严密的宗法、封建和丧服制度。以亲亲、尊尊两大礼秩原则为基础的宗法理念，运行于传统中国家族与政治两大范畴。其中，丧服制度正是人我关系亲疏隆杀在制度上的定判，服制中尊亲断制最精细的议题，莫过于“为母服”。萧琪著《父母等恩：〈孝慈录〉与明代母服的理念及其实践》（东方出版中心 2019 年版）一书，旨在系统研究唐宋以降母亲尊序提高这一专门的服制议题，有助于深化对传统中国人伦关系诸面向的理解，足以引起学界的关注和重视。该书系作者据 2011 年 12 月台湾师范大学历史学系硕士学位论文修订，曾于 2017 年 4 月由秀威资讯科技有限公司出版繁体版。

本书的作者不仅能熟稔地利用儒家礼经和历代礼典，得当地理解、阐释相关礼制的精微礼意；同时，又能兼顾礼学观念和礼制变动在现实社会的落实情况，从尽可能多的角度发掘大量材料，从制度史、社会文化史、性别史的研究取径切入，对明代母服制度的改革、实践与影响，进行系统的研究。本书除绪论外，主体部分由四章构成。

第一章是本研究的背景资料。对中国古代复杂的宗法、丧服制度，作者进行了一番恰如其分地梳理。重点呈现了《仪礼·丧服》中父卒为母服齐衰三年，若父在则为母服齐衰杖期的礼制，如何在唐代武则天时期被改变为不论父在与否，皆为母服齐衰三年的过程。这一重要的变革，在唐、宋、元时代成为母服定制，提高了母亲在父系宗法传统中的礼法地位。

第二章将《孝慈录》的颁布，置放在明初太祖皇帝倡行“孝顺父母”的孝道政策这一历史背景下加以考察。在“父母等恩”的孝道理念下，明太祖于洪武七年（1374）规定“子为父母、庶子为其母，皆斩衰三年”，并著于《孝慈录》和《大明律》颁布天下。对《孝慈录》的成书和内容的讨论，构成了本书第二章的主要内容。简要言之，“父母同斩”基于“父母等恩”的孝道理念，经由明太祖专断地命令周王橚为慈母孙贵妃服“斩衰三年”而被落实，现实人情和专制皇权压制了《仪礼》《礼记》等儒家经典中礼秩原则。

第三章要处理的问题，是“父母同斩”在明清社会的实践情形，这涉及多个层面的内容：来自明清士人群体赞同和批判的声音兼而有之，各类私修家礼、丧礼读物则广泛载录了洪武更制的成果，墓志铭、行状、传记等文献也零散地记载了“为母服斩”的折中与实行情况。作者在收集和分析这些明清时代有关于母服制度的资料方面着实费了功夫，采取知识社会史、社会文化史的分析路径，也让礼学争议不再仅仅停留于儒学精英士人的观念层面，而能够有效地触及下层社会的阅读和礼仪生活。缺乏体现明清社会“为母服斩”具体情形的计量数据确属无奈，不过这并没有妨碍作者呈现“为母服斩”所造成的理论冲突和现实困境的一些重要面向。

养育之恩是否能够作为裁断礼秩的原则？这个问题或许能够得到明代为数不少士人的积极肯定，甚至带起宋明疑经的学术脉络。但是深谙礼学的王夫之、顾炎武、陆陇其等明末清初大儒，则深知明太祖的“师心自用”不仅有违服制原则，而且难于今用。实际情况也是如此，《礼记·丧服四制》中“天无二日，土无二王，国无二君，家无二尊，以一治之也”的尊统思想，以及汉代班固《白虎通义·三纲六纪》中君为臣纲、父为子纲、夫为妻纲的“三纲说”早已根深蒂固，“为母服斩”挑战的绝不仅仅是逝去的思想传统，现实生活中活生生的父尊、嫡尊，自始至终都是明代社会践行《孝慈录》“父母同斩”丧服新制的顾虑所在。

最后一章讨论的庶子为生母服斩“厌于嫡母”的问题，便是实践《孝慈录》“父母同斩”遭遇困境的一种典型情形。本章选取的两个个案，嘉靖朝裕王朱载垕为其母妃康妃杜氏服斩衰遭到明世宗的反对而减杀，以及明末福建闽县人周子夔为其生母吴氏服斩衰不得不顾及在世的嫡母，反映出庶子为生母服斩，不论在皇室还是在民间，都实际受制于来自君父之尊、“贵嫡贱庶”的巨大压力。

到此，本书为读者讲述了一段精彩的明代亲子为生母服丧尽孝的故事，让明清社会“为母服”的诸多问题凸显出来。“父母等恩”是否只有落实到“父母同斩”的丧服制度上才能够成立？明太祖缘人情以制礼，通过肯定父母对子女同等的养育之恩，则子女对父母的回报之孝亦应相等，而改变丧服制度中至为重要的“为母服”，其性质到底应该如何来理解？对于这个问题，顾炎武在《与友人论父在为母齐衰期书》中同样诘问“若但曰父母之亲同，其爱同，其服同，则还提之童无不知之者矣，何待圣人为之制哉？”可见在礼秩的裁断、丧服的断制层面，《仪礼·丧服》《礼记·丧服四制》等儒家经典，并未否定父母双方在血缘关系、子女恩情方面的同等地位；这从父在为母虽降为期，而心丧之实未尝不三年的理念中也可以看出。其关键仍在“为母服”的断制标准究竟如何来理解？丧服断制的原则绝不仅仅是亲亲之仁，还须兼顾尊尊之义，如张寿安在《十八世纪礼学考证的思想活力——礼教论争与礼秩重省》（北京大学出版社，2005 年版）一书中指出：“家无二尊”一语虽然源出《礼记》，但制礼之原则并非制度层面的“不二尊”，在恩、理、节、权丧服四制中，为母服是属于“节制”。①

张氏的研究与本书的议题关系密切，“亲亲尊尊”二系并列的情理结构的揭橥，正是清代礼学家重新反思和批判宋明礼学的重要思想成果。对礼秩裁断标准的辨析，在萧琪《父母等恩》一书中，体现在所征引的材料上，也确实是以清人的议论见多。然而，明人方面的材料也尚有发掘的空间。除了本书广泛征引的私修家礼书、明人别集和笔记史料外，明代《仪礼》《礼记》经解著述同样值得重视。如明末儒者郝敬在《仪礼节解》中对《丧服传》“为父何以斩衰也？父至尊也”。有如下一段议论：

① 张寿安：《礼教论争与礼秩重省——十八世纪礼学考证的思想活力》，北京大学出版社 2005 年版，第 113 页。

此以下皆言为斩衰服之人。五服皆先举其制，后历数其人。父不言亲，人皆知父亲而不知父尊，知父尊而不知其为至尊也。一气初化，乾道资始，虽母亦后之，故曰至尊。凡礼主敬而尚尊，圣人为礼，以义制恩，人道所以别于禽兽，此也。故礼绝于事父，尊之至也。臣之事君，资之而已。①

这段经解有别于众多明代士人肯定的《孝慈录》中“缘情制礼”的那种思想进路，而更接近清代学者对亲亲、尊尊儒家礼秩的见解。“以义制恩，人道所以别于禽兽”，几乎明白无误地指出《孝慈录》以“父母等恩”作为母服断制礼义原则的谬误所在，反映了明代士人对于母服制度的多元见解和思考深度。

总的来看，“孝”和“恩”是作者在思考明代母服变制及其落实困境时的焦点所在，本书的主标题“父母等恩”即是集中的体现。“嫡尊庶卑”父系宗法秩序传统，是明代“父母同斩”的母服制度实践遭遇的现实困境，也是必须面对的义理难题。宋明礼学和清代礼学之间的落差和张力，在本书的研究中也得到了非常好的呈现。在本书提供的研究基础上，进一步思考“为母服斩”及其相关的明代礼学和礼制问题，也是应有之义。本书从明初母服制度切入，立足于对明太祖敕修的礼法文本《孝慈录》的深度剖析，无疑为研究明代礼制的变革与社会实践提供了一个精彩的研究范例，希望本书能够有助于引起更多学者投诸这一研究领域的兴趣。

最后，也指出一处书中明显的史实问题：第167页，明世宗贵妃阎氏薨于嘉靖十九年（1540）初二日，实非因难产死亡。世宗第一子哀冲太子朱载基确为阎氏所出，时间则在嘉靖十二年（1533）八月十九日，而不是嘉靖十九年。

（作者单位：中山大学历史学系）

① 郝敬：《仪礼节解》卷一七《丧服第十一》，《续修四库全书》，第85册，上海古籍出版社2002年版，影印湖北省图书馆藏明万历四十三年（1615）至四十七年（1619）郝千秋郝千石刻郝氏九经解本，第693页。

Dewei Zhang, *Thriving in Crisis*: *Buddhism and Political Disruption in China*, *1522 –1620* 评介

唐　玥

明代佛教史在中国佛教史研究中较少受到学者们的关注。张德伟（Dewei Zhang）该书（《兴盛于危机之中：晚明佛教与政治动荡，1522 – 1620》，*Thriving in Crisis*：*Buddhism and Political Disruption in China*，*1522 – 1620*）[①] 以明代佛教与政治的关系及互动为切入点，以阐释晚明佛教复兴背后的机制、动力为主要关怀，探讨嘉靖—万历时期汉地佛教如何从危机之中兴盛起来的情形，有力地推动了明代佛教史的研究。

自 20 世纪 80 年代始，于君方（Chün-fang Yü）等学者开始提出"晚明佛教复兴"（the late-Ming Buddhist renewal）[②] 的概念。围绕这一主题，学界展开了系列研究并取得了较好的成果。[③] 以四大高僧为代表的佛教精英越来越受到关注，居士数量的骤增、佛教徒数量的上涨、国家对佛教的限制逐渐松弛，佛教典籍的广泛流传等等，均被学者们视为晚明佛教复兴的重要表现。张德伟敏锐地发现，既有研究中所讨论的"晚明佛教复兴"本质上是这一现象的结果或者外在表现而已，而佛教复兴本身及其背后真

---

① 王启元将书名翻译为《复兴在危机之中：晚明佛教与政治》。参见王启元：《明清佛教研究的新起点与新征途——评张德伟〈复兴在危机之中：晚明佛教与政治〉》，《世界宗教研究》2020 年第 5 期，第 166—171 页。

② Dewei Zhang, *Thriving in Crisis*: *Buddhism and Political Disruption in China*, *1522 – 1620*, New York: Columbia University Press, 2020, p. 3.

③ 对晚明佛教进行研究的学者有：卜正民、圣严法师、江灿腾、陈玉女、王启元等。

正的机制、成因有待深入挖掘。作者首先对“晚明佛教复兴”进行了概念界定：它是在僧伽内外都发生的大规模的涉及社会各行各业的一种对佛教热情的回归（return），既透过精神的、思想的也通过物质的形式表现出来。① 他强调这种兴盛是佛教在一段衰落期后的“回归”，而非在“衰落—复兴”（decline-renewal）这一线性预设中去理解。作者以宗教政治为视角，从时间、空间、社会三个维度展开研究。同时，受到卜正民（Timothy Brook）等人研究的影响，在分析影响佛教的主体时强调社会的阶层性，重视更有影响力和话语权的精英阶层于佛教的作用，尤其强调政治高层，诸如：皇帝、宫廷后妃、宦官等群体的影响。

第一章首先考察了明初制定的佛教政策、管理机构。作者将其视为影响晚明佛教的重要结构性因素。佛教在明代具有合法地位，且有专属的机构予以管理，但政策背后始终是国家的限制和压榨。朱元璋致力于合并寺庙，大规模地减少寺院的数量。但与此同时，僧人数量却在不断增加，佛教难以维持一种健康可持续发展的状态，并失去其独立性。自永乐以后，佛教一直处于下降的趋势，直到明代中后期的政治与意识形态产生危机时，佛教才再次进入公众视野中来。张居正去世、国本之争、东林党争等一系列政治危机，客观地导致了国家对佛教事务的放松。更为紧迫的是晚明政治危机动摇了儒家意识形态在士大夫心中的地位，佛教成为他们精神世界的弥补。

嘉靖时期是佛教复兴的准备阶段，第二章以研究嘉靖皇帝与佛教的关系为主要内容。嘉靖九年（1530）罢祀姚广孝配享太庙，开启了嘉靖皇帝实行对佛教的打压政策。霍韬、湛若水等人在地方毁淫祠，对佛教寺院带来了创伤。加上嘉靖皇帝个人对道教的偏爱，致使佛教生存环境较差。但皇姑保明寺的例子体现了帝国影响力的限制性，内廷妇女和太监给佛教的发展提供了一定的空间。

第三至五章探讨不同政治局势、区域下的精英群体如何对晚明佛教的走向施加影响。晚明佛教的最大赞助者是慈圣皇太后。张德伟首先统计整

① Dewei Zhang, *Thriving in Crisis: Buddhism and Political Disruption in China*, *1522 - 1620*, p. 5.

理了慈圣一生投资寺院的时空分布表以及万历皇帝颁布佛教大藏经的时空分布表，根据表格所呈现出来的时空变化将万历时期划分为四个阶段，每个阶段大致以十年为单位。作者发现慈圣与万历参与佛教事务的时间和当时的政治风向及母子关系的变化高度吻合。万历前十年，通过与冯保、张居正合作，慈圣太后此时最具影响力。第二阶段因国本问题（succession issue）致使慈圣与郑贵妃分别转向佛教、道教求助。大量进行赞助寺院、颁布藏经、扶持高僧等活动，慈圣给寺庙和僧侣带去了大量物质资源。但这一阶段母子关系恶化，万历皇帝为避免与太后正面对抗，转而向佛教发起攻击，逮捕涉事高僧、太监等人。慈圣太后为佛教复兴提供了最初的动力，但同时也将内廷的纷争加诸佛教之上，加剧了政治局势对佛教的不利影响。与慈圣联结的还有宫廷的太监，他们是北京地区赞助佛教寺院的另一主要群体。宦官群体通过选取可靠的僧人担任住持，向皇帝请额使寺院合法化，进而将寺院转化为私人财产。寺院既承担了度假胜地的作用，也是宦官与官员碰面的优选场所。佛教寺院不仅可免征土地税和抵制地方大族的干预，还可以为太监们解决死后的安葬、祭祀诸多问题。处于政治等级边缘的宦官们，通过寺院来实现自身诉求。而这一群体的影响力并不稳定，他们根据政治风向随时调整与佛教的距离。据其统计表可知，在万历十四年（1586）太监张本入狱被杀后，他们对佛教的支持下降了60%。护国寺的案例更是体现了政治风向转变对宦官投资佛教的影响。作者形象地将嘉靖—万历时期宦官与佛教的关系描绘为 N 形关系（N-shaped relationship）。[①]

赞助江南地区佛教寺院的主体是士大夫。第五章分析了士大夫对佛教的态度转变。强大的政治危机、阳明学的流行，促使士大夫们尝试通过佛教去感知世界。冯梦桢和袁宏道就是典型的案例。他们进行结交高僧，拜访名山大刹，阅读佛经等系列与佛教相关的活动，但始终无法摆脱儒家学说的纠缠，陷入个人爱好与社会责任冲突的矛盾之中，最终未能彻底归佛。士大夫的声誉、文字等为佛教发展提供了资源，甚至对佛教本身有一

① Dewei Zhang, *Thriving in Crisis: Buddhism and Political Disruption in China, 1522 - 1620*, p. 117.

定的推进，例如袁宏道著有弘扬净土思想的作品《西方合论》。1590年代，袁氏兄弟在北京崇国寺葡萄园成立了文人组织葡萄社（Putao association），进行文学、佛教活动，因遭到弹劾很快以失败告终。作者分析葡萄社并非单纯的文人组织，他们与当时的国本问题有着紧密联系。朱常洛的九位老师中有五位均是葡萄社的成员，实际上葡萄社是支持朱常洛的阵营，这是其迅速遭到攻击的主要原因。

除了世俗精英对晚明佛教发展产生了重要影响之外，佛教内部的高僧及其与外界精英的互动，最终导致了佛教的复兴。第六章以三位高僧——憨山德清、紫柏真可、妙峰福登——的主要活动和人际往来为内容，探究其如何调动社会资源以拯救佛教于末世之中。憨山德清依靠慈圣太后，紫柏真可藉助士大夫的力量，妙峰福登则动员社会各界的支持。作者指出，几位高僧均受到佛教的结构性限制，向世俗社会寻求资源大大地增加了风险，甚至遭到政治陷害。最后一章以北京的崇福寺、潭柘寺和江南地区的实性寺、福源普慧禅寺、慈光寺等为个案，考察其在中晚明被重修、受资助的情况。北京地区的支持者以皇室、太监为主，至明晚期，太监逐渐让位于地方精英。江南地区则以士大夫和商业精英的支持为主，因政治风向的不同，他们经历了掠夺者到保护者的身份变化。而僧人在其中的作用十分有限，寺院自身也出现了失语状态。

作者在第八章转向定量分析，谋求获得晚明佛教走向的整体图景。他以五大《高僧传》① 为数据统计1522—1662年间高僧（eminent monks）数量在不同时间段的分布，发现嘉靖前三十年少有高僧出现，至最后几年开始增加并在万历二十年左右达到顶峰，接下来又呈现下降趋势。这一趋势即代表晚明佛教的走向。而根据高僧在北京、江南两大地区的流动轨迹统计，张德伟发现，万历时期佛教由北京、江南共同推动，但天启之后北京失去了动力，佛教发展仅由江南带动。地方志中，两个地区的寺院建设情况同样反映了这一趋势。北京佛教的迅速衰落体现了佛教发展的内部脆弱性，即便出现过“复兴”景象也难以扭转佛教的衰落态势。

① 分别是：释如惺《大明高僧传》、释明河《补续高僧传》、释幻轮《释鉴稽古录续集》、徐昌治《高僧摘要》、喻昧庵《新续高僧传》。

张德伟将过去中国佛教史研究概括为两种范式：隋唐中心主义（Sui-Tang centrism）和新教倾向（Protestant tendency）。基于上述研究范式，学者们往往重视佛学义理，致使明代佛教长期未获得学界关注。而该研究正是在对中国佛教史既往研究的反思之上进行的，为佛教史研究提供了新的视角和研究方法。强调佛教在理论（theoretical）、实践（practical）和社会（social）三个层面的重要性，而非仅重视佛教的理论层面。作者在掌握大量的明清正史、文集、笔记、方志地、山寺志、佛教史籍以及藏内文献等资料的基础上，并在此基础上，运用统计、计量等方法进一步分析现象背后的逻辑和成因，将晚明佛教与政治、社会、思想等各方面相联系，为读者展开了一幅晚明佛教的发展图景。

纵观全书内容，亦存在值得商榷之处。第一章讨论明初佛教政策的内容旨在说明佛教在明代丧失了自主权，他们不得不借助世俗的力量谋求发展。但后文对这一制度性、结构性因素的限制并未予以具体分析，难以观察到制度对晚明佛教复兴究竟产生了何种影响。作者所强调的“政治”主要指政治局势、政治风向等内容，对于政治制度的层面较少涉及。佛教政策、僧官制度等在明初政教局势下的订立情形、具体影响及其在中晚明的变化情形未予以充分地分析。我们观察到较为明显的现象是，明初高僧诸如释宗泐、释如玘、释清濬等人，均在最高僧官机关僧录司任职；而晚明高僧几乎很少涉足僧官机构中，他们是否考虑过从僧官制度的层面谋求佛教复兴？还有待日后研究进一步展开。第三、四章讨论万历皇帝、慈圣太后以及宦官群体对佛教的影响时，可更多地运用高层政治人物，诸如内阁阁臣，以及与佛教管理直接相关的礼部官员的文集等各种材料，进一步将涉事人物和政治局势细化。除了与士大夫外，作者还强调江南地区佛教的发展与地方家族、宗族的关系，因此，可进一步借助家谱、族谱、地方性摩崖碑刻等材料把握相关线索。最后一章运用大量统计材料做了定量分析，为我们提供了清晰的佛教发展脉络。但在面对材料文本时似乎应提供更多批判性的反思。《高僧传》作为一种结果的记录，在内容选取和编排上不可避免地带有作者的自我表达，这与作者的现实处境、收录原则乃至刊刻情形息息相关。因此，《高僧传》所呈现的内容与历史现实不一定完全吻合。进入《高僧传》的僧人是否能等同于“高僧”，“高僧”数量的多寡由是否代表佛教的发展的趋势等系列问题均可进一步探讨。

总体而言，该书体现了作者对明代佛教史的反思以及对佛教未来走向的关怀，在内容、逻辑及史料运用上均较为出色，为今后明代佛教史的研究开创了新的研究典范。

（作者单位：中山大学历史学系）

《互洽共生——明代商人、商业与国家体制关系探研》书评

惠铭华

《互洽共生——明代商人、商业与国家体制关系探研》一书出版于2019年5月，作者是常文相。这部书是作者在他的博士论文的基础上写就的，全书致力于破除西方中心论等理论的影响，重新思考明代商人和商业的属性和地位，立足“明清帝制农商社会”说，从新视角探讨了明代商业、商人和国家体制的关系。

一 商业与商人：传统社会中的进步力量

长期以来，学界研究和认识明清时代的商业与商人，往往将他们视为带领中国向新社会形态发展的进步力量，是变革传统社会的重要因子，而面对中国最终没有自发走向资本主义的史实，各家给出了不同的意见。随着20世纪中叶“资本主义萌芽”大讨论的展开，学者们对明清时期商业和商人的研究大量出现，傅衣凌、吴承明、唐力行等学者在肯定商品经济和商人的进步性的基础上，说明了由于古代政治权力的压迫，导致原本具有进步因素的商人群体，成为权力的附庸，最终使商人群体无法成长为具有独立阶级意识的社会领导角色，进而由此解释了中国资本主义生产关系和近代化长期缓慢发展的原因。余英时从思想史角度论证了明清商人思想的“现代性”，并感叹中国的政治和法律缺少“理性化”的过程，因此商人最终没有在中国引领对社会的变革。黄仁宇直截了当地否认中国会自行

向资本主义发展的可能，他论证了传统社会政治体制不利于商业发展，财政管理向落后地区和门类看齐，而对私人财产的保护并不充分。在这种政治环境下，商人难以真正提高自身社会地位，于是商业资本常常进入土地和高利贷，没有真正促进生产方式和生产关系的革新。总而言之，上述研究或多或少的以西方发展路径作为标准范式，进而产生对中国社会的认识，和对明清国家体制与商人关系的反思。范金民的研究相对细化，他以江南为样本，指出明清江南地区商人和官民士庶的复杂关系，以及商人对待官府的矛盾心理。

与以上学者不同，赵轶峰摆脱了探究古代中国为何没有走向资本主义的研究路径，正面探析明清中国社会的整体变化。他提出了“明清帝制农商社会”说，指出明清时期的中国社会，是“在中央集权的帝制体系框架内展开的以农业、手工业生产为基础的商业化程度日益增强的社会，其最基本的特征是，帝制—官僚—郡县体制与农商混合经济达成具有一定稳定性的共生态”，商品经济可以在这样一种社会状态下继续繁荣。常文相在立足前人研究成果的基础上，以“帝制农商社会”说为理论依据，探究了明代商人、商业与国家体制关系，本书就是他关于该问题的研究成果。

二　互洽共生：明代商业、商人和国家

在此书中，常文相摆脱了将商人视为传统社会的进步力量或附庸角色的一般看法，而是指出了他们与官方合作时的主动性，并强调了明朝在制度上对商人的重视和保护。在这种解释框架下，我们可以看到明代的商人和商业，在不断适应帝制集权统治，不断发展，与国家体制彼此配合，互洽共生。史料是论证的基础，作者广泛检视官方史书、士大夫文集、典制政书等有关文献，对明清时期商人、商业与国家体制关系进行了丰富的实证研究。

作者在第一章探讨了明代的商业政策，认为“重农抑末”的治理思维在明初短暂出现，但只是服务于当时特殊的社会经济状况。朱元璋将商人视为社会组成中不可或缺的一部分，他肯定商业对国计民生的促进作用，制定了一系列保证商人正当权益，宽商恤民的政策和法规。尽管存在“禁

游食”“海禁”等政策，但并非全为限制商业发展，更多还是出于对社会管控的需要。朱元璋之后，历代君主大体秉承明初商业政策基调，减免税负，惠恤商人。然而随着钞法不通，货币白银化的推进，财政需求上升等原因，国家或明或暗地增加了商人的负担。特别是在晚明，层层堆叠的商税和繁芜的商役佥派给商民利益造成很大伤害，也引发了从士大夫阶层到普通商民的广泛反对。

在第二章，作者谈到了明代商税和士大夫对待商税的基本态度。明代士大夫大多从商税征收是为了稽奸除暴，控遏垄断的古意出发，认为榷商收入并不是国家必需。他们几乎一致认为应当宽恤商民，适当防范民众汲于逐末的同时，也肯定商税对增加国家财富的合理意义。明代士大夫的基本商税态度，体现了帝制之下商业还具有很大发展空间。

作者继而在第三章讨论了商人的法权地位。明初规定了商人不许着绸纱，又有路引制度限制了商人的离乡外出，但随着社会经济的发展，庶民服饰差别渐渐缩小，商人外出经营的限制也不断削弱。《大明律》《皇明条法事类纂》《明会典》等律例典章在立法层面规范了市场秩序和商业行为，对商人的正当权益予以保护，也并不限制商人科举入仕，还给予他们捐资进学补官的机会。在一些商事诉讼里，主审将商人和其他庶民等而视之，不少现存的碑刻和判牍里反映了明代司法对商人权益的保护。不过，正如范金民指出的那样，官府虽然申明要保护商人利益，但却缺乏对衙门胥吏的普遍约束条例，因此商人获得的胜诉往往只是法理上的，而不完全是实际利益上的。

结合三章内容，我们可以对明代制度环境中的商人生存状态，有一个清晰的认识。最后在第四章中，作者以盐、茶行业为代表，探讨了国家和商人的合作关系。明代盐法始终在政府主导下展开运行，开中法的实行就是国家利用商人财力满足国防、民生需要，既固边裕国，也缓解了民众的运输压力。由于权贵请托、占窝转卖等情况的发生，造成了盐法壅滞、守支年久等问题，盐商群体自身出现分化，国家也采取一系列改革疏通盐法。随货币白银化的推进，明代渐渐形成正盐赴边上纳本色、余盐赴司折纳银两的开中方式。明中后期，袁世振等官员进一步协调盐商内部及官商之间的利益关系，消化积年旧引，推行纲法，使编入纲内的商人成为政府授权的特许商人，官商的合作关系因彼此共享盐利而更加密切。明代的茶被视为遏制番虏的重要资源，因而茶法和边政关系密切。明朝为了保证边地军储供应，往往采取多种方式召商中茶，在当事官员照顾商利的前提下，商人也表现出了积极的经济合作意愿。此外，明代其他物料采办也多依赖商人采买，在有利可图的情况下，商人的合作意愿也十分强烈。

综合来看，明代商人在帝制体制框架下，还有着较大的生存和发展空间，国家在粮储、救荒、边境贸易、工程营建等众多公共事务中和商人进行合作，并在制度里设计了对商人权利的保护，这些保护在商务争端的法律实践中体现地最明显。常文相利用士大夫对皇权过度盘剥商人的大量批评，反复说明商人和商业固然受到了皇权、宦官、贵胄的一些苛索，但那并非制度设计的本意，而是权力突破约束后的滥用。商人既不代表着“进步力量”，而与传统国家体制格格不入，也不是屈服于权力的附庸，而是与整个国家体制互洽共生，相互促进，并进一步发展壮大。

这部书的精华不在于提出新材料，而在于转换看待商人与国家关系的视角，从旧有的史料中得出了新看法。这种看法对我们反思明清时期的社会发展有一定启发，在丰富实证研究的基础上，我们可以将商人、商业与国家体制关系进一步扩大到对中国国家与社会关系的认识上去。西方社会与国家在很多情况下处于对立状态，据此诞生了一系列历史学研究的方法和理论，研究者们天然地从国家权力的下探中寻找治理漏洞，进而指出对政治权力的约束、基层自治和个人领域的重要性。但中国的情况不完全是这样，我们应当看到商人、农民、士绅、军队等社会群体和国家的高度合作和相互促进，很多重大公共事务的进行，都离不开政权领导下社会各方的共同努力。

三　合作下的博弈：明代官商关系的讨论和展望

学问贵在有疑，笔者也就此书提出一些粗浅的意见和建议。常文相反复强调商人和商业有时虽然受到了皇权、宦官、贵胄的一些过度索取，但那并非制度设计的本意，而是权力突破约束后的滥用。但任何制度设计最终都要落实到执行上，帝制框架本身就给皇权的“滥用”预留了很大空间，我们甚至可以认为，皇权的“滥用”，本身就是制度设计的一环。士大夫群体往往具备高度儒家政治理想，这也正是作者在第二章反复论证的，但皇帝及皇权的依附者并不具备这样的思想基础，他们更重视自身的政治需求能否得到满足。这些政治需求可能是永乐时期的“六下西洋”，也可能是万历时期的“矿监税使”，众多史实证明，皇权一意孤行的时候，士大夫的反抗有时并不能成功阻止皇帝。因而皇权滥用以致侵害社会，也正是帝制体制本身所无法克服的弊端。

在肯定专制政权操纵苛敛不能避免之后，强调制度设计时恤商爱民的初衷，这是对史实的归纳，当然是合理的。但如果不使用“滥用”等褒贬明显的表述，而是将对史实的总结变为展现合作主流下的博弈状态，可能论述会更为自然。皇权背离恤商爱民的原则，出台广派矿监税使，改召商采买为佥商采买等政策，商人也有采买物资时以次充好，或利用官商身份剥削生产者等行为，当商人对皇权的索取难以承受时，甚至会选择逃亡，这种压迫和反抗，体现的是国家与商人的互动关系。只要双方的互动关系没有终止，国家与商人博弈中和博弈后的状态，也是帝制框架下双方关系的常态，与“互洽共生”的明代商人、商业与国家体制关系总体格局并不冲突。

正如赵轶峰在序言中说的那样，常文相的研究对重新理解明代中国帝制和商业共生的历史经验意义重大，它反映了明清中国帝制和商业耦合的新生态，在社会经济基础趋于市场化的意义上与西方一致，但其中体现的社会权力支配关系却完全不同。我们还期待出现更多具有建构性的传统中国国家与社会关系的深入研究，使之在理论和实证两方面都更加充实完善。

（作者单位：中国社会科学院大学）

征稿启事

一　刊物介绍

《明史研究论丛》创刊于1982年，由中国社会科学院古代史研究所明史研究室主办，至今已出版17辑。《明史研究论丛》是国内外明史研究领域，较早出版的一份专业辑刊，见证了改革开放以来明史研究的成长历程，具有广泛的学术影响力，众多蜚声中外的明史专家，都曾在此发表重要学术论文，有力地推动了明史研究的开展。

在新的时代条件下，为推动明史研究的进一步开展，《明史研究论丛》自2020年起，改为定期出版，每年出版两期，并实行匿名审稿机制。《明史研究论丛》将坚持弘扬先贤学术精神，倡导开放包容的办刊方针，努力推出博大厚重的学术成果，推动明史研究的体系构建与学术交流。

二　投稿须知

本刊欢迎原创性的专题论文，也欢迎具有深度的学术评论。注释采用《中国史研究》体例。稿件请附上作者信息（单位、姓名、职称、联系方式等），并附录英文题目。请作者尊重知识产权，遵守相关法律法规，引用规范，勿一稿多投。稿酬从优。

三　编辑部地址

北京市朝阳区国家体育场北路1号院中国历史研究院古代史研究所明史研究室。邮编：100101。

四　投稿信箱

mingqingshi@ aliyun. com；oursour@ qq. com